REGISTRAR BOOKS

改訂

設題解説 戸籍実務の処理

Ⅸ 氏名の変更 転籍・就籍 編

木村三男 監修

竹澤雅二郎 著

日本加除出版株式会社

改訂版　はしがき

本書の初版は、平成九年八月に「設題解説　戸籍実務の処理」シリーズの「第Ⅸ編　氏名の変更・転籍・就籍編」として刊行され、その後二〇年近くを経過したが、幸いにも法務局職員並びに市区町村の戸籍事務担当者をはじめとして、多くの方々からご好評をいただくことができた。

さて、初版の刊行以来、これまでの間に、本書に関連する法令の改正等が重ねられてきている。民法及び戸籍法に関しては、成年後見制度に関する民法の改正（平成一一年一二月八日法律一四九号）、嫡出でない子の父母との続柄の記載を改める戸籍法施行規則の改正（平成一六年一一月一日法務省令七六号）、戸籍公開制度の改善をはじめ、本人確認制度及び不受理申出制度を法制化する等の戸籍法の改正（平成一九年五月一一日法律三五号）、親権・未成年後見に関する民法及び戸籍法等の改正（平成二三年六月三日法律六一号）などが挙げられる。関連法としては、地方分権の推進を図るための関係法律の整備等に関する法律の制定（平成一一年七月一六日法律八七号）、性同一性障害者の性別の取扱いの特例に関する法律の制定（平成一五年七月一六日法律一一一号）、家事事件手続法の制定（平成二三年五月二五日法律五二号）などを挙げることができる。

今般の改訂に当たっては、前記の関係法令等の改正や、新たに発出された先例による戸籍実務上の取扱いの変更等を踏まえ、併せて、平成九年以降の裁判例を補充し、現行の戸籍実務に対応するよう全面的な見直しを行った上、ここに改訂版を発刊させていただくこととした。

本書が、初版と同様に、戸籍実務の適正処理に多少でもお役に立つことができれば、望外の幸せである。

なお、本書の刊行に当たり、多くの方々の文献等を参考にさせていただいたほか、日本加除出版株式会社常任顧問・木村三男氏（元大津地方法務局長）に、初版と同様、適切なご指導とご監修をいただいたことに対し、ここに記して深く感謝申し上げる次第である。

平成二七年七月

竹澤雅二郎
（元浦和地方法務局次長）

はしがき

本書は、「設題解説戸籍実務の処理」シリーズのIX編　氏名の変更・転籍・就籍編として刊行されたものである。

氏と名は、国民一人一人を特定するための表示手段であり、そのためには読みやすいこと、個人の人格を不当に傷つけるおそれがないことなどの要請を満たす必要があることから、戸籍法は、これらの要請に反するような一定の事由がある場合には、家庭裁判所の許可を得て、氏又は名を変更することができる旨を定めているところである。

ところで、この氏の変更については、昭和五九年法律第四五号による「国籍法及び戸籍法の一部を改正する法律」（昭和六〇年一月一日施行）により、外国人と婚姻をした者は、所定の期間内であれば家庭裁判所の許可を得ないで、その氏を外国人配偶者の称している氏に変更することができるものとされ、また、そのように氏を変更した者が離婚等により外国人との婚姻を解消したときは、所定の期間内に限り家庭裁判所の許可を得ないで、その氏を婚姻の際に称していた氏に変更する届出ができる等の規定が新たに設けられた。戸籍法第一〇七条第一項の規定に基づく本来の氏変更は、戸籍の編製基準である氏の呼称を変更するものであるから、その戸籍に同籍する者に氏の変更の効果が当然に及ぶものであるが、これに対し新設された右の渉外婚姻等に伴う氏の変更は、氏を変更する者の個人的事情に基づくものであることから、その者についてのみその効果が及ぶという性質上の違いがある。そのため、戸籍処理の取扱いにも差異があり、個々の戸籍処理において疑義の生ずることが少なくないといわれる。

転籍届は、その受理件数が毎年四〇万件余に及び、出生届、死亡届、婚姻届に次いで取扱い件数の上位を占めているものであり、このことは、いかに広く国民に利用されている制度であるかを示すものである。また、就籍届においては、家庭裁判所の就籍許可審判に基づく就籍届と親子関係存在確認又は国籍存在確認の確定判決によって就籍届をすべき場合があるうえに、戦後の特殊事例として、樺太、千島（国後島、択捉島、色丹島、歯舞島を除く）に本籍を有していた者が、平和条約発効前に本土へ転籍しなかったためにする就籍の手続や、中国残留日本人孤児の就籍届等その種類は多様であり、かつ、内容の複雑なものが多く見受けられる。

これらの戸籍届出事件は、いずれも戸籍法に規定されたものであるが、その適正・円滑な処理のためには、戸籍法だけでなく、民法、家事審判法等の関係法令の解釈、運用についての正しい理解が求められるところである。

本書は、これらの届出事件の処理に当たって生ずる疑問や問題点についてできるだけ設題を細分するとともに、窓口等においてこれらの戸籍届出に関する相談の対応に参考となると思われる事項についても解説を試みたものである。本書が新たに実務に就かれる方、あるいは現に戸籍事務に携わっておられる方々のために第Ⅰ編ないし第Ⅷ編と同様に、多少なりともお役に立てるところがあれば望外の幸せである。

なお、本書の執筆に当たり、多くの方々の文献を参考にさせていただいたほか、日本加除出版株式会社常任顧問木村三男氏（元大津地方法務局長）に適切な御指導と監修をいただいたことに対し、ここに特に記して深く感謝申し上げる次第である。

平成九年七月

竹《たけ》　澤《ざわ》　雅《まさ》　二《じ》郎《ろう》
（元浦和地方法務局次長）

目　次

第三　やむを得ない事由による氏の変更

第四　外国人との婚姻による氏の変更

第七　氏の変更届及び戸籍の処理

第五　就籍の届出及び戸籍の処理

第一章　氏名の変更

第一節　氏の変更

第一　氏の取得・創設

問1　氏は、どのようにして決まるか。

答　氏は、民法の規定に基づいて出生により父母又は母の氏を原始的に取得する。また、出生により氏を取得することができない者については、当事者の自由な意思により選定（創設）する場合がある。

解説

子は、夫婦親子という自然的な関係を基礎として民法に定める一定の要件の下に決定するものとされている。すなわち、夫婦は常に氏を同一にし、親子もできるだけ氏が同一になるようにすることが現実の親族共同生活の実態に即応するものであるから、一定の血縁関係を基礎として氏が決定されるとともに、戸籍編製の単位も、夫婦及び氏を同じくする子がその基準とされている（戸六条）。

ところで、氏は、原則として出生によって原始的に取得するものとされており（民七九〇条）、まず、①嫡出である子は、出生と同時に出生時の父母の氏を取得する。つまり、子は出生の時に法律の規定によって当然にその氏が決定するのであって、その後になされる出生の届出によって定まるものではない。また、子の出生後に父母の養子縁組や離縁等の身分変動によって氏が変更されても、それが子の氏に何ら影響を及ぼすものでもない。次に、②父母の婚姻中に懐胎し、父母の離婚後に出生した嫡出子は、父母の離婚の際における氏〔注〕を取得する（民七九〇条一項ただし書）。また、子の出生前に、父母の婚姻が取り消されたり父が死亡したときは、婚姻取消しの際における父母の氏、あるいは父の死亡により婚姻が解消したときにおける父母の氏を称することになる（昭和二三・三・五民事甲三一七号回答）。この婚姻の取消し又は父の死亡後に子が出生した場合における子の氏の決定については民法に明文の規定はないが、取消し又は死亡の時まで父母の婚姻が継続していた事実は、子の出生前における父母の離婚の場合と異なるものではないから、民法第七九〇条第一項ただし書の規定を類推適用すべきものと解されるからである。③嫡出でない子は、出生と同時に出生時の母の氏を取得する（民七九〇条二項）。仮に嫡出でない子が胎児認知（民七八三条一項）されていて、出生の時に法律上の父を有していても、母の氏を称することに変わりはない。また、嫡出でない子が出生後に準正によって嫡出子の身分を取得（民七八九条）しても、当然には父母の氏を称するものではなく（昭和六二・一〇・一民二―五〇〇〇号通達第5の3）、民法第七九一条の規定によりその氏を父母の氏に変更できるに過ぎない。④戸籍法第六二条の規定により出生届がなされた嫡出子は、ただちに父母の氏を取得し、父母の戸籍に入籍するものとされている（昭和二三・一・二九民事甲一三六号通達）。

出生により父母又は母の氏を原始的に取得することについては、右に述べたとおりである。しかし、民法の規定によっても氏が決定しない場合が生ずるが、その場合における氏の選定（創設）については、次の**問2**を参照されたい。

出生等により原始的に取得した氏も、**問4**に述べるように、その後の身分関係の変動に伴いその効果として法律上当然に氏が変更する場合と、一定の事由に基づく個人の意思によって氏が変更する場合とがある。

〔注〕 父母の婚姻中に懐胎し、父母の離婚後に出生した嫡出子の氏の決定は、法律上当然に生じ、父母の協議でこれと異なる定めをすることは許されない。このように取得した子の氏と離婚によって復氏した母又は父の氏とは異なることとなるが、離婚により復氏しなかった父又は母の氏と同一となるのが通常である。しかし、後者の父又は母が、子の出生前に婚姻や縁組等によってその氏を改め、離婚当時の戸籍に在籍しない場合、すなわち父母双方がその戸籍にない場合でも、出生子はやはり父母の離婚の際における氏を称してその戸籍に入籍することになる（昭和二三・八・九民事甲二〇七六号回答）。

問2 当事者の意思等により氏が創設されることがあるか。

答 民法の規定によって氏が決定されない後述（解説）の場合には、当事者の意思等により氏が創設されることになる。

解説

民法は、氏の取得を夫婦親子の身分関係に基づいて、一定の要件の下に法律上これを決定し、原則として自由な選択（創設）を許さないこととしている。つまり、子は出生により父母又は母の氏を原始的に取得する（民七九〇条）が、民法の規定によっても氏が決定され得ない次のような場合がある。これらの場合は、市町村長や当事者の意思あるいは家庭裁判所の審判に基づいて新たな氏が創設されることになる（昭和二三・一・一三民事甲一七号通達）。

一　棄児については、父母が知れないから、棄児発見の申出を受けた市町村長は任意に棄児の氏名を決定し、本籍を定めた上「棄児発見調書」に所要の事項を記載し、これによって戸籍を編製する（戸五七条二項）。しかし、その後、棄児とされた者の父又は母が判明すれば、出生により定まっている父母又は母の氏を称するので、これにより戸籍訂正の手続がとられる（戸五九条、『改訂設題解説戸籍実務の処理Ⅲ』第一章問35（一〇七頁）参照）。

二　届出により国籍を取得した者の称すべき氏は、次の原則によることとされている。すなわち、

1　国籍法第三条により国籍を取得した者で、準正要件のない場合は、その者の意思により新たに氏を創設する。ただし、国籍を取得した者が国籍取得時に日本人の養子であるときは養親の氏を称し、国籍を取得した者が国籍取得時に日本人の配偶者であるときは、国籍取得の届出において日本人配偶者とともに届け出る氏を称する（平成二〇・一二・一八民一―三三〇二号通達第1の2(1)ア）。

2　国籍法第三条により国籍を取得した者が準正子である場合は、準正時（準正前に父母が離婚しているときは離婚時）の父の氏を称する。

3　国籍法第一七条第一項（国籍不留保者の国籍再取得）により国籍を取得した者は、出生時の日本人である父又は母の氏を称する。

4　国籍法第一七条第二項（官報催告による国籍喪失者の国籍再取得）により国籍を取得した者は、国籍喪失時の氏を称する。

三　1　帰化により日本の国籍を取得した者は、その者の自由意思により氏を創設することができる（大正一四・一・二八民事三四号回答）。しかし、夫婦がともに帰化した場合又は夫婦の一方が日本国民であってその一方が帰化した場合は、夫婦同一氏同一戸籍の原則上、夫又は妻の氏のいずれの氏を称するかをその協議で定め、帰化届において明らかにする必要がある。また、親子についても子が帰化届に親と異なる呼称の氏を選定しない限り親と同じ氏を称するものとみて、子は親の氏を称するものとしている（昭和二五・六・一民事甲一五六六号通達第二の三）。

2　帰化によって日本の国籍を取得した者が、帰化の届出に際し配偶者の氏を称した者であるとき、その者については帰化後の氏は創設されていないことになる。したがって、その者が離婚により婚姻が解消した場合は、離婚の効果として当然に復氏することになるが、同人には復すべき氏がないことから、離婚の届出により戸籍法第一九条第一項ただし書の規定の趣旨により新戸籍を編製し、離婚後に称すべき氏は、その者の自由意思により創設することができる（昭和二三・一〇・一六民事甲二六四八号回答、昭和二六・二・二〇民事甲三二二号回答）。

また、帰化により配偶者の氏を称したことにより、自己の氏を創設しなかった者が、配偶者の死亡により婚姻が解消し生存配偶者の復氏をする場合も、その者について新戸籍を編製し、復氏後に称する氏はその者の自由意思により創設することができるとされている（昭和六三・三・二九民二—二〇二〇号通達、『改訂設題解説戸籍実務の処理Ⅶ』第三章問6（二二一頁）参照）。

四　旧国籍法（明治三二年法律第六六号）の規定（五条）に基づいて婚姻、縁組により日本の国籍を取得した者が離婚、離縁した場合は、これにより日本の国籍を失うことはないし、復氏に関する規定を適用するにしても復氏すべき氏が存在しないので、この場合もその者の自由意思により氏を創設し、新戸籍を編製することとされている（昭和二三・一〇・一六民事甲二六四八号回答）。これは、平和条約発効（昭和二七・四・二八）前に婚姻、縁組により日本の戸籍に入籍した元朝鮮人、台湾人が平和条約発効後に離婚、離縁をした場合も同様とされている。

五　日本人であって戸籍を有しない者は、家庭裁判所の就籍の許可（戸一一〇条一項）又は国籍存在確認・親子関係存在確認等の判決（審判）（戸一一一条）を得て、就籍の届出をすることによって戸籍を編製することになる。この就籍の届出をする者についても、父母が不明であるため、出生によって取得した氏が明らかでない限り、家庭裁判所の許可による場合は審判書記載の、確定判決による場合は就籍の届出の際に任意に定めた本籍及び氏をもって新戸籍を編製することになる（戸籍実務研究会編『初任者のための戸籍実務の手引き（改訂新版第六訂）』三〇五頁）。

問3　氏又は名の文字に制限外の文字を用いることは、どのような場合にも許されないか。

答　昭和五六年九月一四日民二第五五三七号通達により、一定の場合には制限外の文字を用いて差し支えないとされている。

解説

　戸籍法第五〇条及び戸籍法施行規則第六〇条の規定は、出生の届出に際して子の名に用いる文字を制限する規定であるが、出生の届出のほかに、帰化の届出（戸一〇二条の二）、氏の変更届出（戸一〇七条一項)、名の変更届出（戸一〇七条の二）又は就籍の届出（戸一一〇条・一一一条）のように、ある者の戸籍に記載する氏又は名を決定することになる届出に際しても同じ制限をするのが望ましいものである。しかし、これらの届出についてだけでなく、出生の届出についても、事案によっては制限外の文字を用いる必要があり、また、妥当である場合がある。そこで、前述の通達において、制限外の文字を用いて差し支えないとする届出について、次の四つの例を限定的に列挙しており、これらの届出については、制限外の文字を用いて氏又は名を記載した場合であっても受理して差し支えないとされている。

1　例えば、戸籍上の父母との親子関係不存在確認の裁判が確定し、先になされていた出生の届出が届出義務者又は届出資格者以外の者がしたものであり、その無効であることがその裁判の理由によって明らかになったために、その者の戸籍が実父母の戸籍に移記されることなく消除された場合は、その子について再度出生の届出をすることになる。この再度の出生届をする際には、従前に戸籍に記載されていた名と同一のものであれば、制限外の文字を用いても差し支えないとされている。すなわち、これまで社会に広く通用している氏名は変更しない方がその者の同一性の認識に役立つという社会生活上の利益が本人及び社会の双方にあるからである。ただし、従前の氏の文字が誤字であるときは、それを正字に訂正したものに限るとされている。

2　出生後長年経過し、相当の年齢（小学校卒業後である一二歳以上程度と考えられる。）に達した者について、卒業証書、免許証、保険証書等により社会に広く通用していることを証明できる名を記載して出生の届出があり、その名の文字が制限外の文字であっても、これを受理して差し支えないとされている。なお、この出生届書に記載された名が社会に広く通用しているかどうかは、市町村長が届書に添付された書類によって判断すれば足りるから、そのことについて常に管轄局の長の指示を求める必要はない。ただ、ここにいう出生の届出は、子の年齢が学齢に達しているものであることから、出生の届出の重複あるいは外国人につき日本人としての戸籍の記載がなされることを防止するために示された昭和三四年八月二七日民事甲第一五四五号通達に基づいて、その受否について管轄局の長の指示を求めることになる。

3　国籍法の規定により日本国籍を有する者は、すべて本籍を有し戸籍法の適用を受けるから、当然に戸籍に記載されるべきであるが、実際にはその入籍すべき戸籍を有しない者がいる。このように本籍を有しない者で、棄児発見の手続（戸五七条）によることができない者〔注〕は、就籍の手続（戸一一〇条・一一一条）によって新たに戸籍を設けることになる。そこで、就籍者の称すべき氏については、戸籍を有しない者であっても、本来的に氏を有しているはずであるから、出生当時の氏で就籍するのが原則である。したがって、父母が明らかである場合は、特別の事情がない限り、嫡出子は父母の氏を、嫡出でない子は母の氏を称して就籍することになる（昭和二五・八・一六民事甲二二〇六号回答）。ただ、父母が不明であるため、かつ、出生によって取得した氏が明らかでないときは、適宜の氏をもって就籍するほかない。

ところで、就籍許可の審判の主文には、法令上の根拠は必ずしも明らかではないが、就籍者の本籍、氏名、生年月日、父母の氏名、父母との続柄等就籍後の戸籍の記載事項が記載されているのが通例である。そこで、就籍の届出に当たっては、就籍者の氏名は審判書に記載されたとおりに記載するのが実務上の取扱いとされている（戸籍実務研究会編『初任者のための戸籍実務の手引（改訂新版第六訂）』三〇五頁）。このような実務上の取扱いから、制限外の文字を用いた氏名による就籍許可の審判がなされた場合は、その氏名を用いた就籍の届出を受理して差し支えないとされている。審判が制限外の文字を用いた氏名による就籍を認めるのは、通常、その氏名が就籍者の通称名である場合であろうし、その氏名を用いることの必要性ないし相当性については家庭裁判所の審判の過程で判断されていると考えられるからである。

4　戸籍に記載された名も、「正当な事由」がある場合には、その変更が認められる（戸一〇七条の二）が、市町村長は氏名変更許可の審判書が添付されて届出がなされればそのまま受理すれば足りる。この戸籍法第一〇七条の二の規定による名の変更については、子の名に常用平易な文字を用いるべきものとしている戸籍法第五〇条第一項の趣旨は、家庭裁判所における「正当な事由」の有無の判断をする際にも尊重すべきものとされている（昭和二三・一・三一民事甲三七号最高裁事務局民事局長通達、**問58**参照）。その後における戸籍法第一〇七条の二の規定による名の変更許可の審判例の多くが右の通達と同様の見解であるが、中には制限外の文字を用いた名に変更を認めたものがある（東京家審昭和三五・一〇・三一家月一三巻三号一五二頁）。この場合も、家庭裁判所において変更後の名に制限外の文字を使用する必要性ないし相当性が判断されているものであることから、その名の変更届は受理して差し支えないとされている。

〔**注**〕　戸籍実務上「棄児」として認められるのは、乳幼児（児童福祉法では、満一歳に満たない者を乳児といい、満一歳から小学校就学の始期に達するまでの者が幼児とされる。同法四条）で遺棄された者（昭和二九・二・一五民事甲二九七号回答）、あるいは迷子で身元が不明の場合等であり（大正四・六・二三民三六一号回答）、少なくとも意思能力を有する年齢に達している者については、本人の将来に対する影響等を考慮し、就籍の手続によるのが相当とされる（昭和二五・一一・九民事甲二九一〇号回答）。

第二　氏の変更

問4　氏の変更とは、何か。

答　氏の変更には、婚姻・縁組等身分関係の変動に伴って生ずるものと、身分関係の変動とは無関係に個人の意思に基づくものとがあるが、この節でいう氏の変更は、後者の中でも戸籍法第一〇七条の規定によるものについてである。

解説

一　氏の取得

現行法上、氏は原則として出生によって原始的に取得し（民七九〇条）、例外的に棄児発見調書（戸五七条二項）、国籍取得の届出（戸一〇二条）、帰化の届出（戸一〇二条の二）及び就籍の届出（戸一一〇条・一一一条）によって氏が設定される場合がある（**問1**及び**問2**参照）。このようにいったん取得した氏も、一定の身分関係の変動に伴って法律上当然に変更を生ずる場合と、身分関係の変動とは無関係に一定の事由に基づく個人の意思によって氏を変更する場合がある。

二　氏の変更

氏の変更が生ずるのは、次のような場合である。

1　身分関係の変動に伴う氏の変更

(1)　婚姻・離婚による変更　夫婦は、「夫婦同氏」の原則により、婚姻継続中は必ずいずれか一方の氏を共同に称しなければならない（民七五〇条）から、婚姻の際にいずれか一方はその氏を他方の氏に改めなければならない。しかし、婚姻によって生じた右の同氏は、離婚によって終了し、婚姻の際に氏を改めた夫又は妻は、当然に婚姻前の氏に復する（民七六七条一項・七七一条）し、婚姻取消しの場合も同じように復氏する（七四九条）。

(2)　縁組・離縁による変更　縁組によって養子は養親の氏を称する（民八一〇条）。これは「養親子同氏」の原則によるものであるが、縁組継続中であっても必ずしも同氏であり続けるものではない。例えば、養親が身分行為（相手方の氏を称する婚姻、養子となる縁組等）によって氏を改めても養子はこれに従わないから、「夫婦同氏」の原則ほど厳格なものではない。離縁又は縁組の取消しによって、養子は縁組前の氏に復するが（民八一六条一項本文・八〇八条二項）、これは離婚及び婚姻取消しの場合と同じである。

2　個人の意思に基づく氏の変更

(1)　子の父・母の氏への変更　子が父に認知された場合、子の父・母が婚姻、縁組、離婚、離縁等自らの身分行為によって氏が変更したため、子が父・母と氏を異にすることとなった場合には、子は家庭裁判所の許可を得て、その父・母の氏を称することができる（民七九一条一項）。なお、右の場合に父母の婚姻中に限って子は家庭裁判所の許可を得ないで、戸籍法の定める入籍の届出（戸九八条）によって父母の氏を称することができる（民七九一条二項）。

(2)　成年に達した子の復氏　(1)の手続により子の氏の変更を未成年の間にした者は、成年に達した時から一年以内に戸籍法の定める復氏の届出（戸九九条）によって従前の氏に復することができる（民七九一条四項）。

(3)　生存配偶者の復氏　　夫婦の一方が死亡し婚姻が解消した後は、婚姻によって氏を改めた生存配偶者は、いつでも戸籍法の定める復氏の届出（戸九五条）によって婚姻前の氏に復することができる（民七五一条一項）。

(4)　離縁・離婚の際に称していた氏への変更　　養子縁組によって養親の氏に改めた養子は、離縁によって原則として縁組前の氏に復するが（民八一六条一項本文）、一定の条件を備えるときは戸籍法の定めるいわゆる縁氏続称の届出（戸七三条の二）によって、離縁の際に称していた氏を称することができる（戸八一六条二項、『改訂設題解説戸籍実務の処理Ⅳ』第五章参照）。また、婚姻の際に氏を改めた者は、離婚によって婚姻前の氏に復するが（民法七六七条一項）、この場合も戸籍法の定めるいわゆる婚氏続称の届出（戸七七条の二）によって、離婚の際に称していた氏を称することができる（民七六七条二項）。

(5)　「やむを得ない事由」等による氏の変更　　右の1及び2の(1)ないし(4)に述べた氏の変更は、身分関係の変動に伴って当然に変更の生ずる場合及び身分関係の変動を前提とする個人の意思に基づいて変更を生ずる場合であるが、本節の「氏の変更」は、戸籍の筆頭者及びその配偶者の意思に基づいて呼称上の氏の変更を目的とする戸籍法第一〇七条による変更手続である。この場合における氏の変更は、「やむを得ない事由」がある場合と昭和五九年法律第四五号による法改正によって新設された渉外婚姻等に伴う変更の場合である（以下の各問参照）。

問5　戸籍法第一〇七条の規定による氏の変更は、どのような場合に認められるか。

答　戸籍法第一〇七条の氏の変更は、「やむを得ない事由」があるとき（同条一項）、及び渉外婚姻等に伴う場合（同条二項ないし四項）に認められる。

解説　一　氏は、名とともに、個人の同一性を特定するための呼称として重要な機能を果たすものであり、これをみだりに変更すると社会生活に混乱を生ずるから、軽々しく許されるべきではない。戸籍法第一〇七条第一項に基づく氏の変更は、戸籍の筆頭者及びその配偶者の申立てにより家庭裁判所が「やむを得ない事由」があると認定したときに限って許される。「やむを得ない事由」に該当するか否かは、個々の具体的事件について家庭裁判所が判断することになるが、名の変更の場合における「正当な事由」（戸一〇七条の二）に比較して、その変更事由をより厳格に限定する趣旨と解されている（青木義人・大森政輔『全訂戸籍法』四三九頁）。前述のとおり氏は名とともに個人を特定するために重要な機能を果たすものであるが、特に氏については夫婦の構成する生活共同体及び親と未成年の子の構成する保育的な生活共同体に属する者の共通の呼称であるから、それが変更された場合の社会一般に及ぼす影響は名の変更の場合より大きいものと考えられる。そのため、氏を変更するには、名の変更の場合よりもより厳格な変更基準が設けられたものと解される。

二　日本人と外国人との間の婚姻、縁組等のいわゆる渉外事件における氏の変更に関する問題がある。日本人が外国人と婚姻しても「夫婦は、婚姻の際に定めるところに従い、夫又は妻の氏を称する。」とする民法第七五〇条の規定は適用されないものとされ、この場合は婚姻による氏の変動は生じないとするのが戸籍実務上の取扱いである

（昭和二六・四・三〇民事甲八九九号回答、昭和四二・三・二七民事甲三六五号回答ほか）。しかし、外国人と婚姻した日本人配偶者が、婚姻生活を営んでいく上でその外国人配偶者の称している氏と同じ呼称となるのを望むことは、婚姻生活の維持あるいは婚姻に伴う社会生活上、一般的にその必要性を認め得るところである。この場合、従前は家庭裁判所の許可を得て氏の変更届をすることができるものとされ、その認容裁判例もみられた。

そこで、昭和五九年法律第四五号による戸籍法の改正によって、第一〇七条第一項の氏の変更に関する原則を維持しつつ、渉外事件の氏の変更について、次の三つの例外を認めた。すなわち、⑴外国人と婚姻した者は、婚姻の日から六か月以内に限り、家庭裁判所の許可を得ないで、その氏を外国人配偶者の称している氏に変更できる（戸一〇七条二項）こととし、さらに⑵右⑴により氏を変更した者が、離婚、婚姻の取消し又は外国人配偶者の死亡により婚姻が解消したときは、解消の日から三か月以内に限り、家庭裁判所の許可を得ないで、その氏を変更の際に称していた氏に変更できる（同条三項）こととした。また、⑶戸籍の筆頭者又はその配偶者以外の者で、父母の一方を外国人とする子が、その氏を外国人である父又は母の称している氏に変更するには、単独で家庭裁判所の許可を得て届出をすることができる（同条四項）こととしたものである。

問6　旧戸籍法当時も氏名の変更は認められていたか。

答　従前は、原則として氏名の変更は禁止され、改氏については復姓する場合にのみ許可され、改名については同一地区内に同姓同名者がいる場合などいわゆる余儀ない場合に限って認められていた。

解説

一　氏名は、人の同一性を識別するために社会生活の上で重要な意義を有するものであり、従前からみだりにその変更は許されるべきではないとされていた。明治五年に「華族ヨリ平民ニ至ル迄自今苗字名並屋号共改称不相成候事」「但同苗同名無余儀差支有之者ハ管轄庁へ改名可願出事」という太政官布告が出され（明治五・八・二四太政官布告「改姓名に関する件」）、原則として氏名の変更を禁止し、改名についてのみ同一地区に同姓同名者の存在、襲名、僧籍編入等、いわゆる余儀ない差し支えのある場合に限って認められていた。殊に、改姓（改氏）については、明治一九年内務省令第一九号では「復姓……願済ノ上戸籍ニ登記スヘキ事項ハ其許可指令ヲ受領シタル日ヨリ十日以内ニ届出ヘシ」（第四条）として、氏を復旧（復姓）〔注〕する場合のみ許可されるという厳しい取扱いがなされていた。そして、明治三一年戸籍法では「氏ヲ復旧シ又ハ名ヲ改称シタル者ハ十日内ニ……届出ツルコトヲ要ス」（一六四条）とされ、大正三年の戸籍法では「氏名変更ノ届出ハ許可ノ日ヨリ十日内ニ之ヲ為スコトヲ要ス」（一五三条）として氏の変更も認めているかのような規定となっているが、氏の復旧のみ許されると解されていたようである（谷口知平『戸籍法（第三版）』二六七頁）。

そして、氏名変更に関する事務は内務大臣の所管とされ、管轄庁である都道府県知事又はその委任を受けた市町村長の許可を得て、一〇日内に氏を復旧し又は名を改称する届出をすることとされていた。

〔注〕　復姓は、名字設定や戸籍編製の時の軽率、でたらめを改め、祖先伝来の由緒ある正しい氏に復するという意味で許された。

二　戦後、改正された現行の戸籍法（昭和二二年法律二二四号）において、改姓名に関する右の太政官布告を廃止して（戸附一三条一項）、第一〇七条の規定を新設し、氏名の変更が認容される事由を定めるとともに、その許可の権限は内務大臣（都道府県知事）から司法大臣（家事審判所）の所管に移された（昭和二二・八・一一民事甲八〇〇号通達）。

なお、現行戸籍法の施行前に旧法に基づいて改姓名の許可があったときは、現行法の施行後も旧法に基づいて届け出るべきものとされている（昭和二三・三・九民事甲一〇号回答）。

第三　やむを得ない事由による氏の変更

問7　氏の変更について、「やむを得ない事由」に該当するのはどのような場合か。また、その事由に該当するか否かは、だれが認定するのか。

答　氏を変更するについて、何が「やむを得ない事由」に該当するかは個々の事件において家庭裁判所が認定することになるが、一般には著しく珍奇又は難読・難書で実生活に支障のあるもの、外国人の姓と紛らわしいもの、その氏の継続を強制することが社会観念上甚だしく不当と認められる場合などとされている。

解説

一　氏の変更の許可

氏を変更しようとする場合は、あらかじめ家庭裁判所の許可を得て、戸籍の届出をしなければならない（戸一〇七条一項）。家庭裁判所は、氏変更許可の審判に当たっては、個々の事件においてその変更事由が「やむを得ない事由」に該当するかどうかを判断（認定）することになる。つまり、変更事由の有無は、家庭裁判所の判断事項であるから、市町村長はこの点の認定を不当として届出の受理を拒むことはできない。

二　氏の変更に関する裁判例

氏の変更につき「やむを得ない事由」に該当するかどうかにつき市町村の窓口における戸籍相談等の対応上参考となると思われる裁判例のいくつかを紹介する。

1　珍奇、難読・難書に関するもの

他人から嘲笑侮べつされるような意味を帯び人格を不当に傷つけられるおそれのある場合として、宍倉、大楢、肴屋、猿田、色摩、大工、腹巻、仁後などがある。また、難読・難書で本人や社会一般も他人から区別してその同一性を識別するための氏名が本来の機能を果たすことができない場合として、四月一日（わたぬき）、四月朔日（わたぬき）、八月一日（ほずみ）、東恩納（とおの）などがあり、外国人の姓と紛らわしいため、外国人と誤認されるおそれのある場合として、金、石、里などがある。これらはいずれも「やむを得ない事由」に該当するとして氏の変更が認容された事例である。

他方、「やむを得ない事由」に該当しないとされたものには次のような事例がある。「簾」（ミス）は、当用漢字になく、かなり書きにくく読みづらいが、この程度の難読・難書は僅少の努力と記憶により容易に克服できること、「ミス」は家具の名であるが人に不快感をいだかせる物の名ではなく、英語の「ミス」に通じているといっても日常生活に少しも紛らわしさがないし、人に嫌悪感を起こさせるものではない（大阪高決昭和二六・一〇・一二家月五巻五号一五二頁）。「三角」は、姓自体に何ら著しい珍奇又は侮べつの意味はなく難読・難書でもない（大阪高決昭和二八・一〇・二八家月五巻一一号四一頁）。「入口」は、一般にありふれた氏ではないが、文字から受ける感じも著しく珍奇とはいえないし、人格を傷つけるほどのものでも、また難解なものでもなく、他の氏と混同しやすいものとはいえない（大阪高判昭和三〇・一〇・一五家月七巻一一号六九頁）。「佃屋」（ツクヤ）は、誤読されやすいとしても、人の呼称としての人格の同一性の認識に混乱を招くほどの難読とも解されない（東京家審昭和四三・一〇・三家月二一巻二号一八七頁）。「真玉橋」（マタハシ）は、稀にみる珍しい氏であるが、そのために正しく読まれることは少なく、日常生活においてある程度の困惑や不利、不便を被っていることは推認でき

ても、その文字自体から他人の嘲笑、侮べつをかい、人格を傷つけられることがあるとは認めがたく、その氏の継続使用を求めることが社会観念上不当に難きを強いるものとは認められない（東京高決昭和五一・一一・五判時八四二号八一頁）。

2　僧職等宗教に関するもの

歴代の住職が同一氏を称し、その氏が寺格その他信仰上有利であるとしても、四〇数年現在の氏を称して何ら不便不都合もなく過ごしてきたことなどを勘案して「やむを得ない事由」に当たらないとして申立てを却下した（新潟家長岡支審昭和四四・四・一四家月二一巻一号一二三頁）事例などがあり、僧職等宗教上の理由によって氏を変更することについても裁判所は厳しい態度をとっているようである。また、法流の承継や僧侶の地位を得ることのみを目的とする氏の変更は、これを認めていない（東京家審昭和三四・九・一五家月一二巻一号九五頁、東京高決昭和三四・一二・一五家月一二巻九号一七〇頁）。

3　家名・祭祀の承継に関するもの

家名に関するものについては、旧法上の家名にとらわれ、あたかも絶家再興と似たような結果を求めようとする氏の変更の申立てには、やむを得ない事由があるものとは認められないとしている（長野家上田支審昭和二九・一二・六家月八巻一一号三四頁）。また、祭祀の承継に関する氏の変更については、他に祖先の祭祀を承継する者がいるときといないときとが、その判断の基準とされているようであり、例えば、亡母の後えいであることを表す者がいないので、その姓を称したいとする申立てを認容した（和歌山家審昭和四一・九・二家月一九巻三号七二頁）が、母の実家の氏の祖先の祭祀に当たりたいとしたことを理由とした申立ては、他に祭祀承継者がいる場合（大阪高決昭和二四・一二・一五家月五巻五号一四三頁）は変更を認めていない。また、祖先の財産を引き継ぎ、祖先の祭祀を承継するために、自らの氏を祖先の氏に変更する申立て（長野家決昭和四一・四・二〇判時四四五号四一頁）や、母方亡祖母の後継者がいないので、祖母の意志及び母の希望をくみ、自らも同家の祖先の祭祀を行いたいとする理由によりなされた申立て（東京家審昭和四一・九・一九家月一九巻五号八五頁）は、いずれも却下されている。

4　通姓の永年使用に関するもの

戸籍上の氏と異なる氏の永年使用を理由に氏の変更が許可されるには、その通姓（仮の氏）が長期間にわたって社会生活全般において使用されたため、その氏が戸籍上の氏のように扱われ、戸籍上の氏を使用するとかえって別人と間違えられて、本人が困るばかりでなく、その人をめぐる社会にも混乱を生ずる場合で、かつ、その通姓（仮の氏）を使用するについても合理的な理由があることを要するものとされている（東京高決昭和三八・七・一七東高民時報一四巻七号二〇四頁）。申立てが認容されたものとして次のような事例がある。⑴二〇数年間にわたり同棲してきた内縁の夫が死亡した後、内縁の夫の父と同居したが、同年この父も死亡したため、自らも事実上称してきた内縁の夫の氏を称する者がなくなった場合には、内縁の夫の氏に変更するにつきやむを得ない事由がある（大阪高決昭和二三・一〇・一四家月昭和二五年二号九頁）。⑵他家の家督相続人となった者が、その後実家に帰り二〇数年間実家の家業に努力し、社会的経済的の全領域において実家の氏を称していたことが認められる場合に、実家と同じ呼称への氏変更につきやむを得ない事由がある（和歌山家審昭和四三・一一・二七家月二一巻六号七二頁）。⑶本妻のある内縁の夫の氏の呼称を二九年余にわたり通称として使用してきた内縁の妻が右呼称の氏に変更することの許可を申し立てた場合において、右の呼称が定着しており、これを共同生活を営む子らの氏の呼称に一致させることが望ましいものと認められること、また、内縁の夫と本妻とが永年にわたり事実上の離婚状態にあり、しかも内縁の夫が既に死亡しており、右内縁の妻が本妻と同一呼称の氏を称したとしても我が国の婚姻秩序に反することもないこと等を考慮され、氏を変更するにつきやむを得ない事由がある（那覇家審昭和四九・一二・一三家月二七巻一二号六四頁）とされた事例である。しかし、通姓を永年使用していたとしても、その間妻の氏を称する婚姻をし、かつ、長女が出生している事実の下においては、改氏につきやむを得ない事由には該当しないとされた事例がある（札幌高決昭和三五・五・二七家月一二巻八号一三五頁）。

5　外国人配偶者の通称氏への変更に関するもの

外国人配偶者の通称氏への氏の変更を求める申立てにつき、認容された事例としては、次のようなものがある。⑴外国人配偶者（韓国人）の通氏が永年使用と認められる程度に定着していること、日本人が婚姻後、外国人配偶者の通氏を夫婦共同体の呼称として使用し、将来も使用を継続する見込みがあることを要件に「やむを得ない事由」を認めることができるとして申立てを許可した事例（横浜家小田原支審平九・一二・二五家月五〇巻四号一一〇頁、同旨として広島高岡山支決昭六三・一一・二五家月四一巻四号七八頁）。⑵外国人配偶者（韓国人）が通称氏である日本名を永年にわたって使用しており、社会生活においてその通称氏が定着しているなどの事情の下では、日本人配偶者の氏の上記通称氏への変更については、「やむを得ない事由」があるものとした事例（福岡高決平二二・一〇・二五家月六三巻八号六四頁、大阪高決平三・八・二家月四四巻五号三三頁）などである。

一方、日本人がその氏を外国人配偶者（韓国人）の通称氏への変更を求めた事案において、夫の通称氏に変更するとすれば、夫の氏でもなく妻の氏でもない氏を創設することになり、氏の一貫性、永続性に欠け、氏の本来的意義が失われることになる等として申立てを却下した事例がある（大阪高決昭六〇・一〇・一六家月三八巻二号一三四頁、同旨として大阪家審平元・七・一三家月四二巻一〇号四四頁）。

現在では、①外国人配偶者の通氏が永年使用と認められる程度に定着していること、②日本人が婚姻後、外国人配偶者の通氏を夫婦共同体の呼称として使用し、将来も使用を継続する見込みがあることを要件として、氏の変更を肯定する裁判例が定着しているものと見られている（村重慶一「戸籍判例ノート244」戸籍時報六八五号七四頁参照）。

6　戸籍法第七七条の二の届出等に関するもの

無効な協議離婚届を追認したことから、届出の時点にさかのぼって離婚が成立し、その結果、民法第七六七条第二項、戸籍法第七七条の二の届出期間を徒過したことになる者が、婚姻中の氏への変更を求めた事案について、戸籍法第一〇七条第一項のやむを得ない事由の存否を判断するに当たって、その基準を一般の場合に比しある程度緩やかに解釈すべきであるとして、その申立てを認容している（札幌家審昭和五六・一〇・七家月三三五巻三号九二頁）。なお、戸籍法第七七条の二の規定による届出後の氏変更の事案については、次の**問8**を参照されたい。

7　その他

その他の事例として、虚偽の出生届及び認知届により約三〇年余の間他人の戸籍に入籍してその氏を称してきた者が、親子関係不存在確認又は認知無効の各裁判を経て戸籍訂正をした結果本来の氏を称することとなった場合には、戸籍法第一〇七条第一項にいう従前称していた氏に変更するにつき、やむを得ない事由があるとして、従来の氏への変更申立てを却下した原審判を取り消し、申立てを認容した事例（東京高決昭和五七・八・二四家月三五巻一二号八八頁）、滅失した戸籍の再製の際に誤記された氏を、本来の氏に戻すためになされた氏の変更許可申立てを認容した事例（山口家下関支審昭和六二・八・三家月三九巻一二号一五七頁）、日本人男と婚姻後に帰化した夫の戸籍に入籍した外国人女が、離婚後、前夫の氏と同一呼称で氏を創設し新戸籍を編製したものの、子の高校進学を機に新たな氏への変更の許可を求めた事案につき、本件に顕れた事実関係を総合すると、日本人であれば婚氏続称後の復氏に当たるものとして外国人女の希望する氏を評価するのが相当であり、外国人女の氏を同人の希望する氏に変更すべき「やむを得ない事情」があると認めるのが相当であるとして、申立てを却下した原審判を取り消し、認容した事例（大阪高決平一七・三・三家月五八巻二号一六六頁）等がある。

問8　戸籍法第七七条の二の届出により離婚の際に称していた氏を称している者からされた実方の氏へ変更する申立ては認められるか。

答　戸籍法第一〇七条第一項に定める「やむを得ない事由」に該当する場合に変更が認められる。なお、裁判例としては、その申立てが恣意的でなく、変更により社会的弊害を生ずるおそれがない限り、「やむを得ない事由」の存否を判断するに当たって、その基準を一般の場合に比し緩和して解釈し、申立てを認容するものと、婚氏の使用期間が特に短いとか、婚氏続称の届出につき虚偽表示や錯誤がある等特別の事情がない限り、通常の氏の変更の場合よりも「やむを得ない事由」を緩和して解すべきでないとするものとがある。

解説

一　昭和五一年法律第六六号による「民法の一部改正」により、婚姻によって氏を改めた夫又は妻は、離婚によって法律上当然に婚姻前の氏に復する（民七六七条一項）とする原則を維持しつつ、離婚の日から三か月以内に戸籍法第七七条の二の届出をすることによって、離婚によって復氏した者がその復氏した氏の呼称を離婚の際に称していた氏と同じ呼称に変更することができるようになった（民七六七条二項）。

ところが、右のいわゆる婚氏続称の届出をしたものの、その後婚姻前の実方の氏を称する必要があるとしてその変更を申し立てる例がかなりみられるようになった。この場合の氏の変更についても、通常の氏の変更の場合と同様に、戸籍法第一〇七条第一項に定める「やむを得ない事由」があることが必要であることはいうまでもない。ただ、この場合における「やむを得ない事由」の解釈につき通常の氏の変更の場合よりも緩和し得るか否かについて裁判例は見解が分かれている。

すなわち、否定的な見解をとるものとして、離婚に際し婚氏続称の届出をしたということは、本来なら離婚によって復氏すべきところを届出人の意思によって「復氏すべき婚姻前の氏以外の氏」を称する道を選択したという点で、実質的には氏の変更と同じことをしたことになる。したがって、婚氏続称を選択した者が婚姻前の実方の氏への変更を求める場合は、婚姻中の婚氏使用期間が特に短いとか、婚氏続称の届出（戸七七条の二）につき虚偽表示や錯誤がある等特別の事情がない限り、通常の氏の変更の場合よりも「やむを得ない事由」を特に緩和して解すべきでないとするものである（大阪家審昭和五二・八・二九家月三〇巻七号七五頁、大阪家審昭和五五・一一・五家月三三巻七号六二頁）。

これに対して、肯定的な見解をとるものとして、離婚によって復氏することが離婚の事実を対外的に明確にし、新たな身分関係を社会一般に周知させるのに役立つから復氏が原則である。いったん婚氏続称の選択をした者も、日時の経過でそれが離婚後の呼称として社会的に定着し、新たな呼称秩序が形成された場合は別として、本来、婚姻により氏を改めた者が離婚によって復氏したときは、呼称上も婚姻前の氏に復するのが氏の社会的機能から望ましいので、「やむを得ない事由」の当否については通常の氏変更より緩和して解釈すべきであるとするものである（大阪高決昭和五二・一二・二一家月三〇巻六号九五頁、名古屋高金沢支決昭和五四・五・一七家月三二巻七号五二頁）。

二 「やむを得ない事由」の解釈を緩和し変更を容認するこれらの裁判例も、無条件に肯定的解釈をとるものではないが、次の東京高裁の決定は、戸籍法第七七条の二の届出後の戸籍法第一〇七条第一項の氏変更申立ての認容に当たって、その一般的基準を明確にしている点で注目されるものであり、その後の審判例の指導的な見解とみられている。

事案の概要は、甲男と乙女が昭和四六年七月一五日に夫の氏を称して婚姻したが、昭和五五年一〇月二四日に協議離婚をし、乙女は戸籍法第七七条の二の届出により引き続き甲男の氏を称していた。乙女が婚氏を続称する届出をした理由は、離婚に伴う慰謝料に充てるため甲男が五分の三、乙女が五分の二の持分を有していたマンションを売却するには、乙女が旧姓に復していると不都合があるため、右マンションの売却手続が完了するまで暫定的に甲男の氏を称する必要があったためである。その後マンションの処分も完了したので、乙女は旧姓に復するのに不都合な事由がなくなったので速やかに旧姓に復し実方に帰って親と共に生活することを強く望んでおり、また、実方の親族も乙女が旧姓に復することを同居の条件としたことなどもあり、戸籍法第一〇七条第一項による氏変更の申立てをしたものである。

原審である東京家裁はこの申立てを却下したので、申立人はこれを不服として抗告した。抗告審である東京高裁は、抗告を理由ありとし、本件の氏変更を認容したものであるが、その判断の中で、

「民法第七六七条第一項は、『婚姻によつて氏を改めた夫又は妻は、協議上の離婚によつて婚姻前の氏に復する。』と規定し、離婚による復氏を原則としているのであるから、長期的展望に立った的確な判断を誤り同条二項の定めにより離婚の日から三か月以内に戸籍法の定めるところにより届出をして離婚の際に称していた氏を称することとした場合において、その後相当期間内に冷静な判断の結果婚姻前の氏に変更することを希望しその旨の申立をしたときは、それが恣意的でなく、第三者が不測の損害を被る等の社会的弊害が発生するおそれのない限り、戸籍法一〇七条一項に定める『やむを得ない事由』を他の場合に比しある程度緩和して解釈し、右申立の可否を決すべきである。」として、一般的基準を明らかにした上で、本件申立ては戸籍法第一〇七条第一項の「やむを得ない事由」があるものとして、これを認容する決定をしたものである（東京高決昭和五八・一一・一家月三六巻九号八八頁）。この決定と同趣旨で氏変更の申立てを認容した裁判例として、福岡高裁昭和六〇年一月三一日決定（家月三七巻八号四五頁）、札幌家裁昭和六一年六月四日審判（家月三八巻一〇号四〇頁）、札幌高裁昭和六一年一一月一九日決定（判タ六三〇号一九二頁）、広島高裁昭和六二年一月一九日決定（判タ六四四号二一〇頁）、大阪高裁平成三年九月四日決定（判時一四〇九号七五頁）、仙台家裁石巻支部平成五年二月一五日審判（家月四六巻六号六九頁）、名古屋高裁平成七年一月三一日決定（家月四七巻一二号四一頁）、千葉家裁平成一一年一二月六日審判（家月五二巻五号一四三頁）、東京高裁平成一五年八月八日決定（家月五六巻四号一四一頁）などがあり、積極的な決定、審判例が続いており、現在では積極説が裁判実務に定着したものと見られている（村重慶一「戸籍判例ノート⑳」戸籍時報四一四号四九頁）。

問9　転籍した際に誤記された氏をその後永年常用してきた場合、誤記前の正当な氏に戻すには、どのような手続を要するか。また、転籍後も誤記前の正当の氏を使用してきた場合は、どうか。

答　誤記された氏を永年常用し、その間在籍者に格別の異議がなく、かつ、社会生活上もそれが正当の氏として通用している場合に誤記前の氏に戻すには、氏変更の手続によるべきである。また、仮に本人らがその誤記を知らずに誤記前の氏を使用してきた場合であっても右と同様に取り扱うべきものと解される。もっとも、戸籍訂正許可の審判がなされ、その申請があった場合はこれを受理するほかはない。

解説　一　転籍その他の事由によって新戸籍を編製する際に市町村長が氏の文字を誤って異なる文字で記載してしまった場合において、誤記された本人が日常生活において誤記された文字の氏を永年使用してきた後に誤記前の正当の氏に復するには、戸籍法第一〇七条第一項の氏変更の手続によるべきものとされる（昭和二七・五・二四民事甲七五一号回答、昭和二七・九・二五民事甲三二六号回答）。

二　一般に戸籍の記載の錯誤が市町村長の過誤によって生じたものである場合は、届出人等に通知して戸籍訂正申請をさせるのではなく、市町村長において職権により訂正手続がとられるべきである（戸二四条一項ただし書）。しかし、誤記された氏を在籍者が日常生活において使用し、それが長年月を経過した場合は、その氏が社会においても正当な氏として通用し、しかも当該戸籍に在籍していた子について新戸籍が編製されていることもあり得るから、これを戸籍訂正手続の原則に従って関連戸籍までその記載を訂正するということになると関係者及び社会に及ぼす影響は少なくないであろう。

ところで、関係者がその誤記された氏を長年にわたって使用し、それが社会生活において広く正当な氏として定着しているような場合には、実質的には誤記された氏への氏の変更が行われたとみることもできる。このような場合には、関係者が旧氏への訂正を望まないのであれば、戸籍の記載はそのままにしておくのが相当と解される。しかし、公的な手続の場面で、例えば、相続問題に関連して被相続人若しくは相続人の同一性の判断に支障が生ずるようであれば、関係者が戸籍法第一〇七条第一項の規定により、誤記された氏への氏変更許可審判（実質上、誤記された氏への氏変更が行われていることを追認する意味での氏変更の許可審判）を得た上、その現在戸籍に変更の前後を明らかにする意味で、例えば「平成〇年〇月〇日戸籍法百七条一項の氏変更（「丙山」を「丙川」と変更）届出㊞」の振合いで記載してもらうことにより解決することが可能と考えられる（木村三男監修「新戸籍編製の際、氏を誤記された場合の訂正は」戸籍時報四六九号五五頁参照）。

三　これに対し、関係者が誤記される前の氏への訂正を望むのであれば、前述**一**の先例の趣旨により、戸籍法第一〇七条第一項の氏変更の手続により従前の氏に変更すべきである。この氏の変更手続によるときは、家庭裁判所における許可審判の過程において、氏変更によって社会に及ぼす影響及び氏の変更の対象となる戸籍に記載された者の意思も考慮されるし（**問11**参照）、氏の変更の効果は当該変更の対象となる戸籍にのみ及ぶもので、他の戸籍には何らの影響を及ぼすことはない（**問14**参照）から、前述の戸籍訂正手続におけるような問題は生じない。結局、戸籍実務の取扱い（前記**一**に述べた先例）の趣旨は、氏が誤記された後、永年経過している場合において、これを戸籍訂正手続によって誤記前の正当の氏に訂正することは社会に及ぼす影響が少なくないことから、これを誤記前の氏に戻すには、本人らの意思をまって氏変更の手続により処理すべきであるとする考え方を示すものと解される。

四　右のような考え方から、仮に本人らがその誤記を知らずに誤記前の氏を使用している場合があったとしても、誤記前の氏（正当な氏）への訂正を望む場合には、戸籍法第一〇七条第一項の改氏手続によるよう指導すべきであろう（昭和五・六・二四民事六〇一号回答）。もっとも、この場合に改氏手続によらず戸籍法第一一三条の戸籍訂正の許可審判があり戸籍訂正申請があった場合は、先例は、これを受理するほかはないとしている（昭和三一・三・六民事甲四四二号回答）。

問10　**離縁によって縁組前の氏に復した者が、戸籍法第一〇七条第一項の氏変更（亡実父母の養方の氏に変更）の届出をした後であっても、離縁の日から三か月以内であれば、戸籍法第七三条の二の届出により縁氏を称することが認められるか。**

答　離縁によって復氏した者が戸籍法第一〇七条第一項の規定による氏変更の届出をした後は、離縁の日から三か月以内であっても、もはや右規定の特則である戸籍法第七三条の二の届出をすることはできないと解される。

解説

一　離縁によって縁組前の実方の氏「甲野」に復した者が、同人の縁組後他の養子となった後に死亡した父母の生前に称していた氏「丙野」に変更の申立てをし、「やむを得ない事由」があるとしてその申立てが認容され丙野の氏を称した。しかし、同人はこれまでの永年にわたる社会的活動を養方の氏「乙野」で続けてきた実績があることから再考した結果、やはり離縁の際に称していた「乙野」の氏を称したいという場合に、離縁の日から三か月以内であれば、いわゆる縁氏続称の届出（戸七三条の二）により乙野の氏を称することができるかという問題である。確かに、右の場合「縁組の日から七年を経過した後に前項の規定（注・養子離縁による復氏）により縁組前の氏に復した者は、離縁の日から三箇月以内に戸籍法の定めるところにより届け出ることによって、離縁の際に称していた氏を称することができる。」とする民法第八一六条第二項に規定する要件を満たしてはいるが、本人が離縁後に戸籍法第一〇七条第一項により自己の意思で家庭裁判所の許可を得て他の氏に変更した後に、戸籍法第七三条の二に基づく縁氏続称の届出により再度氏を変更することが認められるであろうか。

二　そこで、戸籍法第一〇七条第一項と同法第七三条の二の規定の関係を考えてみると、まず後者の縁氏続称の届出は、離縁によって縁組前の氏に復した者が、その復した氏の呼称を離縁の際に称していた氏と同じ呼称に変更するものである。したがって、その実質は戸籍法第一〇七条第一項により「やむを得ない事由」があるとして家庭裁判所の許可を得て氏の変更をした場合と同様に、それはあくまでも氏の呼称の変更であって民法上の氏の同一性に変更がないとされている。このような意味から、戸籍法第七三条の二は同法第一〇七条第一項の特則といわれている。しかし、いずれも呼称上の氏を変更するという点で一致するものの、その規定が設けられた目的（立法趣旨）が異なる点に注意する必要がある。すなわち、戸籍法第一〇七条第一項の氏変更届は、相当厳格な要件のもとに認められるもので、それは戸籍の筆頭に記載された者とその配偶者の個人的事由だけでなく、ある意味では公益的な要請もあると解されている（問7参照）。そして、この氏変更の効果も当該戸籍に在籍する者すべてに及ぶとされている（昭和二四・九・一民事甲一九三五号回答）。一方、戸籍法第七三条の二の縁氏続称の届出は、離縁によって縁組前の氏に復した者自身の社会生活あるいは経済的活動における便宜など、専らその者の個人的事由を考慮したものといわれ、その氏変更の効果も離縁によって復氏することを余儀なくされた者にのみ及ぶものとされている（昭和六二・一〇・一民二―五〇〇〇号通達第3の4⑵）。

三　設問の場合、事件本人が離縁により復氏した後に亡父母の氏に変更する申立てをした際、家庭裁判所においては、前述のように本人の個人的事由だけでなく公益的な観点等からも検討された上で申立てを認容したものと考えられる。それが、離縁の日から三か月以内というわずかな期間のうちに再度、しかも今度は専ら個人的な事由に基づく戸籍法第七三条の二の届出をするだけで氏の変更ができるということには疑問が生じる。すなわち、縁氏続称の届出は、戸籍法第一〇七条第一項の氏変更届と同一に考えるべきでなく、あくまでも離縁という身分行為と一体として考えるべきものである。したがって、縁氏続称の届出の前に本則である戸籍法第一〇七条第一項による氏変更の手続によって右の事情が変更した後は、たとえ離縁の日から三か月以内であっても、その特則規定とされる縁氏続称の届出はもはやすることはできないと解するのが相当と考えられている（法務省民事局第二課戸籍実務研究会編『戸籍落葉一〇〇選』四〇一頁）。

問11　氏の変更に関する家庭裁判所の許可審判は、どのような手続でなされるか。

答　戸籍の筆頭者及びその配偶者から、その住所地を管轄する家庭裁判所に対する申立てによって審判が開始し、家庭裁判所において申立人と同一戸籍にある一五歳以上の者の陳述を聴取し、個々の事件ごとに氏変更の事由である「やむを得ない事由」に該当するかどうかを認定して審判がなされる。許可審判に対しては利害関係人から、また、却下審判に対しては申立人からの即時抗告が許されるので、抗告期間が経過し、又は抗告審の裁判が確定したときにその審判が確定する。

解説

一　氏を変更しようとする場合は、あらかじめ家庭裁判所の許可を得て、戸籍の届出をしなければならない（戸一〇七条一項）。家庭裁判所における氏の変更許可事件は、戸籍法第一〇七条第一項の規定に基づき、家事事件手続法別表第一に掲げる事項として、審判されることになる（家事二二六条・別表第一の一二二項）。

二　この申立てをすることができるのは、戸籍の筆頭者及びその配偶者に限られ、その双方が存在するときは、必ず夫婦が共同して申立人となるべきである。また、筆頭者又はその配偶者のいずれか一方が死亡又は離婚などによって除籍されているときは、他方のみが申立人となることができ（昭和二五・一〇・八民事甲二七一二号回答）、もし筆頭者が死亡している場合であっても、その生存配偶者は戸籍法第一〇七条第一項にいう「その配偶者」に該当するものとされる。しかし、筆頭者及びその配偶者以外の者は、氏の変更許可審判の申立人となることはできないから、筆頭者及びその配偶者がともに除籍されているときには、同籍する子は成年に達した後に分籍の上自ら氏の変更許可の申立て及び氏変更の届出をするほかに方法はない（昭和二四・九・一民事甲一九三五号回答、昭和三八・三・一四民事甲七五一号回答）。なお、筆頭者及びその配偶者以外の者が自分だけの氏変更の許可及びその氏変更の届出は許されないから、仮にその者について氏変更の許可がなされたとしても、当該許可の審判は戸籍法第一〇七条第一項の規定に違反し無効であるため、これに基づく届出は受理することができないとされている（昭和二六・二・一三民事甲二七四号回答）。

三　氏の変更許可事件は、申立人の住所地の家庭裁判所の管轄とされている（家事二二六条一号）。この管轄は、事件開始のとき（申立て）を標準として定まり、いったん適法に事件がある裁判所に係属した以上、たとえその後に申立人の住所が変動したことが判明しても、その事件はこのために管轄違いとなることはないとされる（『家事審判法実務講義案─改訂版』四二頁）。

四　家庭裁判所は、氏の変更許可の申立てがなされた個々の事件について氏変更の事由である「やむを得ない事由」に該当するかどうかを認定することになる。この変更事由の有無は家庭裁判所の判断事項であるから、正当な届出人からの届出である以上、市町村長はこの点についての判断の不当を理由として届出の受理を拒むことはできない。

なお、家庭裁判所は、氏の変更を許可するには、申立人と同一戸籍内にある一五歳以上の者の陳述を聴かなければならないとされているが（家事二二九条一号）、これは氏変更の効力が同一戸籍内にある者全員に及ぶことから、氏の変更に対するこれらの者の意思をも考慮するためである。

五　審判に対する不服申立ては、特別の定めがある場合に限り、即時抗告をすることができるものとされ（家事八五条一項）、氏の変更許可事件については、許可審判に対しては利害関係人から、却下審判に対しては申立人からそれぞれ即時抗告をすることができる（家事二三一条一号・二号）。即時抗告をすることのできる期間は二週間であり（家事八六条一項）、その期間は、即時抗告権者が審判の告知を受けたときは、その告知の日から、その者が告知を受けなかったときは、申立人が告知を受けた日から進行する（初日不算入、同条二項）から、この抗告期間を徒過した場合、又は右の期間内に即時抗告がなされたときは、抗告審の裁判が確定した場合に審判が確定する。したがって、氏変更の戸籍の届出をする場合は、許可に関する審判の謄本のほかに、審判の確定証明書を届書に添付することを要する（昭和二九・一二・二四民事甲二六〇一号回答）。

問12　氏変更の許可審判において、申立人である戸籍の筆頭者及びその配偶者以外の同籍者が意見を述べる機会はあるか。

答　戸籍法第一〇七条第一項による氏変更の効果は、その戸籍に在籍する者全員に及ぶことから、家庭裁判所は満一五歳以上の同籍者の意見を聴かなければならないとされている。

解説

一　戸籍は、一の夫婦（外国人と婚姻をした者又は配偶者がない者についてはその者）及びこれと氏を同じくする子ごとに編製されるが（戸六条）、「やむを得ない事由」に基づく氏の変更許可の申立ては、戸籍の筆頭者及びその配偶者によって行われ、変更の効果は、その戸籍に在籍する者全員に及ぶことになる。そこで、氏の変更を許可する審判においては、申立人でない者のうち、その意見を考慮すべきものと考えられる満一五歳以上の同籍者の意見を聴かなければならないとされている（家事二二九条一項）。もっとも、同籍者の意見を聴かなければならないのは、変更が許可された場合に限られ、「やむを得ない事由」がないため申立てが却下される場合にはその意見を聴くまでもないと解されている（大森政輔『注解家事審判規則』四七五頁）。

二　この同籍者の意見を聴く方法は、裁判官が直接審問することもあるし、家庭裁判所調査官が調査するに際して意見を聴くことでも足り、また、その者の書面の提出もこれに当たるとされる（昭和二八・八・八家甲一四五号最高裁家庭局長回答）。なお、右の意見を聴くというのは、意見を述べる機会を与えることであるから、その機会が与えられたにもかかわらず、相当期間内に意見を述べなければ、そのままで許可の審判がなされることになる。

三　右の同籍者の意見は、審判を拘束するものではないと解されている。すなわち、家庭裁判所は、前述のように許可を前提として意見を聴かなければならないが、その意見に拘束されることはなく、述べられた意見をその他の事情と総合して判断がなされ、その許否が決定されるべきものである。したがって、反対の意見が述べられたにもかかわらず、許可がなされた場合でも、手続上の問題は生じないし、また、意見を述べる機会が与えられないまま許可の審判がなされても、その審判は有効であり、「やむを得ない事由」に基づく変更許可を得て、その旨の届出があれば、氏変更の効果はその者についても及ぶことになる。この場合に、意見を述べる機会を与えられなかった同籍者が氏の変更に異議があるときは、その者が成年に達していれば分籍の上元の氏への変更許可の申立てをすることが考えられる。しかし、この場合でも、意見を述べる機会が与えられなかったという事情のみでは、「やむを得ない事由」があるとは解されない。なぜなら、同籍者の意見は、審判を拘束するものではないし、仮に変更につき反対の意見を述べたとしても、その他の事情と総合判断した結果変更を許可されたかもしれないからである（大森政輔『注解家事審判規則』四七五頁）。

問13　外国の裁判所で許可された日本人の氏（又は名）の変更届を受理することができるか。

答　日本人に対する氏名変更の許可は、我が国の裁判所の専属管轄に属するものと解されるので、外国の裁判所が行った氏名変更の決定に基づく届出は受理しないのが相当とされている。

解説

一　氏名は公の文書に記載又は登録されてその国の行政的監督の下におかれるのが通常であり、雅号、筆名、芸名などとはその取扱いを全く異にする。公簿に登録されていない名であれば、他人の権利を侵害しない限り、どのような名を用い又はそれを変更しても、それは本人が自由に決定するところに従って支障の生ずることはないであろうから、公的機関の許可などを受ける必要はない。ところが、公簿に登録してある氏又は名を変更するとなると問題は別である。公簿に登録してある氏又は名は、私法関係の面とその者を特定し他人と区別するための符号という公法関係との両面をもっている。したがって、私人がほしいままにこれを変更し得ないものであって、必ず変更をなすべき理由に基づいて公の許可を必要とする。つまり、氏又は名の変更はその国の公的な政策と密接に関連する問題であるといえる。

二　現時点では、氏名の変更の場合の国際裁判管轄権に関する明文の規定はないが〔注〕、右一に述べた氏名の性質から、その変更は原則として氏名が公の文書に記載又は登録されるその者の本国に管轄権を認めるのが相当であるとされている。しかし、本国の管轄権だけを認めるとするときは、氏名を変更するためには必ず本国の裁判所その他の機関に申立てをしなければならないことになり、日本に永住している外国人には、実際上甚だしい不便を強いることになる。そこで、日本に居住する外国人については、氏名変更の裁判が本国で承認されることが明らかな場合には、例外的に住所地国である我が国の裁判所に管轄権を認めるべきであるとする見解がある（山田鐐一『国際私法第3版』五六三頁）。これに対して、氏名の問題を公法上の問題と解する立場から、氏名の変更の管轄は原則として本国にのみ認められるべきであり、我が国の裁判所が在住外国人の氏名変更を許可するとしても、属地的効力を前提とすれば十分である。したがって、それが本国で承認されるか否かは、本国の国際行政法に委ねるべきであって、本国で承認されることを管轄の要件とする必要はないとする見解もある（澤木敬郎「人の氏名に関する国際私法上の若干の問題」家月三二巻五号二九頁）。

三　戸籍実務では、本人の意思に基づく氏の変更（婚姻、縁組など一定の身分関係の成立・変動とは無関係に専ら本人の意思に基づいて生ずる氏の変更）の問題は、氏名権として人格権の問題であるとする立場から、その準拠法については本人の属人法すなわちその本国法によるとし、裁判管轄権の問題もその者の本国の裁判所にのみ管轄権を認める立場をとっているものと解される。すなわち、①在外邦人に対し、外国裁判所でなされた氏変更の裁判に基づく届出は受理すべきでない（昭和三八・三・一四民事甲七五一号回答）、②韓国人についての名の変更の性質は、身分実体的なものでなく単に韓国戸籍上の表示の問題と解するから、戸籍訂正・就籍・転籍等と同様に、我が国の家庭裁判所に裁判管轄権はない（多数）。したがって、家庭裁判所が韓国人の名の変更を許可する審判をしても、市町村長は名の変更届を受理することはできないが、許可審判の謄本を添付して外国人登録事項変更の申請があれば、名を更正する（昭和四四・九・一一第九九回法務省・裁判所・法務局戸籍事務連絡協議会協議結論）、③日本人に対する氏名変更の許可は、我が国の裁判所の専属管轄に属するから、外国の裁判所が行った氏名変更の裁判に基づく届出は受理しないのが相当である（昭和四七・一一・一五民事甲四六七九号回答）などの先例がある。

〔注〕　平成二七年七月現在、法制審議会国際裁判管轄法制（人事訴訟事件及び家事事件関係）部会において、人事訴訟事件及び家事事件の国際裁判管轄に関する規律等を整備するための検討が進められている。平成二七年二月二七日に取りまとめられた「人事訴訟事件及び家事事件の国際裁判管轄法制に関する中間試案」においては、氏又は名の変更についての許可に係る審判事件の裁判管轄につき、甲案「日本の裁判所に専属するものとする。」、乙案「特に規律を設けないこととする。」との二通りの案が示されている（同中間試案第1の16(1)）。

問14　氏変更の効力は、いつ生ずるか。また、その効力は同籍者にも及ぶか。

答　氏の変更は、家庭裁判所の許可審判が確定しただけでは効力を生じることはなく、戸籍の届出によってはじめてその効力を生ずる。また、氏変更の効力は同一戸籍にあるすべての者に当然に及ぶものである。

解説

一　氏の変更は、次節の名の変更の場合と同様に、家庭裁判所の許可によって効力を生ずるのではなく、この許可を前提として戸籍法第一〇七条第一項の届出によってはじめてその効力を生ずる。したがって、この氏変更の届出は創設的届出であるから、家庭裁判所の許可を受けても、申立人に届出の義務が生ずるわけではないし、また、市町村長はたとえ許可があっても届出に関するその他の諸要件を具備しない届出は受理すべきでない。

二　この氏変更は、同一戸籍内の者すべてに当然に及ぶものであり、その者が届出人になっているか否か等を問わない（昭和二四・九・一民事甲一九三五号回答）。これは、戸籍が、同籍者は呼称上の氏を同一にすることを前提としているからであり、また、家庭裁判所における氏変更許可の審判の過程で同一戸籍内にある一五歳以上の者の陳述を聴かなければならないとされている（家事二二九条一項、**問5参照**）こともこれを裏付けるものと解されている（青木義人・大森政輔『全訂戸籍法』四四一頁）。なお、氏の変更が及ぶ範囲は、同一戸籍内に在籍する者だけに限られるから、分籍者など他の戸籍にある者については、たとえ氏を同じくしていてもこれに及ぶことはない（昭和二七・九・二五民事甲三二六号回答、昭和三四・五・一五民事甲一〇一二号回答参照）。

この場合の氏の変更は、単に呼称上の氏が変更されるにとどまり、氏そのものは変わらないから、同氏で異戸籍の親子間において、いずれか一方に氏の変更があっても、親子間の氏の同一性は変わらない。例えば、氏を変更した父母と別戸籍にある子から、民法第七九一条第一項の規定に基づき、右の変更後の父母の氏を称する氏変更の許可を得て入籍の届出があってもこれを受理すべきではないとされている（昭和二九・五・二二民事甲一〇五三号回答）。

また、離婚、離縁、生存配偶者の復氏などによって婚姻前又は縁組前の氏に復する場合、従前の氏がこの変更の手続によって変更しているときは、その変更後の氏を称することになる（昭和二三・一・一三民事甲一七号通達）。

問15　離縁（離婚）により復氏する者の縁組（婚姻）前の氏が戸籍法第一〇七条第一項の規定により変更されている場合、復氏者は右変更前又は変更後のどちらの氏に復するのか。

答　復氏すべき実方の氏が、戸籍法第一〇七条第一項の規定によって変更されていても、民法上の氏に変更はないので、復氏者は変更後の氏に復する。

解説

一　戸籍法第一〇七条第一項による氏変更の性質

離縁（離婚）によって復氏する者は、当該縁組（婚姻）の直前に称していた氏に復する（民八一六条一項本文）ものとされているが、その復氏すべき氏が戸籍法第一〇七条第一項の規定によって変更されている場合は、民法上の氏そのものの変更ではないとの解釈から、変更後の氏に復するとされている（昭和二三・一・一三民事一七号通達）が、その実方の戸籍に復籍するときはともかく、新戸籍を編製するときでもその選択を許さず、変更後の氏に復することとされるのはなぜかの問題がある〔注〕。これは、戸籍法第一〇七条第一項の規定による氏変更の性質をどのように解するかによって結論が異なってくる。すなわち、同条による氏変更の性質については、①単に呼称上の氏が変更されるにとどまり、民法上の氏そのものの変更ではないとする考え方（青木義人・大森政輔『全訂戸籍法』四四一頁）と、②右のような氏についての二重観念を認めないで、氏を現に家族共同生活を営んでいる夫婦・親子が共通に称する呼称とみて、氏そのものの変更であると解する考え方（中川善之助・演習講座「氏の同一性について」二九〇頁）とがある。①の考え方によると、離縁（離婚）等により復氏する実方の氏が戸籍法第一〇七条第一項の規定により変更されているときは、復氏者はその変更後の氏に復することになるし、②の考え方によると、復すべき氏は変更前の氏ということになり、結論を異にする。戸籍実務の取扱いは、前述のように①の考え方によるものであり、復氏者の選択により変更前の氏で新戸籍を編製することは許されないとしている（昭和三五・一一・二八奈良県戸協決、昭和三六・一一・一五―三重戸協決）。

〔注〕　離婚又は離縁により復氏する者は、実方の氏が戸籍法第一〇七条第一項の規定による変更許可審判がなされる際に実方戸籍の在籍者でないために、特別家事審判規則第五条（現行・家事二二九条一項）の規定による陳述の機会が与えられなかったこと、及び実方の氏が戸籍法第七三条の二あるいは同第七七条の二により変更されている場合には、二に述べるように、原則として婚姻又は縁組の直前の実方の氏に復する取扱いがなされること等を考え合わせると、復氏者が変更前の実方の氏を称したいと希望するときは、これを認める余地があるのではないかとする見解もある（「呼称上の氏変更雑感」戸籍五〇五号一〇九頁）。

二　戸籍法第七七条の二による氏変更の場合との違い

ところで、離縁（離婚）により復氏する者の縁組（婚姻）前の氏が戸籍法第七三条の二（又は戸籍法第七七条の二）の届出によって変更されている場合においても、戸籍法第一〇七条第一項の規定により変更されている場合と同様に、変更後の氏に復することになるのであろうか。例えば、甲氏を称する母と子が同籍する戸籍において、母が夫の氏・乙を称する婚姻をし、さらに右の子が母の夫と養子縁組をした後に、母が夫と離婚をし、戸籍法第七七条の二の届出をして乙の呼称の氏で新戸籍が編製されている場合において、右の子が離縁によって復する氏は、縁組直前の氏である甲氏か、あるいは母が離婚後に戸籍法第七七条の二の届出によって変更した後の乙氏かの問題である。戸籍法第七七条の二の届出による氏の変更は、いわゆる呼称上の氏の変更であって、民法上の氏の変更ではないという点においては実質的には戸籍法第一〇七条第一項の規定による氏の変更と同視されるべきものであり、ただ、家庭裁判所の許可を要しない点において同法第一〇七条第一項の特則ともいうべきものと解されている。しかし、戸籍法第一〇七条第一項による氏の変更は、やむを得ない事由がある場合にのみ認められるものであり、戸籍の筆頭に記載された者の個人的事由だけでなく、ある意味では公益的な要請もある場合に認められるものであることから、その氏変更の効果は当該戸籍に在籍する者すべてに及ぶものとされている（昭和二四・九・一民事甲一九三五号回答）。これに対して戸籍法第七七条の二の届出による氏変更は、離婚した者自身の社会生活上の便宜等、その者の個人的な事由を考慮して認められた制度であるから、その戸籍に同籍する子や離婚前の戸籍に在籍する子等とは直接に関係のない事柄であり、この婚氏続称の効果はこれらの子に当然には及ぶことはないとされている。したがって、前述の事例において、子が離縁によって復すべき氏は、縁組直前の氏すなわち甲氏ということになる。もし、右の子が戸籍法第七七条の二の届出をした母の新戸籍に入るには同籍する旨の入籍届によってすることが認められている（昭和五一・一一・四民二―五三五一号通達、昭和六二・一〇・一民二―五〇〇〇号通達第4）。これは、子が離縁後に称している甲氏と母が戸籍法第七七条の二の届出により称している乙氏とは、呼称を異にしているが、民法上の氏はいずれも甲氏であり、同一だからである。なお、右の子が離縁に際し直ちに母の新戸籍への入籍を希望する場合には、離縁の届書に母の戸籍法第七七条の二の届出後の氏を称する旨記載をして届出をしたときは、これを受理して差し支えないとされている（昭和五二・二・二四民二―一三九〇号回答。なお、木村三男・神崎輝明『改訂戸籍届書の審査と受理』四四九頁以下参照。）。

この取扱いは、離婚により復氏する子の婚姻前の氏が戸籍法第七三条の二の届出により変更されている場合においても同様である。

第四　外国人との婚姻による氏の変更

問16　外国人と婚姻した日本人が、その氏を外国人配偶者の称している氏に変更することが認められる理由は、何か。

答　外国人と婚姻した日本人は、婚姻の効果として氏が変更することはないが、夫婦として社会生活を営んでいく上で外国人配偶者と同じ呼称となることを希望する場合は、「やむを得ない事由」に該当する典型的な場合とみられるからである。

解説

一　日本人が外国人と婚姻する場合には、日本人同士の婚姻の際に適用される「夫婦は、婚姻の際に定めるところに従い、夫又は妻の氏を称する。」という民法第七五〇条の規定は適用されないから、婚姻によっては氏の変動が生じないものとされている。これは従前からの戸籍実務上の取扱いであり（昭和二六・一二・二八民事甲二四二四号回答、昭和四〇・四・一一民事甲八三八号回答ほか）、昭和五九年法律第四五号の国籍法及び戸籍法の一部改正により戸籍の筆頭者でない者が外国人と婚姻した場合には、その者について新戸籍を編製することとされた（戸一六条三項・六条）後においても右の取扱いに変更はない。

しかし、日本人配偶者は、外国人配偶者との婚姻生活を営んでいく上で、外国人配偶者と同呼称となることを欲することがあり得る。この場合、従前は家庭裁判所の許可を得て、氏変更の届出をすることができることとされており（戸一〇七条一項）、それまでもいくつかの認容裁判例があった。これは外国人と婚姻した者がその氏を外国人配偶者の称している氏に変更しようとする場合は、典型的にその必要性が高いと認められるからであろうとされている（田中康久「戸籍法の一部を改正する法律の概要」戸籍四八一号五二頁）。

二　ところで、日本人の氏は、身分変動に伴って変更される場合は別として、専ら本人の意思に基づいて変更しようとするときは、「やむを得ない事由」がある場合でなければ変更できないこととされており、この場合であっても家庭裁判所の許可を得なければならない。我が国における氏変更禁止の原則は、明治初年に全国民について氏が設定されて以来貫かれており（**問6**参照）、戸籍法の氏変更の手続もその前提に立つものと解される。

このように、本来は「やむを得ない事由」がある場合に、家庭裁判所の許可を得て、はじめて氏の変更が許されるのであるが、氏の変更につき「やむを得ない事由」があると判断できるような典型的な場合には、家庭裁判所の許可を得るまでもないであろうと考えられるところであり、昭和五一年（法律六六号）の民法及び戸籍法の改正によるいわゆる「婚氏続称」（民七六七条二項、戸七七条の二）や昭和六二年（法律一〇一号）の民法及び戸籍法の改正によるいわゆる「縁氏続称」（民八一六条二項、戸七三条の二）の各制度は右のような考え方の下に新設されたものである。これと同様に、外国人と婚姻した者が、その外国人配偶者の称している氏を称しようとする場合には、婚姻生活を維持継続する上で典型的に氏変更の必要性が高いと推定されることから、昭和五九年（法律四五号）の戸籍法の改正により戸籍法第一〇七条第二項の規定が改められ、家庭裁判所の許可を得なくとも、氏変更をできる取扱いが認められたものである。

問17　外国人と婚姻した者が変更することができる「配偶者の称している氏」とは何か。

答　届出人の戸籍の身分事項欄に外国人配偶者の氏として記載されたもののうち、その本国法によって子孫に承継される部分である。

解説

一　戸籍法第一〇七条第二項の氏の変更届は、外国人と婚姻した者が自己の氏をその配偶者である外国人の称している氏に変更しようとする場合でなければ認められない。すなわち、変更後の氏の表記と身分事項欄中の外国人配偶者の氏の表記は一致しなければならない。日本人が外国人と婚姻をすると、その婚姻届に基づいて日本人である配偶者の戸籍の身分事項欄に婚姻事項が記載されるが、外国人配偶者の氏は、この婚姻事項の中で明らかにされる。例えば、「平成八年壱月拾七日国籍アメリカ合衆国ファンデンボッシュ、ウェイン（西暦千九百六拾六年壱月壱日生）と婚姻届出東京都千代田区平河町一丁目四番地乙野忠治戸籍から入籍㊞」（法定七四〔注〕）のように片仮名で表記する外国人の氏名は、身分事項欄、父母欄とも氏、名の順序で記載するものとされ、氏と名の間に読点を付することとされている（昭和五九・一一・一民二―五五〇〇号通達第4・3(1)）。したがって、外国人配偶者の氏の表記中氏と名を区別するために付された「、」（読点）を除くその前の部分「ファンデンボッシュ」を変更後の氏とすることを要し、これと異なる氏を変更後の氏とする届出は受理することはできない（前掲通達第2・4(1)イ前段本文）。

〔注〕　コンピュータシステムによる証明書記載例は、次のとおりである（法定七四）。

婚　姻	【婚姻日】平成８年１月１７日 【配偶者氏名】ファンデンボッシュ，ウェイン 【配偶者の国籍】アメリカ合衆国 【配偶者の生年月日】西暦１９６６年１月１日 【従前戸籍】東京都千代田区平河町一丁目４番地　乙野忠治

二　ところで、氏に関する各国の制度には統一した基準は認められず、極めてまちまちである。外国人の中には、氏を有しない国の人もあり、姓（ラストネーム）の全部が氏として取り扱われない国の人等があるが、我が国の予定している氏は、子孫に承継されるものであるから、外国人配偶者の氏の部分のうち、その本国法によって子に承継される可能性のない部分は、日本人配偶者が変更後の氏とすることはできない。例えば、スペインにおいては、夫はその父方の父系姓と母方の父系姓を結合したものを自己の氏とし、妻は実家の父方の父系姓の次に婚家の父方の父系姓を付したものを自己の氏とするから、夫婦の氏が異なることになる。この夫婦間の子は、父と母の氏のうち、各々の実方の父系の氏の部分のみを承継し、父方、母方の順序で用いて自己の氏としているようである。また、ドイツにおいては、夫婦同氏を原則とし、当事者で共通の氏の決定がなされないときは各自婚姻締結時に使用していた氏を称することとされている（ドイツ民法一三五五条―一九九三・一二・一二改正、一九九四・四・一施行）。

一方、我が国の氏の制度は、右のような例とは異なり、夫婦は常に氏を同一にし（民七五〇条）、子は父母の氏をそのまま承継する。戸籍もこれに対応して、氏を同一にする夫婦と子を一つの単位とした家族単位の登録簿とされている。戸籍法第一〇七条第二項の規定も、この戸籍制度を前提とするから、父又は母がこの規定によって氏を変更した後に出生した子は、変更後の氏に拘束され、その戸籍に当然に入籍することになる。夫婦の氏を考える際には、常にそれが子に及ぼす影響を考慮せざるを得ないことになる。

三　このように、多様な氏の制度の存在を前提とし、かつ、我が国の戸籍制度の中で氏の変更を認めるためには、その共通する事項として「子孫への承継」という点を基準にするほかないと考えられたものである（法務省民事局第二課職員「改正戸籍法の実務」戸籍四九一号三四頁）。したがって、戸籍法第一〇七条第二項（同条四項も同じ）による氏の変更は、届出人の身分事項欄に記載された外国人配偶者の氏のうち、子に承継されない部分は、変更後の氏とすることはできない。例えば、前述のスペインの例で、日本人妻がスペイン人夫の称している氏「ゴメスイロドリゲス」（ゴメス（父方）イ（接続詞）ロドリゲス（母方））に変更しようとする場合、変更後の氏は「ゴメスイロドリゲス」ではなく、その夫婦間の子が承継する実方の父系の氏の部分である「ゴメス」が変更後の氏ということになる（変更後の氏の特定については、次の**問18**を参照されたい。）。

問18　**外国人と婚姻した者から、外国人配偶者の称している氏に変更する届出があった場合、その「変更後の氏」はどのようにして特定するのか。**

答　届書の変更後の氏の記載と届出人である日本人の戸籍に記載されている婚姻事項中の外国人配偶者の氏の記載が一致しているときは、その中に明らかに子に承継されない部分が含まれていると認められない限り届出を受理して差し支えないものとされている。

解　説

一　戸籍法第一〇七条第二項の規定による届出は、婚姻をした外国人配偶者の称している氏に自己の氏を変更しようとする場合に限って認められるものである。したがって、その届書の「変更後の氏」欄の記載は、届出人である日本人の戸籍の身分事項欄に外国人配偶者の氏として記載されたものと同一でなければならないから、両者の記載が一致しないときは届出を受理することができない。すなわち、日本人が外国人と婚姻すると、婚姻の届出に基づいて日本人である配偶者の戸籍の身分事項欄に記載される婚姻事項中に外国人配偶者の氏名が明らかにされる（戸規三五条、法定記載例七四・七七）。しかも片仮名で表記する外国人の氏名は、氏、名の順序で記載され、氏と名の間に読点を付して区別される（昭和五九・一一・一民二―五五〇〇号通達第4の3(1)）から、氏の部分を特定することは容易である。しかし、その外国人配偶者の氏のうち、本国法によって子に承継されない部分は、戸籍法第一〇七条第二項に規定する外国人配偶者の称している氏には含まれないものとされている（前記通達第2の4(1)イ）が、その部分を特定するのは必ずしも容易ではない。

二　すなわち、氏に関する各国の制度はまちまちであり、例えば、婚姻に伴う氏の制度としては、①夫婦別氏制の国（スペイン、中華人民共和国、韓国、カナダ・ケベック州など）、②夫婦同氏・別氏の選択を認めている国（イギリス、アメリカ合衆国・カリフォルニア州・ニューヨーク州・ルイジアナ州、イスラエル、ウズベキスタン、オーストラリアなど）、③夫婦同氏を基本とし一方に氏の付加を認める国（スイス、アルゼンチンなど）、④夫婦同氏の国（日本、タイ、インドなど）などがある（木村三男監修『全訂渉外戸籍のための各国法律と要件（上）（中）（下）』参照）。殊に、婚姻当事者の双方又は一方に他方配偶者の氏の結合使用を認める法制の場合等のように日本人配偶者の戸籍の婚姻事項に記載されている外国人配偶者の氏のうち、その本国法によって子に承継される部分をすべて調査することは、現実の事務処理においては極めて困難であるし、届出人にこの点を証明させることもまた同様に困難である。

三　そこで、戸籍実務の取扱いは、届書の変更後の氏の記載と身分事項欄中の外国人配偶者の氏の記載が一致しているときは、その中に、明らかに子に承継されない部分が含まれていると認められない限り（市町村長において届出の受否の審査段階で特に知っているような場合は別として）、届出を受理して差し支えないとされている（昭和五九・一一・一民二―五五〇〇号通達第2の4⑴イ後段）。市町村長においては、各国まちまちの制度の下において、通常、外国人の氏の中に子に承継されない部分が含まれていると明らかに認識することは考えられないから、特段の事情がない限りは届出を受理すべきものとされている。外国人配偶者の本国法における氏については、届出人が最もよく事情を知り得るはずであり、その者が届け出ている変更後の氏は、右の基準に合致するものと推定するのが合理的だからである。

問19　戸籍法第一〇七条第二項の届出により日本人配偶者の戸籍に記載する変更後の氏は、外国人配偶者の本国における外国文字によることができるか。

答　日本人の氏を外国文字によって表記するのは不自然であるし、戸籍に記載する氏は、その日本人の氏としての公的な登録であるから、「変更後の氏」は日本文字である片仮名によって表記するのが原則である。

ただし、配偶者が漢字使用国の国民である場合において、日本人配偶者の身分事項欄に記載された氏に用いられている漢字が正しい日本文字であるときは、これをそのまま日本人配偶者の「変更後の氏」とすることができる。

解説

一　戸籍法第一〇七条第二項の規定による氏変更は、日本人配偶者の氏を外国人配偶者の氏それ自体に変更することを認めたものではなく、日本人の戸籍記載上の氏の文字を変更することを認めたものとされている（法務省民事局第二課職員「改正戸籍法の実務」戸籍四九一号三〇頁）。つまり、外国人配偶者の氏それ自体は本国の外国文字なのだから、直接の変更を認めた場合には、日本人の氏が外国文字によって表記されることになる。しかし、戸籍は日本の公簿であり、その記載は外国人の氏名についても日本文字によって表記すべきものである（大正一二・二・六民事三二八号回答、昭和二九・九・二五民事甲一九八六号回答、昭和五六・九・一四民二—五五三七号通達等）から、戸籍法第一〇七条第二項の氏変更届に基づく変更後の日本人配偶者の氏は、原則として片仮名によって記載することになる。ただし、外国人配偶者が本国において氏を漢字を用いて表記する外国人（例えば韓国人、中国人）である場合に正しい日本文字としての漢字（中国の簡略体漢字は正しい日本文字とはいえない。）により日本人配偶者の身分事項欄にその氏が記載されているときは、その漢字で記載して差し支えないとされている（昭和五九・一一・一民二—五五〇〇号通達第2の4(1)ウ参照）。

二　日本人配偶者の戸籍に記載する「変更後の氏」は、届出人の身分事項欄に記載された外国人配偶者の氏の記載に限定される。すなわち、婚姻の届出の際に、当事者から外国人配偶者の氏として日本文字により表記して届け出られたものを外国人配偶者の称している氏とするのが相当であり、それによって戸籍上夫婦の氏の表記が一致するからと解される。したがって、外国人配偶者の氏の西欧文字のつづりが同一であっても、その発音の仕方にふた通りある場合があるが、氏変更の届出において日本人配偶者の身分事項欄の記載と異なる発音の記載をもって「変更後の氏」とすることは許されない。例えば、身分事項欄に外国人配偶者の氏が「ヤイター」と記載されているときに、変更後の氏を「ヨイター」とすることは認められない。もし、「ヨイター」が正当で、「ヤイター」が誤りであれば、戸籍法第一一三条の戸籍訂正手続により訂正の上、届出をすべきことになる。

問20　戸籍法第一〇七条第二項の届出に際し、外国人配偶者の称している氏に届出人の氏を結合したものを変更後の氏とすることができるか。

答　戸籍法第一〇七条第二項の規定による氏変更の届出の対象は、届出人の身分事項欄に記載された外国人配偶者の称している氏の記載に限定されるから、これと異なる氏（他の氏を結合したもの）を「変更後の氏」とする届出はできない。

解説

一　戸籍法第一〇七条第二項により、外国人配偶者の称する氏として戸籍上の記載の変更が認められるのは、日本人配偶者の戸籍の身分事項欄に記載されている外国人配偶者の氏として本国法により子に承継される部分に限られる（問17・問18参照）。例えば、「石川」の氏を称する日本人女が、オランダ国籍を有し「シモンズ」姓を称する男性と婚姻したが、オランダでは、妻は夫の氏と自分の氏を結合して使用することができるとされていることから、婚姻以来仕事上も日常生活上も夫の氏と自己の氏を結合した「シモンズ石川」という氏を称していた。将来、同夫婦はオランダで生活することを考えていることもあって、妻は日本での戸籍上の氏とオランダで使用する氏とが異なるのは社会生活上不便であるとして、氏を「シモンズ石川」に変更することを希望している場合においては、家庭裁判所の許可を得てする戸籍法第一〇七条第一項の規定に基づく氏変更の届出である場合は別として、日本人妻の身分事項欄に記載されているオランダ人夫の氏は「シモンズ」であるから、これと異なる「シモンズ石川」という結合氏を「変更後の氏」とする戸籍法第一〇七条第二項の規定による届出は、それが法定期間内であっても認められない。

二　しかし、外国人と婚姻した日本人の中には、単に配偶者の称している氏に変更するだけでは、当事者の現実的な問題の解決には不十分な場合もあり得る。相手方配偶者の本国法の制度により結合氏が認められ、右の事例のように、現にその氏を使用し、結合氏への変更を強く希望しているような状況にあるときは、原則に戻って、戸籍法第一〇七条第一項の規定により家庭裁判所の許可を得て届出をする方法が考えられる（神戸家明石支審平成六・一・二六家月四七巻六号七八頁、東京家審平成六・一〇・二五家月四七巻一〇号七五頁）。このような結合氏への変更を認容した審判例において、「やむを得ない事由」があると判断される場合の要件としては、①現実に結合氏を使用していること、又は、結合氏が登録されていること、②二つの国での生活、又は夫婦としての行動に具体的な生活上の不利益が生じていること、又は生じるおそれのあることが挙げられる（澤田「ピックアップ判例戸籍法」戸籍六四五号三五頁）。

問21　戸籍法第一〇七条第二項による届出に届出期間が定められている理由は、何か。

答　届出期間が六か月以内と限定されたのは、婚姻後相当期間内に届出がないときは、日本人配偶者が氏を変更する必要性がないと推定されるからである。

解説

一　外国人と婚姻した者が、その氏を配偶者の称している氏に変更する届出は、婚姻の日から六か月以内に限って認められる。この場合の氏の変更は、届出によって効力を生ずるいわゆる創設的届出に属するものであるが、その届出をなし得る期間を六か月に限定した主な理由は、婚姻後相当期間内に氏変更の届出がないときは、日本人配偶者について氏を変更する必要性がないものと推定されるからである。また、婚姻後子の出生前に氏変更の届出をさせるのが相当であるとの配慮からも、その相当期間として六か月以内を妥当とされたものと解されている（木村三男『戸籍届書の審査と受理Ⅱ』一三五頁）。そして、右の届出期間が経過した後は、この届出をすることができないから、その後において氏変更の必要がある場合には、原則に戻って、戸籍法第一〇七条第一項の規定により家庭裁判所の許可を得て届出をすることになる。

二　六か月の届出期間は、戸籍法に定められているものであるから、その計算方法は、民法の期間計算に関する一般原則は適用されず、戸籍法第四三条の規定により婚姻成立の日を初日として算入することになる。したがって、外国の方式で婚姻した者については、その方式による婚姻成立の日が期間計算の初日となるから、婚姻証書の謄本が提出された日を基準に計算するのは相当でない。

なお、戸籍法上の届出期間の満了日については別段の規定がないので、民法第一四三条の規定が適用されるから、月をもって定められた期間は、暦に従って計算することになる（『設題解説戸籍実務の処理Ⅱ』第二章・第四の問2・問5参照）。

問22　外国人配偶者が死亡した後も戸籍法第一〇七条第二項の届出をすることができるか。

答　外国人配偶者が死亡した後は、日本人配偶者が戸籍法第一〇七条第二項の規定に基づいてその氏を外国人配偶者が生前称していた氏に変更する旨の届出をすることはできない。離婚又は婚姻の取消しがあった場合も同様と解される。

解説　一　戸籍法第一〇七条第二項の規定が、日本人配偶者に家庭裁判所の許可を得ないで届出によって氏の変更をすることができるとしたのは、夫婦の社会生活上の利便のため日本人配偶者の氏の呼称が外国人配偶者の氏の呼称と同一であるように、戸籍上氏の記載の変更を認めようとする趣旨であるから、その外国人配偶者が生存し、現に婚姻生活が営まれていることを前提としたものと解される。したがって、外国人配偶者が死亡した後にその配偶者の称していた氏に変更することは、一般的に「やむを得ない事由」があるとはいえないから、戸籍法第一〇七条第二項による届出をすることはできないものとされている（昭和五九・一一・一民二―五五〇〇号通達第2の4(1)エ）。届出人が死亡した外国人配偶者の称していた氏に変更することを望む場合は、同条第一項の手続により家庭裁判所の許可を得る必要がある。これは、外国人配偶者との婚姻が、婚姻の取消し又は離婚によって解消した後に外国人配偶者の称していた氏に変更することを希望する場合も同様と解される。

二　戸籍実務において、届出人と外国人配偶者との婚姻関係が解消しているか否かは、届出人の戸籍の記載によって判断するほかないから、外国の離婚判決が確定しているのにその届出が遅延している間とか、死亡の届出をしない間に、戸籍法第一〇七条第二項による氏変更の届出がなされると、市町村長はこの届出を受理することになる。しかし、その後に婚姻解消の事実が判明し、既に婚姻関係のなかったことが明白に認められる以上、先になされた氏変更の届出は無効であると解されるから、氏変更の戸籍の記載は、戸籍訂正の対象となる。この場合における訂正手続は、戸籍法第一一四条による家庭裁判所の訂正許可を得てする申請に基づくべきであろうが、届出人に催告をしてもその申請をしないときは、同法第二四条第二項による職権訂正も可能と解されている（法務省民事局第二課職員「改正戸籍法の実務(二)」戸籍四九一号三八頁）。

なお、戸籍法第一〇七条第二項による氏変更の届出が受理された後に、当該婚姻が無効である旨の裁判が確定した場合も、その氏変更が無効であることはいうまでもない。

問23　戸籍法第一〇七条第二項により外国人配偶者の称している氏に変更した者が、その後、外国人配偶者が他の外国へ帰化して氏名を変更した場合に、再度同項の規定による氏変更の届出ができるか。

答　婚姻の日から六か月以内であれば再度戸籍法第一〇七条第二項の届出により外国人配偶者が帰化後に称することとなった氏に変更できるが、六か月を経過しているときは、同条第一項の手続によるほかない。

解説

外国人と婚姻した者が、その氏を戸籍法第一〇七条第二項により外国人配偶者の称している氏に変更した後に、その外国人配偶者が他の外国へ帰化し、それと同時に氏名を変更した場合には、日本人配偶者の申出により、同人の戸籍の婚姻事項中配偶者の国籍及び氏名の表示を変更することになる（昭和三三・一二・六民事二発五七二号回答）〔注〕。この場合に、設問の日本人配偶者が再度戸籍法第一〇七条第二項の届出によって帰化後の外国人配偶者が称している氏に変更することができるかどうかの問題がある。同項の規定の趣旨は、外国人と婚姻した者が夫婦として社会生活を営む上でその氏を同一にする必要性があることは一般的に認め得るものであり、現に本人が外国人配偶者の称している氏に変更することを望むときはやむを得ない事由があると認め、家庭裁判所の許可という要件を外して、婚姻の日から六か月以内に限り、届出だけでその変更を認めたものである（問21参照）。つまり、戸籍法第一〇七条第二項による氏の変更は、①外国人と婚姻した者が、②外国人配偶者の称している氏に変更しようとするときで、かつ、③婚姻の日から六か月以内であることを要件として届出が認められるものである。したがって、日本人配偶者がこの要件に該当する場合には、右の規定の趣旨からも再度同項の規定に基づく届出ができるものと解される。もっとも、婚姻の日から六か月を経過している場合には、もはや右の手続によって氏の変更はできないので、原則に戻って、戸籍法第一〇七条第一項の規定により家庭裁判所の許可を得て届出をするほかない。

〔注〕外国人と婚姻した者から、その後に外国人配偶者が他の外国に帰化すると同時に氏名を変更した旨の申出があった場合は、日本人配偶者の戸籍中その身分事項欄に左の振合いで記載することになる（昭和三一・五・一八民事甲一〇四五号回答、昭和三五・一二・一三民事甲三一六一号回答）。

（紙戸籍の記載例）

「夫（妻）帰化によりアメリカ合衆国の国籍取得平成拾九年六月拾弐日記載㊞」

「夫（妻）の氏名を「ベルナール、ジョン」（「ベルナール、エレーナ」）と変更平成拾九年六月拾弐日記載㊞」

（コンピュータシステムによる証明書記載例）

配偶者の国籍変更	【記録日】平成１９年６月１２日 【変更事由】夫帰化によりアメリカ合衆国の国籍取得 【変更後の国籍】アメリカ合衆国
配偶者の氏名変更	【記録日】平成１９年６月１２日 【変更後の氏名】ベルナール，ジョン

問24　**戸籍法第一〇七条第二項の規定が施行**（昭和六〇・一・一）**される前の昭和五九年六月に外国人と婚姻し父母の戸籍にある者が、いまその呼称上の氏を外国人配偶者の称している氏に変更する場合は、どのような手続を要するか。**

答　昭和六〇年一月一日前に外国人と婚姻した者が父母の戸籍にある場合に、自己の氏を外国人配偶者の称している氏に変更しようとするときは、まず分籍した後に戸籍法第一〇七条第一項の氏変更の手続による。

解説　一　従前（昭和六〇・一・一前）は、日本人と外国人との婚姻の届出があっても、戸籍は日本人のみを登録する公簿であることから、戸籍法第一六条の適用はなく、同条は日本人間の婚姻の場合にのみ適用されるものとして戸籍の処理がなされてきた。そのため、外国人と婚姻した者は、夫婦について新戸籍が編製されることはなく、父母の戸籍に在籍のままとなっていた。

二　しかし、婚姻をした者が婚姻が継続中であるのに父母の戸籍に在籍したままであることは、日本人間の婚姻の場合にはあり得ないことである。そこで、昭和五九年法律第四五号による戸籍法の改正によって戸籍法第一六条に第三項の規定が新設され（昭和六〇・一・一施行）、外国人との婚姻の場合も、日本人間の婚姻の場合と同様に、その日本人について新戸籍を編製し（この場合、外国人配偶者は日本の戸籍に記載されないことは、従前と変わるところがないから、同項により編製されるのは、日本人配偶者の単身戸籍である。）、父母の戸籍から除くこととなった。もっとも、外国人と婚姻しようとする者を筆頭者とする戸籍が既にある場合には、新戸籍を編製するまでもない。

三　ところで、改正法の施行前の取扱いにより、外国人との婚姻後も父母の戸籍にとどまったままとなっている者については、改正法附則第七条の「この法律の施行前に日本国民と日本国民でない者との婚姻の届出があつた場合の戸籍の編製については、なお従前の例による。」とする規定の趣旨から、改正法施行後も何らの手当を要しないものとされている。したがって、設問の場合のように戸籍の筆頭に記載された者以外の者が、改正法施行前に外国人と婚姻した場合には、その後に子の出生あるいは養子となる縁組等によって戸籍の変動が生じない限り、父母の戸籍にとどまっていることになる。

四　設問の場合は、改正法施行（昭和六〇・一・一）前の婚姻であり、しかも改正法附則第一一条に定める経過措置の対象外となる昭和五九年七月二日前の婚姻〔**注1**〕であるから、氏変更の原則に戻って、戸籍法第一〇七条第一項の規定により家庭裁判所の許可を得て、その届出をすることになる。もっとも、この届出資格を有するのは、戸籍の筆頭に記載した者及びその配偶者に限られるから、父母の戸籍に在籍している日本人配偶者は、まず分籍した後に戸籍法第一〇七条第一項の手続を進める必要がある〔**注2**〕。

〔**注1**〕　改正法施行前に外国人と婚姻した者であっても、昭和五九年七月二日以降に婚姻した者は、改正法施行の日である昭和六〇年一月一日から同年六月末日までの六か月以内に、その氏を外国人配偶者の称している氏に変更する旨の届出をすることができるとする経過措置がとられた（改正法附則一一条）。

すなわち、改正法施行前に婚姻した者であっても、改正法施行日である昭和六〇年一月一日において婚姻の日から六月を経過していない者は、この届出をすることができるが、その者は届出をする日数が制約される。例えば、改正法の施行日が婚姻の日から六か月目の最終日に当たる者は、逆算すると昭和五九年七月二日に婚姻したものであるが（七月一日に婚姻した者は、改正法が施行される前日の同年一二月三一日に六か月の期間が経過するので、氏変更の届出をすることはできない。）、右の者が戸籍法第一〇七条第二項の氏変更の届出をすることができるのは昭和六〇年一月一日の一日間だけである。しかし、これでは、新たな制度を利用できない者も生ずるため、改正法の附則第一一条で救済措置を設け、右のような者でも改正法施行の日から六か月間は届出ができることとされた。これにより、昭和五九年七月二日から同年一二月三一日までの間に外国人と婚姻をした者は、戸籍法第一〇七条第二項の規定による氏変更の届出については、昭和六〇年一月一日に婚姻した者と同様に扱われることになったものである。

〔注２〕　仮に、分籍をしようとする者が未成年者であっても（戸二一条）、その者の行為能力はその本国法である日本民法によるものと解され（通則法四条一項）るところ、民法第七五三条により婚姻によって成年に達したものと擬制されるから、分籍届は可能と解される（青木義人・大森政輔『全訂戸籍法』一八〇頁）。

問25　戸籍の筆頭者以外の者から、外国人との婚姻届と戸籍法第一〇七条第二項の届出が同時になされたとき、戸籍の処理はどのようにするか。

答　変更後の氏により直ちに新戸籍を編製することは認められない。まず、届出人について婚姻届に基づき従前の氏による新戸籍の編製をした後、その新戸籍に氏変更事項を記載し、筆頭者氏名欄の氏の記載を変更後の氏に更正する。

解説

一　戸籍法第一〇七条第二項による氏変更の届出は、外国人との婚姻の届出と同時にすることができるが、届出人である日本人配偶者が従前戸籍の筆頭者でないときは、まず届出人につき従前の氏により婚姻に基づく新戸籍を編製した後、その新戸籍のみに氏変更事項を記載し、筆頭者氏名欄の氏の記載を更正する（昭和五九・一一・一民二―五五〇〇号通達第2の4(1)オ）。したがって、従前戸籍には外国人との婚姻による除籍事項だけを記載し、新戸籍編製の事由は常に婚姻の届出に基づくことになる。

二　この取扱いは、離縁、縁組の取消しの届出と同時に戸籍法第七三条の二の届出がなされた場合や離婚、婚姻の取消しの届出と同時に戸籍法第七七条の二の届出がされた場合の取扱いとは異なる。なぜならば、戸籍法第七三条の二の届出や同法第七七条の二の届出の場合は、同法第一九条第三項に新戸籍編製事由となる旨の特別の定めがなされているため、直ちに続称する縁氏又は婚氏により新戸籍を編製することになるが、戸籍法第一〇七条第二項による氏変更の届出の場合は、右のような特則がない。すなわち、この外国人配偶者の氏に変更する届出は、婚姻した者がすることができるものとされていることから、設問のように両届出が同時になされても、理論上はまず婚姻の届出による新戸籍編製の処理をし（戸一六条三項）、その後に氏変更の処理をしなければならない。したがって、変更後の氏により直ちに新戸籍を編製する取扱いは認められないことになる。

問26　戸籍の筆頭者が戸籍法第一〇七条第二項の届出をした場合、その届出による氏変更の効果は同籍の子にも及ぶか。

答　戸籍法第一〇七条第二項による氏変更の効果は、その届出をしようとする者の戸籍に現に同籍する子には当然には及ばない。

解説　一　戸籍法第一〇七条第二項による氏変更の理由は、外国人と婚姻したことによって生ずる社会生活上の必要性という個人的な事情に基づくものである。しかも、その手続上届出人の意思のみで氏を変更することができ、同籍者の意思が考慮されることもないし、また、例えば、同籍する子のある女が相手方の氏を称して婚姻した場合の取扱い、あるいは同籍する子が外国人配偶者以外の者との間の子である場合のことなどを考えれば、氏変更の効果を当然に同籍者に及ぼすのは妥当でないと考えられたからである。したがって、戸籍法第一〇七条第二項（又は第三項）による氏変更の届出をした者の戸籍に同籍する子が在るときは、届出人について新戸籍を編製し（戸二〇条の二第一項）、届出人だけを別の戸籍に記載して、同籍する子は従前戸籍にとどまることとした（昭和五九・一一・一民二―五五〇〇号通達第2の4(1)カ前段）。なお、戸籍法第二〇条の二第一項にいう「同籍者」とは、同法第一〇七条第二項による氏変更の届出をしようとする者の戸籍に現に在籍する者をいうから、婚姻又は縁組等により除籍されて他の戸籍に在る子は含まないことはいうまでもない。

二　戸籍法第一〇七条第二項による氏変更の届出をしようとする者の戸籍に同籍していた子が全員除籍された後に

その届出をしたときは、届出人の現在戸籍の戸籍事項欄だけでなく身分事項欄にも氏変更事項の記載処理をすることになるが、同籍者が在る場合と異なり、新戸籍の編製はしない。

ところで、その後に子が離婚、離縁等により復氏する場合に称する氏については、右父又は母の氏変更の効果が子には及ばないと解されるから、復氏する子について変更前の氏により新戸籍を編製することになる。もっとも、復氏する子が父又は母と同籍することを希望する場合は、離婚又は離縁等の届書の「その他」欄にその旨が記載されているときは、直ちに父又は母の戸籍に入籍させてよいと解されている（法務省民事局第二課職員「改正戸籍法の実務」戸籍四九一号四二頁）。

問27　戸籍法第一〇七条第二項による氏変更の届出前の父又は母の戸籍に在籍する子が、氏変更後の父又は母の戸籍に入籍するには、家庭裁判所の氏変更の許可を要するか。

答　子が、外国人配偶者の称している氏に氏を変更した父又は母と同籍を希望するときは、同籍する旨の入籍届をすることによって父又は母の新戸籍に入籍することができ、家庭裁判所の許可を要しない。

解説

一　戸籍の筆頭者である者が戸籍法第一〇七条第二項による氏変更の届出をした場合において、子が同籍するときは、届出人につき新戸籍が編製され、子は従前の戸籍にとどまる（問26参照）。

子は、本来氏を同じくする父母の戸籍に入るのが原則であり（戸六条・一七条及び一八条参照）、父母と子が氏を同じくするか否かは民法の規定によって決定される（民法上の氏の同一性）。したがって、子が自己の氏を称する婚姻又は分籍をした場合等、法が特に例外として氏を同じくする父母の戸籍から独立して新戸籍を編製すべきこととしている場合を除き、民法の規定上父母と同一の氏を称する子は、その父母の戸籍に入籍することになる。

二　ところで、民法の規定とは別に、戸籍法は氏の変更ができる旨の規定を設け（戸一〇七条一項）、この届出による氏変更の効果は同じ戸籍に在籍する者全員に及ぶものとされる。しかし、変更後も戸籍編製基準としての民法上の氏の同一性に変わりはない（呼称上の氏の変更にすぎない）から、例えば、この氏の変更前に相手方の氏を称する婚姻をして除籍された子が、実方の氏が変更された後に離婚して復籍するときは、変更後の実方の氏に復することになる（昭和二三・一・一三民事甲一七号通達(5)）。

三　これに対し、戸籍法第一〇七条第二項の規定による氏の変更も、その性質は呼称上の氏の変更であるから、民法上の氏の同一性に変更を来すものではないが、この届出による氏変更の効果は届出人のみに生じ、同籍者には及ばないという点で同条第一項の氏変更とはその取扱いを異にする（問26参照）。この点は、戸籍法第七三条の二による縁氏続称及び同法第七七条の二による婚氏続称の効果を同籍の子に及ぼさないとする取扱いとその軌を一にするものと解される。

しかし、氏変更前の父又は母の戸籍に在籍する子が、その氏の呼称を変更した父又は母と同籍することを希望するときは、元々両者の氏に呼称上の違いはあっても民法上の氏は同一であるから、戸籍法第六条の戸籍編製上の原則に戻ることに何ら支障はない。したがって、子から（子が一五歳未満のときは、法定代理人から）の入籍届により、氏を変更した父又は母の新戸籍に入籍する取扱いを認めている（昭和五九・一一・一民二―五五〇〇号通達第2の4(1)カ中段）。この入籍届は、本来は子が父又は母と氏を異にする場合に、民法第七九一条の規定によって民法上の氏を変更するための手続（戸九八条・九九条）であるが、先例によって、異なる戸籍に在る子が民法上の氏を同じくする父母の戸籍に入籍するための手続としても用いられてきたものである（昭和五一・一一・四民二―五三五一号通達ほか）。

問28　戸籍の筆頭者から戸籍法第一〇七条第一項による氏変更の届出と同時に、同籍の子全員から入籍の届出があった場合は、現在戸籍の筆頭者の氏を更正するだけでよいか。

答　氏変更の届出と同時に同籍する子全員から入籍の届出があったときでも、必ず、届出人につき変更後の氏により新戸籍を編製した後にその戸籍に子を入籍させ、従前の戸籍は除籍する取扱いである。

解説

一　氏変更の届出をした者の戸籍に同籍する子が在るときは、その届出人について新戸籍を編製することとされている（戸二〇条の二第一項）。しかし、新本籍を従前の本籍地と異なる市町村に定める場合は別として、新本籍が従前の本籍と同一市町村の管轄内であり、しかも同籍の子全員から氏変更後の父又は母の戸籍に入籍する届出が同時にされているときは、管内転籍の場合と同様に本籍欄の記載と筆頭者の氏の記載を更正すれば、新戸籍を編製した場合と同じ結果になるので、設問のような便宜的な取扱いが認められないかという疑問が生ずる。

二　この点の疑問に対し、戸籍法第一〇七条第二項の規定が新設された際（昭和五九年法律四五号）に示された戸籍事務の取扱いについての基本通達は、右の便宜的取扱いを認めず、常に新戸籍を編製すべきことを明らかにしている（昭和五九・一一・一民二―五五〇〇号通達第2の4(1)カ後段）。これは、同条第二項又は第三項によって氏変更の届出をした者の戸籍に同籍の子が在る場合は新戸籍を編製すべきものと明示されていること（戸一〇条の二第一項）、また、入籍とは、ある戸籍に在る者が他の戸籍に入るものであって、その間に入除籍が伴うものであるところ、右のような便宜的な取扱いでは、これがないため子の入籍届の説明ができないことになるからであるとされる。さらには、便宜的な取扱いにおいては入除籍の取扱いをしないのに、子の身分事項欄にする参考記載例一七三及び一七四の記載（「……母と同籍する入籍届出……」）と矛盾が生ずるし、仮に記載例をその取扱いに合わせて工夫したとしても、法律によって父又は母につき新戸籍を編製することとされている（戸二〇条の二第一項）のに、同籍する子の意思によってそれに反する取扱いは認めるべきでないとされたものである。

問29　外国人と婚姻した日本人女が、戸籍法第一〇七条第二項の規定による氏変更の届出をした後に、氏変更前に出生した子の出生届をした場合、その子の称する氏及び入籍する戸籍はどこか。

答　子は出生により日本国籍を取得し、出生当時の母の氏を称してその戸籍に入籍すべきであるから、母につき氏変更の届出に基づく戸籍の記載を消除し、その氏を変更前の氏に訂正した上で子を入籍させ、次いで母につき氏変更による新戸籍を編製するのが原則的処理である。

解説

一　子の国籍及び称する氏

子の母が日本人であるときは、嫡出子であっても、あるいは嫡出でない子であっても、出生によりその子は日本国籍を取得する（国二条一号）ので、出生届によって戸籍に登載されなければならない。そして、出生子は出生当時の日本人母の氏を称し、その戸籍に入籍することになる（戸一八条二項）。また、日本人と外国人が婚姻をした場合の夫婦の氏は、氏名権という夫婦それぞれの人格権に関する問題として、当事者の本国法によることとされている。そして、外国人には民法第七五〇条の適用はなく、日本人母については民法によることとなる（昭和五五・八・二七民二―五二一七号回答）から、婚姻によってはその氏に変動はないものとして処理される。したがって、設問の場合において子が出生した時の母の氏は戸籍法第一〇七条第二項の届出により変更する前の氏であったから、子の出生届前に母の氏が外国人配偶者の称している氏（呼称）に変更したとしても、子が称する氏は、原則的には母の変更前の氏である。

二　外国人と婚姻をした日本人女の戸籍

日本人女が外国人と婚姻をしても、氏の変動は生じないが、同女が戸籍の筆頭者になっていないときは、婚姻の届出により新戸籍が編製される（戸一六条三項）。その婚姻成立後六か月以内に、日本人女がその氏を外国人配偶者の称している氏に変更する旨の届出（戸一〇七条二項）をした場合において、その戸籍に同籍者がないときは、筆頭者氏名欄の氏の記載を外国人配偶者の称している氏に変更した上、戸籍事項欄及び身分事項欄に法定記載例一八五及び一八六までの例により記載することになる（戸規三四条二号・三五条一三号）。設問の事例は、右により処理された場合であるが、しかし、同女には氏の変更前に出生していた届出未済の子がいた場合である。この場合、当該子について、氏の変更前に出生の届出をしていれば、子は当然に変更前の母の氏を称しその戸籍に入籍していたはずである。しかも、戸籍法第一〇七条第一項の規定による氏変更の場合とは異なり、同条第二項の規定による氏の変更の効果は、同籍する子には及ばないものとされているから（問26参照）、子の出生届後に氏変更の届出があれば母について当然に新戸籍を編製することになる。

三　出生の届出と戸籍の処理

設問の場合における出生子は、前述のように出生当時の母の氏を取得しているから、出生の届出により母が氏を外国人配偶者の称している氏に変更した戸籍に子を入籍させることはできない。そこで、この場合には、当該子の出生届に基づき、市町村長は職権により、母の戸籍について、氏変更の届出に基づく戸籍の記載を消除し、母の氏を変更前の氏に訂正した上で子を入籍させ、次いで母について氏変更の届出による新戸籍編製をするのが原則的な処理といえる。つまり、子の入籍すべき母の戸籍を、出生届が氏変更の届出より前に提出された状態と同じ状態にした上で子を入籍させると、その戸籍には同籍する子があることになるので、母については氏変更の届出により新戸籍を編製する事由が生ずるからである（戸二〇条の二第一項）。

また、同籍する子がいたことにより、氏変更の届出により母について新戸籍が編製された後、従前戸籍に同籍する子全員が母の新戸籍に同籍する旨の入籍届をしたため、その戸籍が除籍となった後に、設問のような出生届があった場合に、子の入籍による戸籍の処理は、どのようにすべきであろうか。例えば、出生の届出をしたときには、父母がともに死亡し戸籍が除かれている場合（昭和二三・三・四民事甲二四六号回答(2)）、あるいは、子が出生した後その父母が他の者の養子となり、父母について新戸籍が編製されている場合に、その後に出生の届出があったとき（昭和二三・四・二〇民事甲二〇八回答(13)）は、いずれも父母の戸籍を回復してその戸籍に子の出生による入籍の記載をする取扱いである。このような取扱いからすれば、子の入籍すべき母の戸籍が除かれている場合においても、母の氏変更前の戸籍を回復し、これに子の出生による入籍の記載をすべきことになる。

四　氏変更後の母の戸籍への入籍

ところで、右のような処理により出生当時の母の氏を称しその戸籍に入籍した子が、外国人配偶者の称する氏に変更した母の新戸籍に入籍するには、同籍する旨の入籍届によってすることが認められている（昭和五九・一一・一民二―五五〇〇号通達第2の4(1)カ）。そうすると、設問の出生子につき出生の届出をするに際し、変更後の母の氏を称する旨の申出があるときに、直接母の氏変更後の戸籍に入籍させることができるか否かの問題がある。この場合に、原則的な処理によって母の戸籍につき氏変更の記載を戸籍訂正により消除したり、あるいは除籍を回復して子を入籍させても、子を母の氏変更後の戸籍に入籍させたいと希望する場合は同籍する旨の入籍届によってすることが認められていることなどからすると、迂遠なことをしているようにも感じられる。また、例えば、父母婚姻中に出生した届出未済の子について、父子関係不存在確認の裁判と民法第七九一条第一項の規定による氏変更の許可を得た上で、出生の届出をすれば、子は直ちに離婚後の母の戸籍に入籍することができる（昭和四六・二・一七民事甲五六七号回答）とされていることや、母が離婚後に戸籍法第七七条の二によるいわゆる婚氏続称の届出をした後、母の連れ子が母の先夫との離縁によって復氏する場合、届書に母の婚氏続称の届出後の氏を称する旨の記載をして届出があったときは、受理して差し支えない（昭和五二・二・二四民二―一三九〇号回答）とされていることなど、出生や復籍によって称する氏及び入籍する戸籍について例外的な取扱いが認められている。したがって、これらの先例の趣旨からすると、設問の場合においても、出生の届出の際に、母の変更後の氏を称したい旨の申出があるときには、子を直ちに母の氏変更後の戸籍に入籍させる便宜的な取扱いが認められてもよいように思われる。しかし、右の是否については、法務省の統一的な見解が示されていないので、具体的事案が生じた場合には、管轄局に照会の上処理する必要があろう。

問30　**日本人と婚姻した外国人が、その氏を婚姻により日本人配偶者の称している氏に変更したとして、日本人配偶者から変更後の氏が記載された外国人配偶者のパスポートの写しを資料として添付し、婚姻事項中の配偶者の氏の記載変更の申出があった場合、その戸籍の記載をすることができるか。**

答　外国人配偶者の本国法における婚姻による氏変更の法制が明らかであり、かつ、資料として添付されたパスポートの名義人が日本人配偶者の戸籍に記載されている外国人配偶者とその同一性に疑義がない場合には、これを資料として婚姻事項中の氏の記載を変更することができる。

解説

一　日本人と婚姻した外国人が、その身分行為に伴って氏（姓）の取得、変動が起こるかどうかの問題がある。

氏の準拠法については、氏が名との組み合わせにより人の呼称としてその同一性を表示する機能を有するものであり、このような氏名の使用、変更に関する問題は、氏名権という一種の人格権に関するものであるから、原則として本人の属人法によるものと解されている。したがって、通則法に明文の規定はないが、条理上、原則として本人の本国法によるべきであるとするのが通説である（山田鐐一『国際私法第3版』五五九頁等）。しかし、婚姻等の一定の身分行為に伴って氏の変動が生ずる場合については、その例外（当該身分行為の効力の準拠法による）を認めるか否かで見解が分かれている〔注〕。

〔**注**〕　氏の変更が本人の意思に基づいて生ずる場合は、一般原則とされる属人法主義により本人の本国法によるべき

であるが、本人の意思によらずに一定の身分行為に伴って氏の変動が生ずる場合には、一般原則による例外を認め、当該身分関係の効力の準拠法によるべきであるとする通説の立場（山田・前掲五五九頁、折茂豊『国際私法（各論）新版』三六八頁等）（効果法説）と、この場合にも例外なく属人法主義が適用されるとする少数説の見解（久保岩太郎『国際私法』二〇一頁）とがある。

二　ところで、戸籍実務の取扱いは、日本人と外国人との婚姻につき、その身分行為に伴う氏（姓）の問題に関し、通説の効果法説の立場をとらないで、その準拠法としては婚姻当事者各人の属人法である本国法が指定されるとした（昭和五五・八・二七民二―五二一八号通達）。そして、その本国法を直接の根拠として、外国人配偶者の氏（姓）が変更している場合には、これを日本においても受容・承認するという立場を採用したものと解されている（山川一陽「国際婚姻に伴う「氏」の変動について(下)」戸籍四三五号八頁）。そこで、日本人配偶者については民法が適用されることになるが、夫婦の氏に関する民法第七五〇条の規定は、日本人と外国人との婚姻の場合には適用されないから、婚姻によっては氏の変動が生じないとするのが、従来からの戸籍実務上の取扱いである（昭和二六・一二・二八民事甲二四二四号回答、昭和四〇・四・一二民事甲八三八号回答ほか）。なお、戸籍法第一〇七条第二項による外国人配偶者の称している氏への変更は、戸籍法所定の呼称上の氏の変更であって、民法上の氏は変更されていない。

他方、日本人と婚姻した外国人が婚姻によってその氏（姓）が変動するか否かについては、夫婦の氏の取扱いに関する法制が各国まちまちであり、①夫婦別氏制の国（スペイン、中華人民共和国、韓国、カナダ・ケベック州など）、②夫婦同氏・別氏の選択を認めている国（イギリス、アメリカ合衆国・カリフォルニア州・ニューヨーク州・ルイジアナ州、イスラエル、ウズベキスタン、オーストラリアなど）、③夫婦同氏を基本とし一方に氏の付加を認める国（スイス、アルゼンチンなど）、④夫婦同氏の国（日本、タイ、インドなど）などがある（木村三男監修『全訂渉外戸籍のための各

国法律と要件（上）（中）（下）』参照）。

三　設問のように、外国人と婚姻した日本人から、その戸籍の身分事項欄に外国人である配偶者の氏変更の旨の記載方及び変更後の氏は日本人である配偶者の氏（漢字）を用いて表記して欲しい旨の申出があった場合は、その外国人が本国法に基づく効果として、日本人配偶者の氏をその姓として称していることを認めるに足りる権限ある本国官憲の発給した証明書が提出されれば、外国人配偶者の氏名を変更できるとされている（昭和五五・八・二七民二―五二一八号通達）。

この権限ある本国官憲の発給した証明書としては、氏（姓）の変更の記載がある「身分登録簿」の写し等が考えられるが、パスポートについては、婚姻関係ないし身分関係を証明する権限を有する本国官憲の作成した書面には該当しないので、原則としては氏名の変更を証する書面としては取り扱うことはできない。ただし、パスポートに変更前の氏と変更後の氏の記載があり、かつ、その原因及び日付が記載されている場合には、本国官憲発給の証明書に該当するものとして取り扱うことができると考えられている（「戸籍相談室・385」戸籍六二九号一〇九頁）。なお、本国法における婚姻による氏変更の法制が明らかであるが、本国官憲発給の氏変更に関する証明書の入手が困難な場合は、外国人配偶者の変更後の氏（姓）が記載されているパスポートの写しを氏変更を証する書面とみなして戸籍の記載をして差し支えないものとされている（昭和五五・九・一一民二―五三九七号回答）。

問31　名を片仮名で表記している日本人女が外国人と婚姻し、戸籍法第一〇七条第二項により外国人配偶者の称している片仮名表記の氏に変更する場合、新戸籍の筆頭者氏名欄の記載は氏と名の間に読点を付することを要するか。

答　筆頭者氏名欄の氏と名が片仮名で表記される場合であっても、氏と名の間に読点は付さない。

解説

外国人と婚姻した者は、戸籍法第一〇七条第二項の規定によりその氏を外国人配偶者の称している氏に変更することができ、その者の戸籍に子が同籍している場合には、その届出人につき新戸籍を編製することになっている（戸二〇条の二第一項）。設問のような場合には、日本人配偶者の筆頭者氏名欄の記載が片仮名だけとなり（特に新戸籍が編製されるような場合には）、氏と名の区別がつかなくなるのではないかとの危惧から、片仮名表記の外国人の氏名を戸籍に記載する場合（昭和五九・一一・一民二—五五〇〇号通達第4の3⑴）に準じて氏と名の間に読点を付して記載すべきではないかとも考えられる。

しかし、設問のように筆頭者氏名欄が片仮名だけで表記される場合には、その欄だけの記載では氏と名の区別がつきにくいこともあろうが、そもそも当該本人は日本人であり、その氏名を表記する場合に氏と名の間に読点を付する対象とはされない上、戸籍面上、その者の名欄によって氏と名の区別がつくことから、あえて氏と名の間に読点を付すべきものではないと解される。

第五　外国人配偶者との婚姻解消による氏の変更

問32　外国人と婚姻した者が、その氏を配偶者の氏に変更した後に離婚した場合は、当然に変更前の氏の呼称に復するか。

答　戸籍法第一〇七条第二項による氏の変更は、婚姻自体の効果として発生したものではなく、日本人配偶者の意思に基づくものであるから、婚姻が解消しても、本人の意思によらない限り氏の呼称に変更は生じない。

解説

一　外国人との婚姻によって日本人配偶者の氏に実体法上の変動が生ずることがないのと同様に、離婚、婚姻の取消し又は外国人配偶者の死亡によって婚姻関係が解消しても実体法上氏の変動は生じない。すなわち、戸籍法第一〇七条第二項による氏の変更は、戸籍法の規定に基づく氏の呼称の変更であって実体法上の効果を伴うものではないから、婚姻関係の解消によって氏を変更した効果が当然に消滅するものではないとされる。本来、戸籍法第一〇七条第二項による氏変更が婚姻という身分変動の効果として発生したものではなく、日本人配偶者の意思に基づくものであることから、婚姻が解消しても本人の意思によらない限り、当然には変更前の氏の呼称に復することはない。

二　ところで、外国人と婚姻し、その氏を配偶者の称している氏に変更した者が、婚姻の解消後は、氏の呼称を配偶者であった外国人と同じにしておく必要がなくなり、むしろ変更前の氏の呼称に復することが社会生活上必要であることは十分に考えられることから、婚姻解消の日から三か月以内であれば、家庭裁判所の許可を得ないでその旨を届け出ることによって変更前の氏の呼称に復することができるものとされている（戸一〇七条三項）。したがって、婚姻継続中にこの届出をすることは認められないし、また、婚姻の解消後三か月を経過した後は、もはやこの届出は認められず、外国人と婚姻をした者が、婚姻の日から六か月を経過した後に、その氏を配偶者の称している氏に変更する場合と同様に、原則に戻って、戸籍法第一〇七条第一項の規定により家庭裁判所の許可を得て従前の呼称に復するほかない（問21参照）。

問33　**戸籍法第一〇七条第三項による氏変更の届出が認められる場合の要件は、何か。また、同条第一項により外国人配偶者の称している氏に変更した者は、婚姻解消後三か月以内であれば同条第三項による届出によって変更前の氏の呼称に復することができるか。**

答　戸籍法第一〇七条第二項により氏を変更した者に限って、婚姻解消後三か月以内であれば、その氏を変更する際に称していた氏の呼称に変更する届出が認められる。したがって、戸籍法第一〇七条第一項の規定によって変更した氏は、家庭裁判所の判断に基づく許可を得て変更したものであるから、これを変更前の氏に変更するには同じ手続が必要であり、同条第三項による届出は認められない。

解説

一　届出をすることができる者

戸籍法第一〇七条第三項の規定に基づく届出によって氏の変更ができるのは、同条第二項によりその氏を外国人配偶者の称している氏に変更した者に限られる。したがって、外国人と婚姻後、六か月以内に戸籍法第一〇七条第二項による氏変更届ができなかったため、同条第一項の規定により「やむを得ない事由」があるとして家庭裁判所の許可を得て、氏を外国人配偶者の称している氏に変更したような場合は、婚姻の解消後に第三項による届出によって氏の変更をすることはできない。つまり、戸籍法第一〇七条第一項の規定に基づく氏の変更は、家庭裁判所の判断に基づく許可を得て氏を変更したものであるから、その者が変更前の氏の呼称に変更するには、改めて同条第一項の規定により家庭裁判所の許可を得て届出をする必要がある。

二　届出期間

この届出（戸一〇七条三項）は、離婚、婚姻の取消し、又は配偶者が死亡した日から三か月以内に限って認められる。婚姻解消後も長期間にわたって配偶者であった外国人の氏を称している場合には、変更の必要性が乏しいと推認されるからである。この期間が三か月とされるのは、日本人間の婚姻の場合は、婚姻によって改氏した者は離婚又は婚姻の取消しによって当然に復氏することになるが（民七六七条一項・七四九条）、婚氏を続称する（民七六七条二項）ことを希望するときは、婚姻解消の日から三か月以内にその旨を届け出ることによって氏を変更することができることとされており（戸七七条の二）、この規定との均衡上戸籍法第一〇七条第三項による氏変更の届出の場合にも同じ期間とするのが妥当とされたものと解される。この三か月の期間を経過した後に氏を変更するには、同条第一項の規定によらなければならない。

三　変更後の氏

この届出（戸一〇七条三項）により変更できる氏（変更後の氏）は、さきの戸籍法第一〇七条第二項の規定に基づいて変更する際に称していた氏に限定される。したがって、右以外の呼称に変更することは許されないから、もし他の呼称に変更することを希望する場合は、同条第一項の規定に基づき「やむを得ない事由」によって家庭裁判所の許可を得て、氏変更の届出をするほかない。

問34　外国人男と婚姻した日本人女が、戸籍法第一〇七条第二項の規定によって、外国人夫の称している氏に変更した後、夫が帰化し、夫を筆頭者として夫婦について新戸籍が編製されているところ、この度、夫が死亡し婚姻が解消した。そこで、妻は戸籍法第一〇七条第三項の届出をすることにより元の氏（甲野）に変更することができるか。

答　生存配偶者である妻は、復氏届により戸籍法第一〇七条第二項の届出により称することとなった氏に復した後に戸籍法第一〇七条第三項の届出をすることにより元の氏（甲野）に変更することができる。

解説

一　設問は、例えば、外国人男（李源徹）と婚姻した日本人女（甲野みち）が、戸籍法第一〇七条第二項の規定によって、「甲野」の氏を外国人夫の称している氏である「李」に変更した後夫が帰化し、帰化後の氏を夫の氏である「乙川」と定めて夫婦につき夫を筆頭者とする新戸籍が編製された。ところが、その後、夫の死亡により婚姻が解消したので、遺妻は元の氏（甲野）に戻りたいが、戸籍法第一〇七条第三項の規定による届出によって「乙川」を「甲野」に変更することができるかという問題である。

二　外国人と婚姻し、戸籍法第一〇七条第二項の規定によってその氏を外国人配偶者の称している氏に変更する届出をした者が、離婚、婚姻の取消し又は配偶者の死亡によって婚姻が解消した場合には、その氏の変更の際に称していた氏を称する必要性が高いものと認められるので、婚姻の解消（離婚、配偶者の死亡）又は取消しの日から三か月以内に限って、同条第二項による届出の場合と同様に（**問21参照**）、家庭裁判所の許可を得ることなく、変更の際の氏に変更することができるとされている（戸一〇七条三項）。したがって、戸籍法第一〇七条第二項、第三項の規定は、同条第一項の規定の特則と解されており、しかも、同条第三項の規定に基づく届出によって氏を変更することができるのは、同条第二項の規定によって氏を変更した者に限られている。

三　ところで、設問の事例のように外国人男と婚姻した日本人女がその氏を外国人夫の称している氏に変更した後に夫が日本に帰化し、夫の氏を称して夫婦につき新戸籍が編製されている場合において、その夫婦が離婚した場合はどうであろうか。この場合は、日本人夫婦間の離婚であるから、民法第七六七条第一項の規定によって、妻は婚姻の前の氏、つまり戸籍法第一〇七条第二項の規定に基づく届出によって呼称上「李」と変更されているその氏に復することになる。この場合に、戸籍法第一〇七条第三項の規定によって、離婚により復氏した妻の氏「李」から「甲野」へ氏を変更する届出をすることができるかである。

戸籍法第一〇七条第三項の届出は、①「前項の規定によつて氏を変更した者」が、②「離婚、婚姻の取消し又は配偶者の死亡の日以後」に、③「その氏を変更の際に称していた氏」に変更しようとするときは、その者は、④「その日から三箇月以内」に限りすることができるとされている。つまり、同項の規定の趣旨は、外国人との婚姻によって氏を変更した者が、その外国人との婚姻が解消し又は取り消された場合には、簡易な手続で「呼称上の復氏」とでもいうべきものを認めようというものであるから、右の事例についていえば、妻は夫と離婚して復氏した後であれば、離婚後三か月以内に限り戸籍法第一〇七条第三項の規定に基づく届出によって婚姻前の民法上の氏（甲野）に変更することができると解される。

四　戸籍法第一〇七条の規定は、呼称上の氏を変更するものであるから、民法上の氏は変わらない。したがって、同条第二項の規定によって氏を変更した者であっても、その後の身分変動によって民法上の氏が変更している場合は、そのままでは同条第三項の規定の適用はなく、例えば、離婚による復氏又は生存配偶者の復氏等の身分行為により同条第二項の届出によって称することとなった氏にいったん復した後にはじめて適用されるものと解される。

これを設問の場合についてみると、外国人男・李源徹と婚姻した日本人女・甲野みちが、その氏を戸籍法第一〇七条第二項の規定によって右夫の称している氏「李」に変更した後に、夫が帰化によって定めた氏「乙川」を夫婦の氏と定めて新戸籍が編製されたのであるから、同女の民法上の氏は「甲野」から「乙川」に変更したことになる。したがって、その後、夫の死亡によって婚姻が解消した場合に生存配偶者である妻・みちは、生存配偶者の復氏届により婚姻前の氏、すなわち戸籍法第一〇七条第二項の規定に基づく届出によって称することとなった氏「李」

（すなわち呼称上の氏）にいったん復した後に、はじめて同条第三項の規定に基づく届出によってその氏を変更の際に称していた氏「甲野」（すなわち民法上の氏）に変更することができることになる。

第六　父又は母が外国人である者の氏の変更

問35　日本人である子が、その氏を外国人である父又は母の称している氏に変更することができるとする規定が設けられた理由は、何か。

答　戸籍の筆頭者又はその配偶者以外の者で父又は母を外国人とする未成年の子が、その氏を外国人父又は母の称している氏に変更することを希望しても、従前は、日本人である父又は母が外国人配偶者の称している氏に変更しない場合は、戸籍法第一〇七条第一項の適用の余地がなく、その届出の途がなかったからである。

解説

一　戸籍の筆頭者及びその配偶者でない者は、従前は氏の変更の届出をすることができなかったが、昭和五九年法律第四五号により戸籍法の一部が改正され（昭和六〇・一・一施行）、氏を変更しようとする者の父又は母が外国人であるときは、家庭裁判所の許可を得て、その氏を外国人である父又は母の称している氏に変更する旨の届出をすることができることとされた（戸一〇七条四項）。

二　婚姻中の外国人と日本人との間に出生した子は、出生によって日本国籍を取得し（国二条一号）、民法の規定によって出生時における日本人である父又は母の氏を称して（民七九〇条）その者の戸籍に入籍する（戸六条ただし書）。そして、右の日本人である父又は母が戸籍法第一〇七条第二項による氏変更の届出により外国人配偶者の氏を称することとなった場合は、その父又は母について新戸籍が編製され（戸二〇条の二第一項）、子は同籍する旨の入籍届により親の新戸籍に入籍し、その氏を称することができる（問27参照）。ところが、外国人と婚姻した日本人である父又は母がその氏を配偶者の称している氏に変更しようとしない場合には、その間に生まれた子は同籍する入籍届により外国人父又は母と同じ氏を称することはできないし、また、民法第七九一条の子の氏の変更の手続も戸籍のない外国人には適用されないと解されるから、この手続により同氏を称する途もない。前述の戸籍法改正（昭和五九年法律第四五号）前においては、右の場合に子が外国人父又は母の称している氏に変更を希望するときは、結局、戸籍法第一〇七条第一項の規定により家庭裁判所の許可を得て変更するほかはなく、右の子が戸籍の筆頭者及びその配偶者でない場合は、分籍をした上で同項の手続をすれば同じ結果を得ることができる。

三　しかし、右の子が未成年であるときはあらかじめ分籍をすることができないから（戸二一条）、この場合に子は外国人である父又は母の称する氏に変更する途が全くないことになる。そこで、外国人と婚姻した父又は母が、その配偶者の称する氏に変更しない場合においても、家庭裁判所の許可を条件に、その父又は母の戸籍に同籍している子について氏の変更を認めることとしたものである（戸一〇七条四項）。ただ、この届出をすることができる者は未成年者に限定されていないから、筆頭者及びその配偶者以外の者であれば、年齢を問わず（一五歳未満の者はその法定代理人が）、この手続をすることができる。

また、子が既に戸籍の筆頭者となっている場合にその氏を外国人である父又は母の氏に変更するには、原則に戻って戸籍法第一〇七条第一項の手続によらなければならない（戸一〇七条四項の括弧書）。子が相手方の氏を称して婚姻している場合には、父又は母が外国人であっても、同条第四項の規定の対象外であることはいうまでもないが、その婚姻が解消し日本人父又は母の戸籍に復籍すれば、同項の手続をすることができる（法務省民事局第二課

職員「改正戸籍法の実務」戸籍四九一号六三頁）。

問36　戸籍法第一〇七条第四項による氏変更の届出の要件は、何か。また、その氏変更が認められる者は、外国人である父又は母の嫡出子に限られるか。子の年齢上の制約はあるか。

答　父又は母が外国人であって戸籍の筆頭者及びその配偶者以外の者は、家庭裁判所の許可を得て、その氏を外国人である父又は母の氏に変更する届出をすることができる。その場合、子が嫡出子であると嫡出でない子であるとを問わないし、年齢上の制約もない。

解説

一　戸籍法第一〇七条第四項による氏の変更は、同条第二項及び第三項による氏の変更の場合と異なり、家庭裁判所の許可を得なければならない。その申立てをすることができるのは、父又は母が外国人であって、戸籍の筆頭者及びその配偶者以外の者が、その氏を外国人である父又は母の称している氏に変更しようとする場合である。もっとも、既に戸籍の筆頭者である者が、その氏を外国人である父又は母の称している氏に変更しようとするときは、戸籍法第一〇七条第四項によることはできず、同条第一項の手続によることとなる。

二　同条第四項による氏の変更が認められる子は、嫡出子であると外国人である父によって認知された嫡出でない子であると、成年者であると未成年者であるとを問わない。また、同項にいう父又は母には、実父母はもとより、養父母も含む趣旨と解されるから、外国人の養親がその双方又はその一方である場合にも適用される。

問37　子が外国人である父又は母の称している氏に変更する場合、家庭裁判所の許可を要するとされる理由は、何か。

答　外国人である父又は母の称している氏への変更により子につき新戸籍が編製され、日本人親と別戸籍となるので、それが子の福祉に反することにならないか等について家庭裁判所の調査、判断を要するからである。

解説　一　戸籍法第一〇七条第四項による氏の変更は、同条第二項及び第三項による氏の変更の場合と異なり、氏変更の原則である同条第一項による氏変更の場合と同様に、家庭裁判所の許可を得る必要があるとされている。したがって、実質的には戸籍法第一〇七条第一項による氏の変更と同じであるが、戸籍の筆頭者及びその配偶者でない者に氏変更の手続を認めた点で、同項の特則をなすものである（許可審判手続等については、**問11**を参照）。

二　この氏変更について、家庭裁判所の許可を要するとされているのは、次のような理由によるものとされる。すなわち、第一に、戸籍法第一〇七条第四項により外国人である父又は母の称している氏への変更の届出があった場合には、届出事件の本人である子について新戸籍を編製することとされている（戸二〇条の二第二項）ので、日本人親とは別戸籍となることから、それが子の福祉に反しないか否かについて調査を経る必要があること、第二に、この場合の氏変更は、未成年の者は分籍することができないとする原則（戸二一条）の例外となるし、また、筆頭者及びその配偶者でない者の氏変更を認める点で氏変更の原則（戸一〇七条一項ないし三項）の例外ともなること、第三に、日本人父母間の子が、父・母と氏を異にする場合にその父母の氏を称するには、家庭裁判所の許可を要するとされていること（民七九一条一項）こととの均衡も考慮する必要があることが挙げられている（田中康久「戸籍法の一部を改正する法律の概要」戸籍四八一号五八頁）。

三　この許可審判は、家事事件手続法別表第一に掲げられた審判事項であり（家事三九条・別表第一の一二二項）、家庭裁判所が許可をするか否かについては、親子の生活状態、子の年齢その他の諸事情を検討し、氏の変更が専ら子の福祉に合致するか否かが判断の基準になるものとされる。なお、許可を与える家庭裁判所の管轄は、申立人の住所地の家庭裁判所であるが（家事二二六条一号）、申立人の住所地が日本国内にないときは居所、居所がないときは最後の住所地、最後の住所もないときは、東京都千代田区をそれぞれ管轄する家庭裁判所とされる（家事四条・七条、家事規六条）。

問38　父母の一方が外国人である者が他の外国人の養子となっている場合に、その氏を外国人実父又は実母の称している氏に変更することができるか。

答　縁組継続中は、外国人養父母の称している氏に変更することはできるが、外国人である実父又は実母の称している氏に変更することはできない。

解説　一　戸籍法第一〇七条第四項にいう父又は母には、実父母だけでなく養父母も含まれるが、実父母の一方が外国人である子が他の外国人の養子となっている場合に、変更が認められる氏は養父母の氏だけであり、外国人である実父又は実母の氏に変更することは認められない（昭和五九・一一・一民二―五五〇〇号通達第2の4(3)イ）。設問の場合のように、外国人と日本人夫婦間に出生した嫡出子は、当然に日本人父又は母の氏を称してその戸籍に同籍することになるが、その子の氏の呼称をあえて外国人父又は母の呼称に変更するについては、戸籍法の原則からすると相応の理由、すなわち社会生活上の必要性が認められるときに限られるべきである。そうすると、養子は養親の嫡出子として親子関係を形成することから、通常、現実に共に生活するであろう養子と養親の氏の呼称を同じにする必要性は認められても、実親との間には認められないことになる〔注〕。また、養父母双方が日本人であるときは、子は養親の氏に拘束されるから、実親の一方が外国人であっても、戸籍法第一〇七条第四項による氏の変更はできない。これは、日本人相互間の縁組の場合も、養親の氏が実親の氏に優先するから、このこととの均衡上からも、外国人養親の称している氏にのみ変更が認められると解すべきであろう。

〔注〕　戸籍法第一〇七条第四項による氏の変更が認められるのは、嫡出子に限らず嫡出でない子も含まれるから（問36参照）、例えば、外国人男と日本人女間の婚姻外に出生した子は日本国籍を取得し（国二条一号）、母の氏を称してその戸籍に入籍するが、その後に外国人男に認知されても他の者の養子となっている場合は、外国人父の称している氏に変更することが認められないことは右と同様である。

二　設問の場合において、外国人養親のもとから更に他の外国人の養子となったとき（転縁組）に、戸籍法第一〇七条第四項により変更可能な氏は、第一の縁組による養親の称している氏か、あるいは第二の縁組による養親の称している氏のいずれかが問題となる。この場合も右**一**に述べた考え方と同じであるから、最後の縁組による養親の称している氏にのみ変更することができる（前掲通達）。

問39　外国人父と日本人母間の子がその氏を外国人父の称している本国における氏（姓）以外のいわゆる通称氏に変更する家庭裁判所の許可を得て氏変更の届出があった場合、受理することができるか。

答　戸籍法第一〇七条第四項の氏変更については同条第一項が準用され、変更許可の申立ての理由が「やむを得ない事由」に該当するか否かについては家庭裁判所において判断されることになるから、その許可審判に基づいて、子の氏を外国人父の称している通称氏に変更する届出は受理して差し支えない。

解説

一　戸籍法第一〇七条第四項の規定による氏の変更は、同条第一項の規定を準用し、父又は母が外国人である者（戸籍の筆頭に記載した者又はその配偶者を除く。）で、その氏を外国人である父又は母の称している氏に変更する場合は、家庭裁判所の許可を得てその旨を届け出るものとされている（この規定が設けられた理由については**問35**参照）。つまり、子が外国人父又は母の称している氏に変更するについて「やむを得ない事由」があるかどうかは家庭裁判所が判断することになる。

二　そこで、例えば、日本人母と婚姻している韓国人父が、本国の戸籍上の姓は「李」であるが、日本においては永年にわたって「甲野」を通称氏として使用している場合に、その夫婦間の子が、その氏を戸籍法第一〇七条第四項の規定により、韓国人父の通称氏である「甲野」に変更する旨の家庭裁判所の許可を得て、氏変更の届出があったときに、これを受理することができるかの問題である。外国人と婚姻をした者が、戸籍法第一〇七条第二項の規定によりその氏を外国人配偶者の称している氏に変更しようとするときは、婚姻の日から六か月以内に限り、家庭裁判所の許可を得ないで、その旨を届け出ることによってすることができるとされている。この場合の変更後に称することのできる「外国人配偶者の称している氏」とは、届出人の戸籍の身分事項欄に記載されている婚姻事項中、外国人配偶者の氏として記載されているものに限って認められるものである（**問17**参照）。これは、外国人と婚姻した者が、その氏を外国人配偶者の称している氏に変更しようとする場合は、典型的にその必要性が高いと認められるので、家庭裁判所の許可を得るまでもなく、届出によって氏の変更ができるとされたものであることから考えて当然といえる。これに対して、戸籍法第一〇七条第四項の規定による氏の変更については、前述のとおり同条第一項の規定が準用されることから、氏を変更するにつき「やむを得ない事由」に該当するかどうかについて、家庭裁判所の判断がなされる点で異なる。

三　そこで、設問につき前述の事例に即して考えてみると、家庭裁判所の許可審判により韓国人父が日本で永年にわたり使用している通称氏「甲野」に変更することについて許可がなされていることから、家庭裁判所においては、子が父の通称氏を変更後の氏にする必要性等（変更するにつき「やむを得ない事由」）を十分考慮して判断されたものと考えられる。したがって、外国人父の通称氏への変更であることを理由にこの許可に基づく届出を受理しない取扱いはできないと考えられるので、これを受理し、子について直ちに韓国人父の通称氏「甲野」の新戸籍を編製して差し支えないと解される（「こせき相談室200」戸籍五六四号七九頁参照）。

問40　戸籍法第一〇七条第四項による氏の変更をしようとする者が日本人父又は母の戸籍に在籍している場合は、いったん分籍をした上で右の手続をしなければならないか。その者が未成年の場合はどうか。

答　戸籍法第一〇七条第四項による氏変更の手続は、日本人である父又は母がその氏を外国人配偶者の称している氏に変更しない場合に、その父又は母の戸籍に同籍している子について家庭裁判所の許可を条件に氏の変更を認めて新戸籍を編製するものであるから、分籍届をする必要はない。つまり、戸籍の筆頭者及びその配偶者以外の者であれば、年齢を問わずこの手続によって右の氏変更をすることができる。

解説

一　父又は母の一方が外国人であっても、子は出生によって日本人である父又は母の氏を称してその戸籍に入籍するから、外国人である父又は母の氏を称することはない（昭和二九・三・一八民事甲六一一号回答、昭和三二・六・六民事甲一二〇一号回答等）。これは、日本人と外国人の婚姻の場合（**問16**参照）と同様に従来からの戸籍実務の考え方であり、外国人親には日本人子に承継される氏の概念が存在しないことを前提にしているもので、この取扱いは現在も維持されている。

ところで、昭和五九年法律第四五号による国籍法等の改正により（昭和六〇・一・一施行）出生による日本国籍の取得につき従前の父系の血統を優先する主義を改め、父母両系血統主義が採用されたことから、父外国人、母日本人間の嫡出子も日本国籍を取得し（国二条一号）、日本人である母の氏を称してその戸籍に入る場合が生ずることとなった。その場合に、外国人と婚姻をした日本人が夫婦として社会生活を営んでいく上で必要があるとして、その氏を外国人配偶者の称している氏と同じ呼称に変更しようとするときは、家庭裁判所の許可を得ないで、その旨を届け出ることができるとする規定が新設され（戸一〇七条二項、**問16**参照）、右の届出をした者の戸籍に在籍する子が氏を変更した父又は母の新戸籍に入籍するときは、家庭裁判所の許可を得ないで、同籍する旨の入籍届によってすることができることとされた（昭和五九・一一・一民二―五五〇〇号通達第2の4(1)カ）。

二　しかし、従前（昭和五九年法律第四五号による戸籍法の改正前）は日本人父又は母がその氏を戸籍法第一〇七条第一項の規定により外国人配偶者の称している氏に変更しない場合に、その戸籍に同籍する子が自らの意思によって氏を変更する途はなかった。すなわち、筆頭者でもその配偶者でもない者は、成年に達している場合であれば、分籍届により筆頭者となった後（戸二一条）に氏変更の手続（戸一〇七条一項）をすることはできたが、未成年者はこれもできなかった。そこで、前述の昭和五九年の改正戸籍法において、このような未成年者であっても、父又は母が外国人であるときに限って、その父又は母の称している氏に変更を認める規定を新設したものである（戸一〇七条四項）。このように、右の規定は分籍の届出をすることが認められない未成年者のために特別の措置をとったものとされているが、規定上はこの手続をすることができる者として未成年者に限定されていないから、筆頭者及びその配偶者以外の者であれば、成年者であると未成年者であるとその年齢を問わず、この手続をすることができる。

もっとも、氏を変更しようとする者が一五歳未満であるときは、本人が届出をすることができず、法定代理人がしなければならないから（前掲通達第2の4(3)ウ）、父母が日本人と外国人である場合は、その共同親権に服し（通則法三二条）、父母双方が届出人とならなければならない。

なお、既に筆頭者である者が氏を外国人父又は母の称している氏に変更するには、戸籍法第一〇七条第四項の手続によることはできず、原則に戻って、同条第一項の手続によらなければならない。また、子が日本人と相手方の氏を称して婚姻している場合は、父又は母が外国人であっても同条第四項の届出をする余地はないが、その婚姻が解消し、日本人父又は母の戸籍に復籍すればその氏を外国人父又は母の称している氏に変更する手続をすることが認められる（法務省民事局第二課職員「改正戸籍法の実務」戸籍四九一号六三頁参照）。

問41　子は、その氏を死亡した外国人父又は母の称している氏に変更することができるか。

答　戸籍法第一〇七条第四項による子の氏の変更は、現に生存中の外国人父又は母がその氏を称している場合でなければならず、その父又は母が死亡した後においては認められない。

解説

一　民法第七九一条第一項に規定する子の氏変更の性質が民法上の氏の変更であるのに対して、戸籍法第一〇七条第四項に規定する氏の変更は呼称上の氏の変更である点で異なるが、両制度の立法趣旨は同一と解されている（法務省民事局第二課職員「改正戸籍法の実務」戸籍四九一号七〇頁）。父又は母と民法上の氏を異にする子が、民法第七九一条第一項及び戸籍法第九八条の規定によって入籍届をしても、その父又は母が死亡しているときは、その届出は受理できないとされ（昭和二三・七・一民事甲一六七六号回答(1)）、また、家庭裁判所の許可を得た後に、父又は母が死亡した場合も同様とされる（昭和二三・一二・九民事甲三七八〇号回答）のが戸籍実務の取扱いであり、学説における通説的見解とも一致している。その理由の一つとして、死亡した父又は母の戸籍への入籍は認められないという戸籍編製上の制約が考えられる。しかし、戸籍法第一〇七条第四項による氏の変更の場合は、届出人について新戸籍を編製することになるので、父又は母の戸籍に入籍するという戸籍編製上の障害はないことから、この戸籍編製上の障害の有無をもって結論を出すのは相当でないと解される。

二　ところで、民法第七九一条第一項の規定によって子の氏の変更が認められるためには、現に生存中の父母がその氏を称していなければならないとするのが通説的見解とされている。その理由とするところは、民法第七九一条は、「……もっぱら現実に生活を共にする親子の間において、同一の氏を称し、又は称させたいという国民感情との妥協によって設けられた規定であり、この立法趣旨からすると、既に父母が死亡してしまった後まで、これを許すときは、氏にかつての民法旧規定下においてのように家名的観念を与えるおそれもあり、また、本条の文理上からも、死亡した父母が生存中にかつて称していた氏への変更を認めているものとは解し難い……」（中川善之助ほか『新版注釈民法(23)』六三三頁、我妻榮『親族法』三一三頁、小石寿夫『先例親族相続法』一一七頁、昭和二三・七・一民事甲一六七六号回答）とされる。この点は、立法趣旨を同じくする戸籍法第一〇七条第四項の規定の解釈にもそのまま当てはまるものであるから、父又は母の戸籍に在る子が、例外的にその氏を死亡した外国人父又は母が生存中に称していた氏に変更する必要がある場合には、原則に戻って、分籍をした上で、戸籍法第一〇七条第一項に規定する手続によるべきであろう。

問42　子について戸籍法第一〇七条第四項による氏変更の届出により新戸籍が編製された後に、日本人である父又は母がその氏を同条第一項又は第二項により外国人配偶者の称している氏に変更した結果、子が親と同氏同呼称となったときは、子はその親の戸籍に入籍することができるか。

答　外国人と日本人が婚姻し、出生した未成年の嫡出子について、法定代理人が戸籍法第一〇七条第四項により子の氏変更を行い、その後、日本人親が同条第一項又は第二項の規定により同一呼称への氏の変更をした場合は、日本人親の戸籍に同籍する旨の入籍届が認められる。

解説

一　外国人父母の氏への変更と新戸籍編製

戸籍法第一〇七条第四項による氏変更の効果は、事件本人である氏を変更しようとする子のみに及ぶべきものであるから、その届出があったときは必ず事件本人につき変更後の氏により新戸籍を編製する（戸二〇条の二第二項）。この氏変更は、同条第二項の婚姻による氏の変更又は第三項の婚姻解消による氏の変更の場合と同様であり、専ら戸籍法の規定による呼称の変更にすぎない。したがって、民法第七九一条の規定による子の氏の変更とは性質が異なるから、新戸籍が編製された子と、従前戸籍の筆頭者である父又は母との民法上の氏は同一である。つまり、子についてだけ氏の呼称が変更したものであるから、その子について新戸籍を編製することとされたものである。

二　設問の場合の入籍の可否

設問のように、外国人父母の氏への氏の変更をし（戸一〇七条四項）、新戸籍を編製された子は、法定代理人である父又は母の届出によるものであっても、分籍の場合と同様に自己の意思に基づいて戸籍の筆頭者になったものであるから、入籍届によって日本人父又は母の戸籍に入籍することはできないものと考えられる（細川清「国籍法の一部を改正する法律の概要」戸籍四八一号五九頁参照）。

しかし、設問ような場合においてまで、入籍を認めないとするのは、親子同氏同戸籍の原則（戸六条）に反し、子に社会生活上の不便を強いることとなる。そのため、外国人と日本人が婚姻し、出生した未成年の嫡出子について、法定代理人が戸籍法第一〇七条第四項により子の氏の変更を行い、その後日本人親が同条第一項又は第二項の規定により同一呼称への氏の変更をした場合は、日本人親に同籍する旨の入籍届は受理して差し支えないものとされている（平成二六・六・一九民一—七一三号回答、戸籍九〇二号七七頁）。

第七　氏の変更届及び戸籍の処理

一　届出の諸要件

問43　氏の変更に関する届出において、届出期間及び届出地はどのように定められているか。

答　戸籍法第一〇七条第一項の氏の変更届及び第四項の外国人父・母の氏への変更届については、届出期間の定めはないが、第二項の外国人との婚姻による氏変更届は、婚姻後六か月以内、第三項の外国人との婚姻解消による氏変更届は、婚姻解消後三か月以内に届け出るべき旨定められている。
また、届出地は、いずれの氏変更届も戸籍法第二五条の一般原則によることになる。

解説

一　届出期間

1　氏の変更届（戸一〇七条一項）

この規定による氏の変更は、家庭裁判所の許可によってその効力を生ずるものではなく、この許可を前提に戸籍の届出をし、それが受理されることによってはじめて変更の効力を生ずる、いわゆる創設的届出に属するものであり、届出期間の定めはない。

2　外国人との婚姻による氏の変更届（同条二項）

この規定による氏の変更も届出によって効力を生ずるが、その届出は、外国人との婚姻後六か月以内であればいつでもこれをすることができる。なお、この期間の定めについては、「設題解説戸籍実務の処理Ⅱ」第二章・第四の問2、問4、問5及び本章第三の**問12**を参照されたい。

なお、外国の方式により婚姻した者については、その方式によって婚姻の成立した日が期間計算の初日となるから、婚姻証書の謄本を提出した日を基準に計算するのは正しくないので注意を要する。

3　外国人との婚姻解消による氏の変更届（同条三項）

この規定による氏の変更も届出によって効力を生ずるが、その届出は、外国人との婚姻解消（離婚、婚姻の取消し及び外国人配偶者の死亡）後三か月以内であれば、いつでもすることができる。離婚の届出と同時にこの届出をすることもできるが、届出期間である離婚の日から三か月を経過した後は、原則に戻って、戸籍法第一〇七条第一項の手続によらなければならない。

4　外国人父母の氏への変更届（同条四項）

この規定による氏の変更は、前述**1**の氏変更届の場合と同様に、家庭裁判所の許可を前提として戸籍の届出によって効力を生ずる創設的届出であり、届出期間の定めはない。

二　届出地

いずれの氏変更届についても特則規定はないから、戸籍法第二五条の一般原則による。すなわち、氏を変更しようとする者の本籍地のほか、届出人の所在地で届け出ることになる。

問44　氏の変更に関する届出の事件本人及び届出人は、だれか。

答　届出事件の本人は、いずれの届出においても氏を変更する者である。なお、戸籍法第一〇七条第一項による氏変更の効果は、同一戸籍内のすべての者に及ぶから、戸籍の筆頭者及びその配偶者が届出をすることとされており、同条第二項ないし第四項による氏変更の届出は、いずれも氏を変更する者が届け出ることができるものとされている。

解説

一　届出事件本人

いずれの届出も氏を変更しようとする者が届出事件の本人であるが、戸籍法第一〇七条第一項による氏の変更届の効果は、その戸籍に同籍している者全員に及ぶから（昭和二四・九・一民事甲一九三五号回答）、実質的には同籍者全員が届出事件本人といえる。

二　届出人

1　氏の変更届（戸一〇七条一項）

この規定による氏変更の効果は、同一戸籍内のすべての者に及ぶから（問14参照）、戸籍が「一の夫婦及びこれと氏を同じくする子」をもって編製されることからも（戸六条）、この氏変更の届出は戸籍の筆頭者及びその配偶者がすることとされている。もっとも、配偶者がいないときは筆頭者のみで届け出ればよいことはいうまでもないが、筆頭者又は配偶者のいずれか一方が死亡又は離婚等によって除籍されているときは、他方のみで届け出ればよい取扱いである（昭和二三・六・一一民事甲一七五〇号回答）。また、筆頭者又はその配偶者の一方が所在不明又は意思能力を欠き表意不能の場合も、他方のみで足りると解される。

届出人となるべき者が一五歳未満であるとき、又は禁治産者（成年被後見人）であるとき等意思能力を有しない場合には、その法定代理人が本人に代わって届出をすることができる（昭和二五・一〇・八民事甲二七一二号回答参照）。

2　外国人との婚姻による氏変更届（戸一〇七条二項）

氏を変更しようとする者、すなわち外国人と婚姻した日本人配偶者であり、届出に際しては外国人配偶者の同意等は要しない。

3　外国人との婚姻解消による氏変更届（戸一〇七条三項）

前述2により氏を外国人配偶者の称している氏に変更した者である。

4　外国人父又は母の氏への変更届（戸一〇七条四項）

外国人と婚姻した日本人父又は母が、その氏を外国人配偶者の称している氏に変更しない場合において、その父又は母の戸籍に同籍している子である（問47参照）。この規定による氏変更の届出は、創設的届出であるから、届出をすべき氏（すなわち外国人父又は母の称している氏）に変更しようとする者が意思能力を有するときは、未成年者であっても法定代理人の同意を得ることなく、本人自ら届出をすべきである（昭和二三・四・一五民事甲三七三号回答、昭和五九・一一・一民二—五五〇〇号通達第2の4(3)ウ参照）〔注〕。

〔注〕　未成年者の意思能力の有無については、民法第七九一条第三項・第七九七条・第八一一条第二項・第九六一条等の規定の趣旨を考慮して、満一五歳以上の者は一般に意思能力を有するものとして取り扱われている（大正

七・五・一一民六一三号回答、大正一四・一〇・三〇民事九四四号回答、昭和二三・一〇・一五民事甲六六〇号回答)。

問45　氏の変更に関する届書に添付すべき書類は、何か。

答　戸籍法第一〇七条第一項による氏変更届及び同条第四項による外国人父母の氏への氏変更届の場合は、家庭裁判所の氏変更許可の審判書謄本と審判の確定証明書を添付しなければならない。同条第二項による外国人との婚姻による氏変更届及び同条第三項による外国人との婚姻解消による氏変更届の場合は添付書類として特別に必要となるものはない。

解説　一　戸籍法第一〇七条第一項ないし同条第四項の規定による氏変更の届出を非本籍地の市町村長に対してする場合には、他の届出の場合と同様に、届出事件本人の戸籍謄（抄）本が必要となる（戸規六二条）ことはいうまでもないが、同条第一項による氏変更及び外国人父母の氏への氏変更（同条四項）については、家庭裁判所の氏変更の許可を要する（**問11**、**問37**参照）。そして、氏変更の許可審判に対しては利害関係人は即時抗告をすることができるものとされている（家事二三一条一号）から、許可審判の謄本のほかに審判の確定証明書を添付しなければならない（家事七四条・八六条、戸三八条二項）。

二　これに対して、外国人との婚姻による氏変更（戸一〇七条二項）及び外国人との婚姻解消による氏変更（同条三項）については、家庭裁判所の許可を要しないから、添付書類として特別に必要となるものはない。

二　届書の審査

問46　氏の変更に関する届書が窓口に提出された場合、審査のポイントは何か。

答　後述（解説）のとおりである。

解説

一　氏の変更届

1　届出人は、戸籍の筆頭者及びその配偶者であること（戸一〇七条一項）

氏の変更届は、原則として戸籍の筆頭者及びその配偶者のみがすることができ、それ以外の同籍者からの届出は認められない。なお、①配偶者がいないときは戸籍の筆頭者のみが、②筆頭者又は配偶者のいずれかが死亡しているときは、生存配偶者のみが、③夫婦が離婚しているときは、戸籍の筆頭者のみが、それぞれ届出人となる。したがって、戸籍の筆頭者及びその配偶者の双方が除籍されているときは、他に同籍者があっても、もはやこの規定による氏変更の届出は認められないから、届出人の適否について右の点を審査する必要がある。

2　家庭裁判所の氏変更許可の審判書謄本及び確定証明書が添付されていること

氏変更の届出をする際は、事前に家庭裁判所の許可の審判を得て、その審判書の謄本及び確定証明書を添付しなければならない（**問11**参照）。この許可のない氏変更の届出は受理することができないし、仮に誤って受理されたとしても、その届出は無効である。したがって、後日、許可の審判を得たとしても追完は認められないので、先の届出に基づいて氏変更の記載がなされている場合には、戸籍法第一一四条の戸籍訂正手続によって当該事項を消除し、改めて氏変更の届出をするほかない。ただし、事前に氏変更の許可審判を得ていたのに、その許可審判書の謄本等の添付を遺漏したのみであるときは、追完届によって補完することができる。

このように、右の家庭裁判所の許可は、氏変更の絶対的有効要件であるから、当該許可審判書の謄本及び確定証明書が添付されているか否かを必ず確認することを要する。

なお、日本人に対する氏名変更の許可は、我が国の裁判所の専属管轄に属するものと解されるので、外国の裁判所が行った氏名変更の裁判に基づく届出は受理することができない（昭和四七・一一・一五民事甲四六七九号回答、問13参照）。

3　同居者の氏名、住所及び世帯主の氏名の記載があること

この氏変更の効果は、同一戸籍内のすべての者に及ぶから、これら同籍者について、住民基本台帳法第八条及び第九条第二項の規定により、住民票の氏の記載を更正する必要がある。つまり、氏の変更届を同籍者の住所地以外の市町村長が受理したときは、住所地の市町村長に対して住民票の更正通知をする上で、同籍者の氏名、住所及び世帯主の氏名を届書上明らかにすることを要する。したがって、届書にこの記載を欠くと住民票の更正処理を的確に行うことができなくなるので、氏変更届の受理に当たっては、右の記載の有無及びその適否についても審査を要する。

4　届出人の署名・押印が、変更前の氏でなされていること

氏の変更は、家庭裁判所の許可審判の確定によって効力を生ずるものではなく、あくまでも届出の受理によってはじめて効力を生ずるものであるから、その届書の届出人の氏は変更前の氏によって署名して届け出るべきものである。したがって、届出人の署名・押印は、変更前の氏名で行うべきものである。ただし、変更後の氏によって署名・押印して届け出られたときには、あえてこれを補正させる必要はないとされている（戸籍実務研究会編「初任者のための戸籍実務の手引き（改訂新版第六訂）」二六六頁）。

5　氏を変更しようとする者と戸籍を異にする子の父母欄の氏の記載を更正する場合、届書の「その他」欄に、その子の氏名、戸籍の表示及び父母との続柄が記載されていること

氏を変更しようとする者の戸籍に同籍する子がある場合は、氏変更の効果はその子にも当然及ぶから、その父母欄の氏の記載もできるだけ速やかに更正されるべきものとされている（昭和一二・四・七民事甲三七一号回答）。しかし、子が父・母と戸籍を異にするときは、氏変更の効果はその子に及ばない（昭和二七・九・二五民事甲三三六号回答）としても、氏の変更届によって呼称が変更した後の父・母の氏と異籍の子の父母欄の氏の記載とが一致しなくなるから、これもできるだけ速やかに更正されることが望ましい。そこで、右の子につき父母欄の氏の記載を更正するためには、氏変更の届書の「その他」欄に、他の戸籍にある子の氏名、その者の属する戸籍の表示及び父母との続柄の記載を要することになる（昭和二六・一二・二〇民事甲二四一六号回答参照）ので、届書にその記載の遺漏がないよう留意する必要がある。なお、氏の変更届書の「その他」欄に父母欄の記載の更正を要する子の記載がなかったために、その更正がなされなかった場合は、後にその子が婚姻や縁組等によって新戸籍が編製され又は他の戸籍に入籍する際に、その原因となる届書に右の父母欄更正の旨を記載させて変更後の氏に更正できるものとされている（大正一五・五・二二民事三八七五号回答参照）。

二　外国人との婚姻による氏の変更届（戸一〇七条二項）

1　届出は、婚姻の日から六か月以内であることを要する

外国人と婚姻した者がその氏を配偶者の称している氏に変更しようとするときは、その婚姻の日から六か月以内に限って家庭裁判所の許可を得ないで、その届出をすることができる。この六か月の届出期間は、時効のように中断はなく、当事者が援用しなくても、その期間が経過すれば当然に権利消滅の効力を生ずるいわゆる除斥期間と解されるから、裁量によって伸長されることはない。したがって、やむを得ない事由等によって右の期間内に届出をすることができなかった者が、その氏を外国人配偶者の称している氏に変更することを望む場合は、原則に戻って、戸籍法第一〇七条第一項の規定により家庭裁判所の許可を得て氏変更の届出をするほかない。

この届出期間の審査の便宜上、届書（標準様式）には「婚姻年月日」欄が設けられ、その記載をすべきものとされているから、この婚姻年月日について自庁に備える戸籍簿又は添付の戸籍の謄（抄）本の記載と照合して、受否を判断することを要する。

2　外国人配偶者との婚姻が継続していること

戸籍法第一〇七条第二項による氏の変更は、外国人と婚姻した者が、その婚姻生活を営んでいく上で自己の氏を配偶者の称している氏に変更することを望むときには、「やむを得ない事由」に該当する典型的な場合とみられることを考慮して、戸籍法が特に家庭裁判所の許可を得ないで氏変更の届出を認めたものである。したがって、この届出の当然の前提として、届出人と外国人配偶者との婚姻が現に継続していることが必要であり、婚姻後、右の氏変更の届出前に外国人が死亡した場合には、この届出による氏変更の届出は受理することができない（昭和五九・一一・一民二―五五〇〇号通達第2の4(1)エ）。この届書の審査に当たっては、届出人である日本人配偶者の身分事項欄に記載されている外国人配偶者との婚姻事項の記載等（婚姻後に外国人配偶者が死亡したときは、通常はその死亡届又は日本人配偶者からの申出に基づいて、その身分事項欄に外国人配偶者の死亡による婚姻解消事項が記載されることになっている。―昭和二九・三・一一民事甲五四一号回答）により、右の要件について判断すべきである。

3　変更後の氏が、届出人の身分事項欄に記載されている外国人配偶者の氏と同一であること

届出人がこの届出によって称する氏は、届出人の身分事項欄中、婚姻事項に記載された外国人配偶者の氏と同一でなければならない（問17・問18参照）。したがって、届書の「氏」欄中変更後の氏の記載と届出人の身分事項中婚姻事項の外国人配偶者の氏の記載とを照合して、右の要件について審査する必要がある。

4　届出人の戸籍に子が在籍している場合に、届書に氏変更後の本籍が記載されていること

外国人との婚姻による氏変更の効果は、同籍の子には及ばないから、届出人の戸籍に子が在籍している場合は、届出人について新戸籍を編製することになる（戸二〇条の二第一項）。したがって、この場合には、届出人が選定する新本籍を届書の「氏を変更した後の本籍」欄に記載させる必要がある。この記載を欠くときは、新戸籍の編製等の処理ができなくなるので、右の記載の有無及びその当否について同籍する子の有無と併せて審査することを要する。

5　届出人の署名・押印が変更前の氏でなされていること

外国人との婚姻による氏の変更は、届出の受理によって効力を生ずるものであるから、その届書の届出人の氏は変更前の氏によって署名・押印すべきものである。したがって、届出の受理に当たっては、その当否について審査をする必要がある。なお、変更後の氏によって署名・押印をして届出がなされたときには、あえてこれを補正させる必要がないことは、前述の一の4の場合と同様と解される。

三　外国人との婚姻解消による氏の変更（戸一〇七条三項）

1　届出人は、戸籍法第一〇七条第二項による氏の変更届をした者であること

戸籍法第一〇七条第二項の外国人との婚姻による氏の変更は、戸籍法の規定による氏の呼称の変更であって、実体法上の効果を伴うものではないし、この規定によって氏を変更した効果は、婚姻の解消によっても当然には消滅しない。つまり、戸籍法第一〇七条第二項による氏の変更が婚姻という身分変動の効果として生じたものではなく、日本人配偶者の意思に基づくものであるから、婚姻が解消した場合も、本人の意思がない限り氏の呼称に変更は生じないということである。

したがって、外国人との婚姻解消による氏変更届の届出人は、戸籍法第一〇七条第二項の届出により氏を変更した者に限定され、外国人と婚姻した後、同条第一項の氏変更の原則によって当該外国人配偶者の称している氏に変更した者（例えば、外国人との婚姻後六か月以内に戸籍法第一〇七条第二項による氏の変更届ができなかったため、同条第一項により家庭裁判所の許可を得て氏を変更した者）には適用されない。外国人と婚姻した後、戸籍法第一〇七条第一項の規定により、氏の変更につきやむを得ない事由に該当するとして、家庭裁判所の許可を得て、氏を変更した者は、変更後の氏の呼称が外国人配偶者の氏と同一であっても、その婚姻解消後に同条第三項の届出をすることは認められない。これは、家庭裁判所の判断に基づく許可を得て氏を変更したものであるから、その氏の呼称を変更前のものに再度変更する際も同様の手続を要するとするものである（法務省民事局第二課職員「改正戸籍法の実務」戸籍四九一号五二頁）。

そこで、この届出人の適否につき審査するに当たっては、さきの外国人配偶者の称している氏への変更届に基づく戸籍の記載と照合の上判断する必要がある。なお、戸籍法第一〇七条第二項の氏変更届に基づく戸籍の記載は、法定記載例一八五から一八九までにより「…戸籍法百七条二項の氏変更届出…」の振合いで、氏変更届の根拠条文が明記され、この記載のうち戸籍事項欄の記載は管外転籍による新戸籍に移記を要することとされている

（戸規三四条二号・三五条一三号・三七条）。

2　届出が婚姻解消の日から三か月以内にされていること

外国人との婚姻解消による氏の変更届は、戸籍法第七七条の二のいわゆる婚氏続称の届出が、離婚の日から三か月以内とされている（民七六七条二項）こととの均衡が考慮され、婚姻解消の日から三か月以内に限って認められる（この届出期間を経過した後は、原則に戻って、戸籍法第一〇七条第一項の手続によるほかない。）。

右の届出期間についての要件審査の便宜のため、届書（標準様式）には「婚姻解消の年月日」を記載すべきものとされているから、この欄の記載について戸籍簿又は添付の戸籍謄本の記載と照合して、その適否を判断することを要する。

3　変更後の氏は、戸籍法第一〇七条第二項の届出による変更の際に称していた氏であること

外国人との婚姻解消による氏の変更の届出によって変更できる氏は、さきに戸籍法第一〇七条第二項の届出をした際に称していた従前の呼称に限定され、他の呼称に変更することはできない。

この変更後の氏として届書の「氏」欄に記載された「変更後の氏」の適否については、戸籍簿又は添付の戸籍謄本の記載により容易に判断できるものと考えられるので、審査上遺漏のないように留意する必要がある。

4　氏を変更する者の戸籍に子が在籍している場合に、氏変更後の本籍が記載されていること

戸籍法第一〇七条第三項による氏変更の効果は、同条第一項の規定による氏変更の場合と異なり、その戸籍に在る他の者には及ばないから（**問47参照**）、届出人の戸籍に同籍する子があるときは、届出本人について新戸籍を編製することとされている（戸二〇条の二第一項）。そのため、氏を変更する者の戸籍に子が同籍している場合には、届書の「氏を変更した後の本籍」欄にその新本籍を記載することとされており、もし、この欄の記載を遺漏した場合には、戸籍の編製等の処理に支障を生ずることになるので、審査上留意することを要する。

5　届出人の署名・押印は、変更前の氏でなされていること

この外国人との婚姻解消による氏の変更届は、届出が受理されることによってはじめてその効力を生ずるものであるから、届書の届出人の署名は、変更前の氏によって署名すべきであり、この点審査上留意する必要がある。なお、変更後の氏によって署名をして届出がなされても、あえてこれを補正させる必要はないものと解される（一の4及び二の5参照）。

四　外国人父又は母の氏への変更届（戸一〇七条四項）

1　家庭裁判所の氏変更許可の審判書謄本及び確定証明書が添付されていること

戸籍の筆頭者又はその配偶者以外の者が、その氏を外国人である父又は母の称している氏に変更する届出をする場合は、その前提として家庭裁判所の許可を要し、届書にはこの許可審判の謄本及び確定証明書を添付しなければならない（問11参照）。これを欠く届出は受理することができないし、誤って受理しても氏変更の効力を生じない（一の2参照）ので、届出の受理に当たっては、この審判書の謄本及び確定証明書が添付されていることを確認する必要がある。

2　変更後の氏は、外国人父又は母の称している氏と同一であること

この戸籍法第一〇七条第四項の届出によって認められる変更後の氏は、外国人である父又は母の現に称している氏に限られる（問35参照）。すなわち、氏を変更しようとする子が在籍している日本人である父又は母の戸籍に記載されている外国人父又は母の氏と同一でなければならない〔注〕。したがって、届書の「氏」欄に記載された変更後の氏及び「外国人である父又は母の氏名」欄に記載された氏の記載の当否について、戸籍簿又は添付の戸籍の謄本の記載とを照合審査することを要する。

〔注〕　変更後の氏は、氏を変更しようとする者が、外国人・日本人間の嫡出子であるときは、日本人父又は母の身分事項欄に記載されている婚姻事項（法定記載例七四・七六・七七）中の外国人配偶者（外国人父又は母）の氏であるから、子本人の父母欄の父又は母の氏とも一致する。また、氏を変更しようとする者が外国人父・日本人母間の嫡出でない子で、出生後外国人父に認知されているときは、その身分事項欄に記載されている認知事項及び父欄の外国人父の氏と同一でなければならない。もっとも、右の外国人である父又は母の称している氏のうち、その本国法によって子に承継されない部分は除かれる（問18参照）。

3　変更しようとする氏が外国人養親の氏である場合、届書の「その他」欄にその旨記載されていること

戸籍法第一〇七条第四項による氏変更の届出は、子が養親の一方又は双方を外国人とする養子にも認められるが、変更が認められる氏は養親の氏だけであって、外国人である実親の氏に変更することは認められない（問38参照）。外国人である養親の称している氏への変更届による変更後の氏は、届出事件の本人である養子の戸籍に記載されている養子縁組事項及び養父・母欄の氏と同一でなければならない。この場合、養子がその氏を外国人である養親の氏に変更しようとする届出の内容を明確にする趣旨から、届書の「その他」欄に「称する氏は養父（又は養母）の氏である」旨を記載させるのが相当である。また、外国人が養親である場合であっても、届書の「外国人である父又は母の氏名」欄の父又は母のどちらかをチェックし、その氏名を記載することとなる。届書の審査に当たっては、この点についても留意する必要がある。

4　届書に氏変更後の本籍が記載されていること

戸籍法第一〇七条第四項による外国人父又は母の称している氏への変更は、その氏を変更しようとする者が日

本人父又は母の戸籍に在籍している場合、すなわち、戸籍の筆頭者又はその配偶者以外の者について認められるものであり、その者が既に戸籍の筆頭者となっているときは同条第一項の氏変更の手続によることとなる（問36参照）。したがって、同条第四項の届出があったときは、届出人について新戸籍を編製することとなる（戸二〇条の二第二項）ので、届書の「氏を変更した後の本籍」欄にその新本籍を記載すべきものとされている。届書の審査上右の記載について留意することを要する。

5　届出人の署名押印は、変更前の氏でなされていること

外国人である父又は母の称している氏への変更も家庭裁判所の許可審判の確定によって効力を生ずるものではなく、届出の受理によってその効力を生ずるものであるから、届書の届出人の署名は、変更前の氏によって署名すべきである。ただし、変更後の氏によって署名して届出がなされたときは、前述の一ないし三の届出の場合におけると同様にあえてこれを補正させる必要はないと解される。

6　氏を変更しようとする者が一五歳未満である場合、その法定代理人から届け出られていること

戸籍法第一〇七条第四項の届出は、前述5のとおり届出の受理によってその効力が生ずるいわゆる創設的届出であるから、未成年者であっても本人が意思能力を有するときは、本人自ら届け出なければならない。しかし、本人が一五歳未満であるときは、その法定代理人が届出をしなければならない（昭和五九・一一・一民二―五五〇〇号通達第2の4(3)ウ）から、この場合の届出の受理に当たっては、届書の届出人欄にその法定代理人の署名・押印がなされているか否か及びその届出人となっている者が法定代理人としての資格を有するか否かについて、戸籍簿又は添付された戸籍謄（抄）本等の記載によって審査する必要がある。

三　戸籍の処理

問47　氏の変更に関する届出があった場合、その各届出に対応してどのような戸籍の処理をするのか。

答　氏の変更に関する各届出に対応する戸籍の処理は、後述（解説）のとおりである。

解説

一　氏の変更届（戸一〇七条一項）

氏変更の届出（戸一〇七条一項）があったときは、当該戸籍の戸籍事項欄に法定記載例一八四により氏の変更に関する事項を記載し（戸規三四条二号）、筆頭者氏名欄の氏の記載を更正することになる（戸規附録第九号及び第二七号様式中「第二　一部の訂正」の戸籍の筆頭者氏名欄及び戸籍事項欄参照）。また、この氏変更の効力は、同一戸籍に在るすべての者に及ぶから（**問12**参照）、同籍する子がある場合には、その身分事項欄に父母の氏を更正した旨（「父母氏変更につき年　月　日父母欄更正㊞」）を記載した上、父母欄の氏の記載を更正する必要がある（昭和二六・一二・二〇民事甲二四一六号回答、昭和二七・二・一三民事甲一三三号回答、昭和二九・九・一民事甲一七九一号回答参照、記載例1（一三三頁～一四一頁）参照）。なお、コンピュータシステムによる証明書記載例は、次のとおりである。

更　正	【更正日】平成　　年　　月　　日 【更正事項】父母の氏名 【更正事由】父母氏変更 【従前の記録】 　【父】甲野義太郎 　【母】甲野梅子

なお、氏を変更した者が夫婦である場合に、婚姻の際に氏を改めた者から、氏の変更の届出と同時に、又は届出後に、婚姻事項中の配偶者の氏を変更後の氏に更正する旨の申出があった場合は、市町村長限りの職権でその記載を更正して差し支えないとされている（平成四・三・三〇民二―一六〇七号通達）。

二　外国人との婚姻による氏の変更届（戸一〇七条二項）

外国人との婚姻による氏変更の届出（戸一〇七条二項）の効果は、届出人のみについて生じ、他の者に影響を及ぼさない。したがって、①戸籍の筆頭者でない者から外国人との婚姻届と右の氏変更届が同時にされたときは、まず、婚姻の届出による新戸籍を編製した後に（戸一六条三項）、その新戸籍に氏の変更事項を記載し、筆頭者氏名欄の氏の記載を更正する（昭和五九・一一・一民二―五五〇〇号通達第2の4(1)オ）。②戸籍の筆頭者から右の氏変更の届出がなされた場合に、当該戸籍に同籍者があるときは、前述のとおり氏変更の効果は同籍者に及ばないので、届出人につき新戸籍を編製することになる（戸二〇条の二第一項、記載例3（一四六頁～一五二頁）参照）。しかし、右の変更後の届出人の氏と子の氏は呼称は異なっても、民法上の氏は同一であるから、氏の変更前の戸籍に在籍している子は、同籍する旨の入籍届により氏を変更した父又は母の新戸籍に入籍することができる。なお、この氏変更の届出と同時に届出人の戸籍に同籍する子全員から入籍の届出があった場合でも、必ず届出人について新戸籍を編製した後にその戸籍に子を入籍させ、従前の戸籍は除籍すべきものとされている（前掲通達第2の4(1)カ、**問28**参照）。③この氏変更の届出をした者の戸籍に同籍する子がないときは、戸籍の変動はなく、当該戸籍の戸籍事項欄及び身分事項欄に法定記載例一八五・一八六の振合いで氏の変更事項を記載し、筆頭者氏名欄の氏を更正するにとどまる（記載例2（一四二頁～一四五頁）参照）。④この氏変更の届出をした者とその外国人配偶者を父母とする嫡出子を戸籍に記載する場合には、その父母が離婚し、又は婚姻が取り消されているときを除いて、母欄の氏の記載を省略して差し支えないとされている（前掲通達第2の4(1)キ）。なお、この取扱いは紙戸籍に限るものであり、コンピュータ戸籍においては省略せず、母の氏名を記載することはいうまでもない。

右により届出人の戸籍の戸籍事項欄及びその者の身分事項欄に記載された氏の変更に関する事項のうち、戸籍事項欄の記載事項（法定記載例一八五）については、その後管外転籍によって新戸籍が編製される場合には移記を要する（戸規三七条一号）。

三　外国人との婚姻解消による氏の変更（戸一〇七条三項）

外国人との婚姻解消による氏変更の届出（戸一〇七条三項）に基づく戸籍の処理及び届出人の戸籍に在籍する子の入籍については、前述**二**の外国人との婚姻による氏変更の届出の場合に準じて取り扱われる（記載例4（一五三頁～一六〇頁）参照）。つまり、この届出による氏変更の効力も当該戸籍に在る他の者には及ばないから、同籍する子が在る場合は、届出人について新戸籍を編製することになる。この場合、氏変更前の戸籍に在籍している子は、右の届出をした親の氏と呼称は別であっても民法上の氏は同一であるから、同籍する旨の入籍届により氏を変更した父又は母の新戸籍に入籍することができる。また、右の入籍が認められるのは、単に戸籍法第一〇七条第三項により氏変更をした者の従前の戸籍に在籍する子に限らず、父又は母が同条第二項の氏変更の届出をした際の従前戸籍にとどまったままの子も、この入籍届により外国人との婚姻解消による氏変更後の父又は母の新戸籍に入籍できるものと解されている（法務省民事局第二課職員「改正戸籍法の実務」戸籍四九一号六一頁）。なお、この変更届と同時に同籍する子全員から入籍届があった場合も、まず氏を変更した者について新戸籍を編製した後に、子を入籍させる取扱いも前述二の**1**②の処理と同様である（前掲通達第2の4⑵イ）。

戸籍法第一〇七条第三項の届出により氏を変更した者の戸籍に同籍する子がないときは戸籍の変動はなく、単にその戸籍に氏の変更事項を記載し、筆頭者氏名欄の氏の記載を更正する取扱いも前述二の**1**③の処理と同様である。

四　外国人父又は母の氏への変更届（戸一〇七条四項）

外国人父又は母の氏への変更（戸一〇七条四項）が認められるのは、その氏を外国人父又は母が称している氏に変更しようとする子が戸籍の筆頭者又はその配偶者以外の者であることを要する（問36参照）。そして、この氏変更の効果は、届出事件の本人についてのみ生ずるものであるから、届出に基づいて本人につき新戸籍を編製することとされている（戸二〇条の二第二項、昭和五九・一一・一民二―五五〇〇号通達第2の4⑶オ、記載例5（一六一頁～一六六頁）参照）。したがって、兄と弟が家庭裁判所の許可を得てこの氏変更の届出をしたような場合には、兄と弟のそれぞれについて新戸籍を編製することになるから、別戸籍になる。

問48　婚姻後に戸籍法第一〇七条第一項の規定により夫婦の氏が変更した場合に、婚姻の際に氏を改めた者の戸籍の婚姻事項中夫（妻）の氏を変更後の氏に更正する申出は認められるか。

答　申出を受理し、婚姻の際に氏を改めた者の婚姻事項中配偶者の氏を市町村長限りの職権で更正することができる。

解説

一　婚姻後に夫婦の氏が戸籍法第一〇七条第一項の規定に基づいて変更された場合、婚姻の際に氏を改めた者の婚姻事項中に記載された配偶者の氏と筆頭者氏名欄に記載された者の氏が相違することになる。しかし、その戸籍の戸籍事項欄には氏の変更に関する事項が記載されるし、筆頭者氏名欄の従前の氏の文字に縦の朱線一本が引かれて消除され、その横に変更後の氏が記載されるから、これらの記載により変更の前後の氏は明らかであり、その戸籍全体を見る限り、戸籍の公示上特に不都合は生じないであろう。

二　ところで、氏の変更後に転籍により新戸籍が編製される場合、氏の変更に関する事項は、転籍後の戸籍にこれを移記すべきこととされている（戸規三七条一号・三四条二号）。すなわち、この場合、転籍による戸籍の戸籍事項欄には「　年　月　日戸籍法百七条一項の氏変更届出㊞」（法定一八四）の振合いによる氏の変更事項が移記されることになる〔**注**〕。しかし、筆頭者氏名欄の氏は変更後の氏で記載されることになるから、筆頭者の氏とその配偶者の婚姻事項中の夫（又は妻）の氏との関連性は戸籍面上直接表れないことになり、公示上好ましくない面も生じてくる。この点、氏の変更に関する戸籍の記載について、従前は「　年　月　日附許可ニ因リ其氏甲野ヲ乙野ト変

更届出同月　日受附㊞」（大正四・一・一～昭和二二・一二・三一の間の記載例）、あるいは「氏我謝を若佐と変更義太郎同人妻梅子届出　年　月　日受附㊞」（昭和二三・一・一～昭和四五・六・三〇の間の記載例）の振合いで、変更前の氏と変更後の氏が表示され、それが転籍等による新戸籍に移記されるから（大正三年戸細一五条・戸規三七条一号）、筆頭者の氏とその配偶者の婚姻事項中の夫（又は妻）の氏との関連性は右の記載により明らかだったといえる。その後、氏の変更に関する記載は、名の変更に関する記載と同様に、昭和四五年（法務省令第八号）の改正後の記載例において「　年　月　日氏を『若佐』と変更届出㊞」の振合いの記載に改められ、変更前の氏は記載されないこととされた。更に昭和五九年（法務省令第四〇号）の記載例の改正の際に前述のような現行の記載例に改められ、単に変更事由を記載するのみで変更後の氏も記載しないこととされた。この改正の理由は、昭和四五年の記載例によるときは、氏の変更事項中に記載される変更後の氏は、現に戸籍に記載されている氏と同一であり、これを氏変更に関する事項の中に記載する実益がないこと、また、渉外婚姻等に伴う氏の変更制度が設けられたこと（戸一〇七条一項～四項）によるものである。なお、昭和四五年の記載例改正の理由は、名の変更の場合と同様に、変更前の氏が常に現在の戸籍で判明することになると、例えば、珍奇な氏を変更した者のプライバシーの保護に欠けることになる点にあるとされるが、その反面、前述のような戸籍の公示上、氏変更の前後の関連が不明確になる面も生じることになる。

〔注〕　コンピュータシステムによる証明書記載例は、次のとおりである（法定一八四）。

氏の変更	【氏変更日】平成　年　月　日 【氏変更の事由】戸籍法１０７条１項の届出 【従前の記録】 　【氏】我謝

三　そこで、婚姻後に夫婦の氏が戸籍法第一〇七条第一項の規定により変更された場合に、筆頭者の配偶者から婚姻事項中その夫（又は妻）の氏を変更後の氏に更正したい旨の申出があった場合は、その申出に基づいて市町村長限りの職権で更正して差し支えないとされるに至ったものである（平成四・三・三〇民二―一六〇七号通達）。ちなみに、右の申出の時期は、氏の変更届と同時に、又は氏変更の届出後に、あるいは新戸籍編製の事由となる届出（例えば、転籍届や夫婦が養子となる場合又は婚姻の際に氏を改めなかった者が養子となる縁組届等）と同時のいずれでもよいが、その具体的な取扱いは、次のとおりである（新谷雄彦・前掲通達の「解説」戸籍五九二号一七頁）。

①　氏の変更届と同時に申出があった場合は、これに基づき、配偶者の婚姻事項中夫（又は妻）の氏を更正し、その身分事項欄に「夫（妻）氏変更につき　年　月　日婚姻事項中夫（妻）の氏更正㊞」の振合いで更正事項を記載する。

なお、コンピュータシステムによる証明書記載例は、次のとおりである。

更　正	【更正日】平成　年　月　日 【更正事由】氏変更 【従前の記録】 　【配偶者氏名】我謝太郎

②　氏変更の届出後に申出があった場合も、①と同様の処理をする。

③　転籍等の届出と同時に申出があった場合は、従前の戸籍でこれを更正し（平成二・一〇・二〇民二―五二〇〇号通達第3の4参照）、①と同様の振合いで更正事項を記載する。

四　右のような取扱いによって婚姻事項中その配偶者の氏を更正した者について、その後転籍等による新戸籍の編製、他の戸籍への入籍等によって婚姻事項を移記する場合は、氏の更正事項を移記する必要はなく、更正後の氏で移記することになる。

問49　**養子縁組後に養親の氏（名）が変更された場合、養子の縁組事項中養親の氏（名）を変更後の氏（名）に更正する申出は認められるか。また、養子の氏（名）が変更された場合に養親の縁組事項中養子の氏（名）を更正する申出があった場合は、どうか。**

答　養親の氏（名）が変更された場合に、養子の縁組事項中養親の氏（名）を更正する申出は、原則的には平成四年三月三〇日民二第一六〇七号通達の趣旨に準じてこれを受理し、更正して差し支えないものと考えられる。しかし、養子の氏（名）が変更されても、養親について新戸籍編製又は他の戸籍に入籍する際に縁組事項は移記事項とされていないから、更正する実益に乏しく、申出を認める必要はないと考えられる。

解説

一　1　戸籍法第一〇七条第一項の規定による夫婦の氏の変更届出又は夫婦の一方の名の変更の届出と同時又はそれらの届出後に、婚姻により氏を改めた者又は夫婦の他の一方から、婚姻事項中の配偶者の氏又は名を変更後の氏又は名に更正する旨の申出があった場合には、これを認めることとし、その場合には市町村長限りの職権で、その記載を更正できるとされている（平成四・三・三〇民二―一六〇七号通達）。

2　ところで、従前から、父・母の氏が婚姻、離婚その他の事由によって変更した場合や父又は母が名を変更した場合には職権又は申出により、その戸籍に同籍する子若しくは他の戸籍に在籍する子の父母欄の記載を更正する取扱いが認められているところである（昭和二六・一二・二〇民事甲二四一六号回答、昭和二七・一一・一三民事甲一三三号回答）。しかし、氏又は名を変更した者の配偶者の婚姻事項中の夫（又は妻）の氏又は名については、これを更正することは認められていなかった。これは、配偶者の婚姻事項中の夫（又は妻）の氏又は名は、婚姻当時における夫（又は妻）の氏又は名として正当なものであるから、その後に変更があってもこれを更正する必要がないとされていたことによる。しかし、例えば、夫が名を変更している場合に、転籍等により新戸籍を編製する場合、転籍後の夫本人の名欄には変更後の名が記載されるにもかかわらず、配偶者である妻の身分事項欄に移記される婚姻事項中の夫の名は変更前の名のままであることから、公示上不都合があるとして、次のような決議がなされ、承認された経緯がある。すなわち、転籍等により新戸籍を編製する場合、届出と同時に、配偶者の変更後の名を記載してほしい旨の申出があれば、婚姻事項を移記する際に「　年　月　日甲野義太郎（一郎と改名）と婚姻届出…㊞」のように移記して差し支えないとされている（昭和四〇・五・一四徳島局管内戸住協決議、昭和四一・九・一三～一四新潟県戸住協決)。一方、氏の変更に関する事項は、転籍後の戸籍への移記事項とされているし(戸規三七条一号)、名の変更に関する事項についても移記すべき重要な身分事項とされている(戸規三九条一項八号)。この氏変更又は名の変更に関する記載例の変遷をみると、かつては「…氏『我謝』を『若佐』と変更届出…㊞」あるいは「…名『銕吉』を『鉄吉』と変更届出…㊞」のように変更前の氏又は名と変更後の氏又は名がともに変更事項の中に記載されていたため、変更前の氏や名が珍奇なものであっても常に現在の戸籍でそれが判明し、プライパシーの保護に欠けることになることから昭和四五年(昭和四五年法務省令第八号)の戸籍記載例の改正後においては、変更前の氏又は名は記載されないことになった(問50及び問64参照)。しかし、せっかくプライバシー保護の観点から氏又は名の変更事項について記載例を改正しても、配偶者の婚姻事項中にはその夫(又は妻)の変更前の氏又は名が依然として記載されていることになれば、記載例を改正した趣旨が活かされないことになる。

3　そこで、夫婦の氏の変更により筆頭者氏名欄の氏が更正され、又は夫婦の一方の名の変更により本人の名欄が更正されているにもかかわらず、婚姻により氏を改めた者又は夫婦の他の一方の婚姻事項中夫又は妻の氏又は名が変更前の氏又は名のまま記載されていることから生ずる公示上の不都合を是正するとともに、前述のプライパシー保護の要請から、1に述べた平成四年の通達による取扱いが認められるに至ったものである。

二　問題は、設問の養子縁組後に養父母若しくは養子が氏又は名を変更した場合についても、前述の婚姻事項中の配偶者の氏又は名の更正に関する右の通達の趣旨に準じて、養父母の身分事項欄の縁組事項中養子の氏(名)又は養子の身分事項欄の縁組事項中養親の氏(名)を変更後の氏(名)に更正する申出が認められるべきか否かである。

例えば、縁組後に養親が名を変更している場合に、転籍等により編製される戸籍には、養子の養父母欄中養父その者が同一人であるのに名変更の前後の関連性が明らかでなく、戸籍の公示上不都合を生ずることがあり得る。そのために、従前から養子縁組についても、一に述べた婚姻事項中の配偶者の氏又は名を更正する取扱いと同趣旨の決議が承認されている。すなわち、養親が改氏名又は婚姻、縁組によりその氏を変更した後、転籍等により新戸籍を編製するときは、養子の身分事項欄に移記する縁組事項中養父（母）の氏名に続けて（改氏名後の氏名○○又は婚姻、縁組後の氏名○○）の例により括弧書する取扱いが認められ、養父母欄の養父（母）の氏名は変更後の氏名を記載することとされている（昭和三八・九・一二〜一三高松局管内戸協決、昭和四七・七・一一〜一二福岡連戸協決）。

ところで、新戸籍が編製され、又は他の戸籍に入る者について移記すべき重要な身分事項として、縁組については「養子について、現に養親子関係の継続するその養子縁組に関する事項」とされている（戸規三九条一項三号）。つまり、養子縁組事項は、縁組の届出があったときは養親及び養子双方の身分事項欄に記載されるが、その後に、養親につき新戸籍を編製し又は養親が他の戸籍に入る場合には、たとえ縁組が継続していても移記を要しないことになる。これに対し、養子については養子が離縁することなく更に第二、第三の縁組（転縁組）をしている場合にも、それぞれの縁組事項を移記することになる。

そうすると、養親と養子が同籍している場合には、養子の名の変更に伴う養親の縁組事項中養子の名の更正については、養子の身分事項欄に記載される名の変更事項によってその関連性は明らかであるし、また、養親については前述のように縁組事項は移記されないこと等を考慮すると、これを認める必要はなく、養親の氏又は名の変更があった場合にのみ養子の縁組事項中養親の氏又は名の更正が認められれば足りるように考えられる。さらに養子が第二、第三の縁組をしている場合は、養子の身分事項欄にはそれぞれの縁組事項が記載されるが、養父母欄については最後の縁組の養父母のみを記載する取扱いである（大正三・一二・二八民一一二五号回答）から、この場合には、それ以前の縁組の養親の氏又は名の更正をしても、さほどの実益はないように思われる。

したがって、養子縁組後に養親の氏又は名が変更された場合で、転縁組等のない一般的な養子縁組の場合には、平成四年三月三〇日民二第一六〇七号通達の趣旨に準じて更正を認めても差し支えないものと考えられる（三浦武敏「縁組事項中養親の氏（名）又は養子の名の更正について」戸籍六〇五号四八頁）。しかし、この取扱いの是否については、法務省の統一的な見解は示されていないので、具体的事案が生じた場合には管轄局に照会の上処理する必要があろう。

問50　**外国人夫の氏名を変更する旨の本国裁判所の命令書謄本を添付して、日本人妻から同女の戸籍の身分事項欄に夫の氏名変更の旨の記載及び婚姻事項中夫の氏名を変更後の氏名に漢字で表記されたい旨の申出があった場合、認められるか。**

答　外国人夫がその本国法に基づいて日本人配偶者の氏にその姓が変更されていることが認められる場合は、申出を認めることができる。なお、外国人夫が、その本国において氏名を漢字以外の文字で表記される場合は、少なくとも名については片仮名で表記すべきである。

解説

一　氏名の使用ないし変更に関する問題は、氏名権という一種の人格権に関するものとして、その準拠法については本人の属人法によると解されている（山田鐐一『国際私法第3版』五五九頁等）。したがって、通則法に明文の規定はないが、条理上原則として本人の本国法によるべきことになる。ところで、出生、婚姻、縁組等身分関係の変動とは無関係に専ら本人の意思に基づいて生ずる氏名の変更の場合は、右の一般原則により人格権の問題として本人の本国法によるべきであるとするのが多数の見解であり、戸籍実務上も同一の立場により氏名の変更に関する問題が取り扱われている。

二　設問は、例えば、日本人女と婚姻中の外国人夫が本国の裁判所において、同国の法律に基づいて、その氏を日本人妻と同じ呼称に変更するとともに名も変更し、日本人妻からその変更を証する書面として本国裁判所の命令書謄本を添付の上、同女の戸籍にその旨を記載してほしいという申出がなされたような場合に、これを認めることができるかというものである。

外国人である配偶者の氏名が、本国法上変更した場合には、日本人配偶者の戸籍の身分事項欄にその氏名変更の旨記載の申出をすることは従来から認められている（昭和三二・一二・六民事二発五七二号回答、昭和三五・一二・二三民事甲三一六一号回答、昭和五五・八・二七民二―五二一八号通達）。

ところで、申出の趣旨は、例えば、「アラン・レ○・ジェル○」を「アランド・ウミカワ」にその氏名を変更する旨の本国裁判所の命令に基づいて、変更後の夫の氏名を漢字の「海川荒人」（仮名）として日本人妻の戸籍の身分事項欄に記載することを求めるものである。

1　まず、氏については、外国人と婚姻した日本人から、外国人配偶者がその本国法に基づく効果として、日本人である配偶者の氏をその姓として称している旨の本国官憲が発給する証明書を添付の上、日本人配偶者の戸籍の身分事項欄に、外国人配偶者の氏名変更の記載方及び変更後の氏名は日本人配偶者の氏（漢字）を用いて表記されたい旨の申出があった場合は、漢字で表記して差し支えないとされている（昭和五五・八・二七民二―五二一八号通達）。

右の外国人夫の氏名の変更は、婚姻という身分変動の効果として生じたものではなく、婚姻後に専ら本人の意思に基づいて、本国の裁判所において同国の法律により変更されたものである。これが前掲の通達にいう「外国人がその本国法に基づく効果として日本人たる配偶者の氏をその姓として称していること」に当たることが添付書類にて確認できれば、その変更後の氏を、日本人配偶者の氏（漢字）を用いて記載することができることになる。

2　名については、本国において氏名を漢字で表記するものである場合を除き、片仮名で記載するものとされている（昭和五九・一一・一民二―五五〇〇号通達第4の3(1)）ことから、外国人夫が、その本国において氏名を漢字以外の文字で表記される場合には、片仮名表記の「アランド」とすべきであり、漢字表記の「荒人」は認められないと解される。したがって、設問の申出については、申出事項を「海川、アランド」と補正させた上、前述の昭和五五年八月二七日民二第五二一八号通達による取扱いをして差し支えないこととなる（昭和五七・六・二二民二―四〇七九号回答、戸籍四五六号七五頁）。

問51　戸籍法第一〇七条第二項により氏を変更した者と外国人配偶者を父母とする嫡出子を戸籍に記載する場合に、その父母欄中母欄の氏の記載を省略することができるか。

答　右の父母が離婚し、又は婚姻が取り消されているときを除き、紙戸籍においては、その嫡出子の父母欄中母欄の氏の記載は省略して差し支えないとされている。

解説

一　日本人と外国人を父母として出生した嫡出子は、出生により日本の国籍を取得し（国二条一号）、出生届により日本人父又は母の戸籍に入籍する（戸一八条二項）。設問の場合、日本人父又は母は子の出生前にその氏を戸籍法第一〇七条第二項の規定により外国人配偶者の称している氏に変更しているから、出生届の父母の氏名欄の氏は同一の表記がなされる。この場合、子の戸籍中父母欄の氏の記載を、父母ともに日本人の場合と同様に、父母が婚姻中であれば母欄の氏の記載を省略することができるかどうかである。

二　子の父母欄の記載については、戸籍法施行規則の附録第六号「戸籍の記載のひな形」等で、嫡出子については母欄の氏の記載が省略される例が示されているが、法令上で明確な基準が示されているわけではない。

前述のように、父母ともに日本人の場合は、父母の婚姻中は母欄の氏の記載を省略するが、婚姻関係にない父母については、たまたま父と母の氏の呼称が同一であっても、母欄の氏の記載を省略しない取扱いである。また、父母の一方が外国人である場合、従前は、例えば、日本人配偶者が戸籍法第一〇七条第一項の規定により、その氏を外国人配偶者の称している氏に変更するなどして、その氏の表記が父母同一となり、かつ、父母が婚姻中であっても、母欄の氏の記載は省略しない取扱いとされていた。つまり、子の母欄の氏の記載は、父母が民法上の氏を同一にする場合、すなわち父母が婚姻中の日本人である場合に限って省略するというのが実務の取扱いの基準とされていたといえる。

三　ところで、昭和五九年法律第四五号に基づく「国籍法及び戸籍法の一部改正」（昭和六〇・一・一施行）により、外国人を配偶者とする者が、その外国人配偶者の称している氏を称しようとする場合には、家庭裁判所の許可を得ないでも氏変更の届出により、氏の呼称を夫婦同一とすることを認める戸籍法第一〇七条第二項の規定が新設された。これは、外国人を配偶者とする者が、婚姻生活を維持し継続していく上で、また、婚姻に伴う社会活動の上で、典型的に氏変更の必要性が高いと推定されるからであるとされる。

そして、戸籍法第一〇七条第二項の規定により氏を変更した者と外国人配偶者を父母とする嫡出子を戸籍に記載する場合には、その父母が離婚し、又はその婚姻が取り消されているときを除き、母欄の氏の記載を省略して差し支えないこととされた（昭和五九・一一・一民二―五五〇〇号通達第2の4(1)キ）。その理由は、外国人と婚姻した日本人については民法第七五〇条の適用がなく、婚姻によっては氏の変更はないとされるが、戸籍の取扱いはできるだけ日本人同士の婚姻の場合と同様にしようとする右改正法の趣旨からすれば、父母が婚姻中において氏の表記が同一であるときは、母欄の氏の記載を省略できる取扱いが妥当とされたものであろう。

なお、子の出生当時、父母が離婚し又はその婚姻が取り消されているときは、その子が嫡出子となる場合であっても、母欄の氏の記載は省略できないが、父の死亡後に出生した嫡出子については、「……その父母が離婚し、又はその婚姻が取り消されているときを除き……」とする通達文の反対解釈により、母欄の氏の記載は省略できると解される（法務省民事局第二課職員「改正戸籍法の実務」戸籍四九一号四七頁参照）。

四　前掲の通達により母欄の氏の記載を省略する取扱いは、戸籍法第一〇七条第二項により氏を変更した場合に限って認められるのではなく、父母が婚姻中であって氏の表記が同一であれば、その氏変更の事由を問わず同じ取扱いをして差し支えないとするのが、通達の趣旨と解される（前掲資料参照）。したがって、日本人配偶者が、戸籍法第一〇七条第一項により氏変更をして外国人配偶者と氏の表記が同一になった場合、外国人配偶者がその本国法に基づく効果として日本人である配偶者の氏をその姓として称していることを認めるに足る権限ある本国官憲の作成した証明書の提出により、日本人配偶者の身分事項欄中の外国人配偶者の氏の記載を、日本人配偶者の氏（漢字）と同一に更正した場合（昭和五五・八・二七民二―五二一八号通達）なども、その夫婦が婚姻中であれば、子の父母欄の記載については、母欄の氏の記載を省略することができるであろう。

なお、この取扱いは紙戸籍に限るものであり、コンピュータ戸籍においては省略せず、母の氏名を記載することとなる。

四　氏の変更に関する届出事例及び戸籍記載等の処理例

1　戸籍法第一〇七条第一項による氏変更届を本籍地の市町村長に届け出た場合（一三三頁～一四一頁参照）

この例は、戸籍の筆頭に記載した者及びその配偶者が、やむを得ない事由により、家庭裁判所の許可を得て本籍地の市町村長に氏を変更する届出をした場合の事例である（問47の一）。

2　外国人と婚姻した戸籍の筆頭者である日本人女が同籍する子を有しない場合に、戸籍法第一〇七条第二項の氏変更の届出を非本籍地の市町村長にした場合（一四二頁～一四五頁参照）

この例は、外国人との婚姻により戸籍の筆頭者になった日本人女（同籍する子を有しない場合）が、婚姻成立後六か月以内にその氏を外国人配偶者の氏に変更する届出を住所地の市町村長にした場合である（この場合、日本人女につき新戸籍を編製しない。問47の二③）。

3　外国人と婚姻した戸籍の筆頭者である日本人女が同籍する子を有する場合に、戸籍法第一〇七条第二項の氏変更の届出を非本籍地の市町村長にした場合（一四六頁～一五二頁参照）

この例は、外国人と婚姻し、戸籍の筆頭者である日本人女（同籍する子を有する場合）が、婚姻成立後六か月以内にその氏を外国人配偶者の氏に変更する届出を住所地の市町村長にした場合である（この場合、日本人女につき新戸籍を編製する。問47の二②）。

4　戸籍法第一〇七条第二項の届出により外国人配偶者の称している氏を称し同籍の子を有する日本人女が、離婚後戸籍法第一〇七条第三項の届出を非本籍地の市町村長にした場合（一五三頁～一六〇頁参照）

この例は、戸籍法第一〇七条第二項の氏変更の届出により外国人配偶者の称している氏を称し同籍の子を有する日本人女が、外国人夫と離婚後戸籍法第一〇七条第三項の氏変更届を住所地の市町村長にした場合である（この場合、日本人女につき新戸籍を編製する。**問47**の三）。

5　戸籍の筆頭者又はその配偶者でない者が戸籍法第一〇七条第四項の氏変更届を非本籍地の市町村長にした場合

（一六一頁〜一六六頁参照）

この例は、母の戸籍に在籍する子が、家庭裁判所の氏変更許可の審判書の謄本と確定証明書を添付して戸籍法第一〇七条第四項の氏変更の届出を住所地の市町村長にした場合である（この場合、届出人である子につき新戸籍を編製する。**問47**の四）。

1　戸籍法第一〇七条第一項による氏変更届を本籍地の市町村長に届け出た場合

【届書の記載】

〔図１〕

氏の変更届

（戸籍法107条１項の届）

平成29年10月17日　届出

東京都千代田区長殿

受理　平成29年10月17日			発送　平成29年10月17日			
第　8445　号						
送付　平成29年10月19日			東京都千代田区長 印			
第　7798　号						
書類調査	戸籍記載	記載調査	附票	住民票	通知	

本籍	東京都千代田区平河町２丁目　10　番地		
	筆頭者の氏名（変更前の氏名）（よみかた）わか　さ　よしたろう　我　謝　義太郎		
（よみかた）氏	変更前　わか　さ　我　謝	変更後　わか　さ　若　佐	
許可の審判	平成　29　年　10　月　15　日確定		

おなじ戸籍にある人	（よみかた）（名）	（住所…住民登録をしているところ）	（世帯主の氏名）
筆頭者	よしたろう　義太郎	東京都千代田区富士見１丁目　6　番　7　号	我謝義太郎
配偶者	うめこ　梅子	同　上　番地　番　号	同　上
	よしお　芳夫	同　上　番地　番　号	同　上
	ゆり	神奈川県藤沢市片瀬３丁目　9　番　6　号	甲野鉄也
		番地　番　号	
		番地　番　号	
		番地　番　号	

その他	次の人の父母欄の氏を更正してください １　同じ戸籍にある二男芳夫、長女ゆり ２　埼玉県上尾市本町３丁目２番地　我謝啓太戸籍の啓太

届出人署名押印（変更前の氏名）	筆頭者　我　謝　義太郎　印	配偶者　我　謝　梅　子　印
生年月日	昭和　42　年　3　月　30　日	昭和　45　年　12　月　22　日

記入の注意　筆頭者の氏名欄には、戸籍のはじめに記載されている人の氏名を書いてください。

【戸籍受附帳の記載】

〔図2〕

一　受理地

受附番号	受理送付の別	受附月日（事件発生月日）	件名	届出事件本人の氏名（届出人の資格氏名）	本籍又は国籍	備考
八四四五	受理	一〇月一七日	氏の変更（一〇七条一項）	我謝　義太郎 梅子	平河町二丁目十番地	変更後の氏「若佐」子の父母欄更正のため埼玉県上尾市長に届書送付 一〇月一七日発送

二　戸籍を異にする子の本籍地

受附番号	受理送付の別	受附月日（事件発生月日）	件名	届出事件本人の氏名（届出人の資格氏名）	本籍又は国籍	備考
七七九八	送付	一〇月一九日	更正（市長職権）	我謝啓太	本町三丁目二番地	一〇月一七日東京都千代田区長受附父母の氏変更により啓太の父母欄「我謝」を「若佐」と更正

（注）　一について、備考欄には変更後の氏を記載する。なお、届出事件本人の氏名欄には変更後の氏を記載し、備考欄に「変更前の氏『我謝』」と記載する取扱いでも差し支えない。

二について、父母の氏の変更に伴って、他の市町村に在籍する子の父母欄を更正する場合は、市町村長の職権によって処理することになるので、件名は「氏の変更」ではなく「更正（市長職権）」となる（昭和四一・二・二三民事(二)発二一六号通知）。

【戸籍の記載】

氏を変更する者の戸籍

〔図3－1〕

本籍	東京都千代田区平河町二丁目十番地
氏名	若佐 ~~我謝~~　義太郎

（編製事項省略）

平成弐拾九年拾月拾七日戸籍法百七条一項の氏変更届出㊞〔法定一八四〕

（出生事項省略）

（婚姻事項省略）

父	我謝一郎
母	花子
	長男
夫	義太郎
出生	昭和四拾弐年参月参拾日

（注）　1　届出人は、通常は筆頭者及びその配偶者であるから、このような代表的事例の場合には、資格、氏名の記載を要しない。

しかし、届出人のうちの他の一方が双方名義で届け出したり、あるいは法定代理人からなされている場合には、届出人の資格及び氏名の記載を要する（戸規三〇条二号）。

2　転籍の場合においては、氏の変更事項は、戸籍法施行規則第三七条に規定されている記載事項であるから移記を要する。

3　筆頭者の氏名欄の氏を更正する場合、朱線一本を施し、その右側に変更後の氏を記載する。

（出生事項省略）
（婚姻事項省略）

父	丙原信吉
母	夏子
	三女
妻	梅子
出生	昭和四拾五年拾弐月弐拾弐日

（出生事項省略）
（婚姻除籍事項省略）

父	我謝義太郎
母	梅子
	長男
	啓太
出生	平成弐年六月七日

（出生事項省略）

父母氏変更につき平成弐拾九年拾月拾七日父母欄更正㊞

父	若佐 我謝 義太郎
母	梅子
	二男
名	芳夫
出生	平成五年五月拾日

（出生事項省略）

父母氏変更につき平成弐拾九年拾月拾七日父母欄更正㊞

父	若佐 我謝 義太郎
母	梅子
	長女
名	ゆり
出生	平成七年四月八日

〔図3－2〕

更正すべき者の戸籍

本籍	埼玉県上尾市本町三丁目二番地
氏名	我謝啓太

（編製事項省略）

（出生事項省略）

（婚姻事項省略）

父母氏変更につき平成弐拾九年拾月拾九日父母欄更正㊞

父	母		夫	出生
~~若佐~~ 我謝 義太郎	梅子	長男	啓太	平成弐年六月七日

〔**図３－３**〕

氏を変更する者の戸籍（コンピュータシステムによる証明書記載例）

（2の1）　全部事項証明

本　　　籍 氏　　　名	東京都千代田区平河町二丁目１０番地 若佐　義太郎
戸籍事項 　戸籍編製 　氏の変更 　〔法定184〕	（編製事項省略） 【氏変更日】平成２９年１０月１７日 【氏変更の事由】戸籍法１０７条１項の届出 【従前の記録】 　【氏】我謝
戸籍に記録されている者	【名】義太郎 【生年月日】昭和４２年3月３０日　　【配偶者区分】夫 【父】我謝一郎 【母】我謝花子 【続柄】長男
身分事項 　出　　生 　婚　　姻	 （出生事項省略） （婚姻事項省略）
戸籍に記録されている者	【名】梅子 【生年月日】昭和４５年１２月２２日　　【配偶者区分】妻 【父】丙原信吉 【母】丙原夏子 【続柄】三女
身分事項 　出　　生 　婚　　姻	 （出生事項省略） （婚姻事項省略）
戸籍に記録されている者 除　　籍	【名】啓太 【生年月日】平成２年6月7日 【父】我謝義太郎 【母】我謝梅子 【続柄】長男

発行番号

（2の2）　全 部 事 項 証 明

身分事項 　出　生 　婚　姻	 （出生事項省略） （婚姻除籍事項省略）
戸籍に記録されている者	 【名】芳夫 【生年月日】平成５年５月１０日 【父】若佐義太郎 【母】若佐梅子 【続柄】二男
身分事項 　出　生 　更　正	 （出生事項省略） 【更正日】平成２９年１０月１７日 【更正事項】父母の氏名 【更正事由】父母氏変更 【従前の記録】 　【父】我謝義太郎 　【母】我謝梅子
戸籍に記録されている者	 【名】ゆり 【生年月日】平成７年４月８日 【父】若佐義太郎 【母】若佐梅子 【続柄】長女
身分事項 　出　生 　更　正	 （出生事項省略） 【更正日】平成２９年１０月１７日 【更正事項】父母の氏名 【更正事由】父母氏変更 【従前の記録】 　【父】我謝義太郎 　【母】我謝梅子
	以下余白

発行番号

〔**図3－4**〕
更正すべき者の戸籍（コンピュータシステムによる証明書記載例）

（1の1）　全部事項証明

本　　籍 氏　　名	埼玉県上尾市本町三丁目２番地 我謝　啓太
戸籍事項 　戸籍編製	 （編製事項省略）
戸籍に記録されている者	【名】啓太 【生年月日】平成２年６月７日　　　【配偶者区分】夫 【父】若佐義太郎 【母】若佐梅子 【続柄】長男
身分事項 　出　生	 （出生事項省略）
婚　姻	（婚姻事項省略）
更　正	【更正日】平成２９年１０月１９日 【更正事項】父母の氏名 【更正事由】父母氏変更 【従前の記録】 　【父】我謝義太郎 　【母】我謝梅子
	以下余白

発行番号

2　外国人と婚姻した戸籍の筆頭者である日本人女が同籍する子を有しない場合に、戸籍法第一〇七条第二項の氏変更の届出を非本籍地の市町村長にした場合【届書の記載】

〔図4〕

外国人との婚姻による氏の変更届
（戸籍法107条２項の届）

平成30年５月８日　届出

東京都中野区　長殿

受理　平成30年５月８日	発送　平成30年５月８日
第　9609　号	
送付　平成30年５月10日	東京都中野区　長 印
第　4289　号	

書類調査	戸籍記載	記載調査	附　票	住民票	通　知	

（よみかた） 氏を変更する人の氏名	（変更前）氏 乙野《おつの》	名 梅子《うめこ》　昭和64年１月１日生
住所 （住民登録をしているところ）	東京都中野区新井３丁目　11 ~~番地~~ 番　4号 世帯主の氏名　乙野梅子	
本籍	東京都千代田区平河町１丁目　4 番地 ~~番~~ 筆頭者の氏名　乙野梅子	
（よみかた） 氏	変更前 乙野	変更後 ファンデンボッシュ
配偶者の氏名	氏 ファンデンボッシュ	名 ウェイン
婚姻年月日	平成30年5月2日	
氏を変更した後の本籍	（氏を変更する人の戸籍に他の人がある場合のみ書いてください） 番地 番	
その他	次の人の父母欄の氏を更正してください	
届出人署名押印 （変更前の氏名）	乙野梅子　㊞	

記入の注意　筆頭者の氏名欄には、戸籍のはじめに記載されている人の氏名を書いてください。
この届書を本籍地でない役場に出すときは、戸籍謄本が必要ですから、あらかじめ用意してください。

【戸籍受附帳の記載】

〔図5〕

一　受理地

受附番号	受理送付の別	受附月日（事件発生月日）	件名	届出事件本人の氏名（届出人の資格氏名）	本籍又は国籍	備考
九六〇九	受理	五月八日	氏の変更（一〇七条二項）	乙野梅子	千代田区平河町一丁目四番地	変更後の氏「ファンデンボッシュ」 五月八日発送

二　本籍地

受附番号	受理送付の別	受附月日（事件発生月日）	件名	届出事件本人の氏名（届出人の資格氏名）	本籍又は国籍	備考
四二八九	送付	五月一〇日	氏の変更（一〇七条二項）	乙野梅子	平河町一丁目四番地	変更後の氏「ファンデンボッシュ」

（注）　備考欄には変更後の氏を記載する。なお、届出事件本人の氏名欄には変更後の氏で記載し、備考欄に「変更前の氏『乙野』」と記載する取扱いでも差し支えない。

〔図6〕**【戸籍の記載】**

本籍	東京都千代田区平河町一丁目四番地
氏名	ファンデンボッシュ ~~乙野~~　梅子

平成参拾年五月弐日編製㊞

平成参拾年五月八日戸籍法百七条二項の氏変更届出㊞〔法定一八五〕

（出生事項省略）

平成参拾年五月弐日国籍アメリカ合衆国ファンデンボッシュ、ウェイン（西暦千九百七拾五年壱月壱日生）と婚姻届出東京都千代田区平河町一丁目四番地乙野忠治戸籍から入籍㊞

平成参拾年五月八日戸籍法百七条二項の氏変更届出同月拾日東京都中野区長から送付㊞〔法定一八六参照〕

父	乙野忠治
母	松子
	長女
妻	梅子
生出	昭和六拾四年壱月壱日

〔**図６－２**〕
（コンピュータシステムによる証明書記載例）

（１の１）　全部事項証明

本　　籍	東京都千代田区平河町一丁目４番地
氏　　名	ファンデンボッシュ　梅子
戸籍事項 戸籍編製 氏の変更 〔法定185〕	 【編製日】平成３０年５月２日 【氏変更日】平成３０年５月８日 【氏変更の事由】戸籍法１０７条２項の届出 【従前の記録】 【氏】乙野
戸籍に記録されている者	【名】梅子 【生年月日】昭和６４年１月１日　【配偶者区分】妻 【父】乙野忠治 【母】乙野松子 【続柄】長女
身分事項 出　　生	 （出生事項省略）
婚　　姻	【婚姻日】平成３０年５月２日 【配偶者氏名】ファンデンボッシュ，ウェイン 【配偶者の国籍】アメリカ合衆国 【配偶者の生年月日】西暦１９７５年１月１日 【従前戸籍】東京都千代田区平河町一丁目４番地　乙野忠治
氏の変更 〔法定186〕	【氏変更日】平成３０年５月８日 【氏変更の事由】戸籍法１０７条２項の届出 【送付を受けた日】平成３０年５月１０日 【受理者】東京都中野区長
	以下余白

発行番号

3 外国人と婚姻した戸籍の筆頭者である日本人女が同籍する子を有する場合に、戸籍法第一〇七条第二項の氏変更の届出を非本籍地の市町村長にした場合 【届書の記載】

〔図7〕

外国人との婚姻による氏の変更届
(戸籍法107条２項の届)

平成29年７月３日　届出

東京都中央区　長 殿

受理　平成29年７月３日			発送　平成29年７月４日			
第　6391　号						
送付　平成29年７月５日			東京都中央区 長 印			
第　5761　号						
書類調査	戸籍記載	記載調査	附　票	住民票	通　知	

(よみかた) 氏を変更する人の氏名	(変更前) 氏 乙《おつ》野《の》	名 梅《うめ》子《こ》	昭和62年1月1日生
住所 (住民登録をしているところ)	東京都中央区日本橋１丁目　3 ~~番地~~ 番　1 号		
	世帯主の氏名　乙野梅子		
本籍	東京都千代田区平河町１丁目　4 番地 ~~番~~		
	筆頭者の氏名　乙野梅子		
(よみかた) 氏	変更前 乙野	変更後 ファンデンボッシュ	
配偶者の氏名	氏 ファンデンボッシュ	名 ウェイン	
婚姻年月日	平成29年3月2日		
氏を変更した後の本籍	(氏を変更する人の戸籍に他の人がある場合のみ書いてください) 東京都千代田区平河町１丁目　4 番地 ~~番~~		
その他	次の人の父母欄の氏を更正してください 同じ戸籍にある長男　一郎		
届出人署名押印 (変更前の氏名)	乙野梅子　㊞		

記入の注意　筆頭者の氏名欄には、戸籍のはじめに記載されている人の氏名を書いてください。
この届書を本籍地でない役場に出すときは、戸籍謄本が必要ですから、あらかじめ用意してください。

【戸籍受附帳の記載】

〔図8〕

一　受理地

受附番号	受理送付の別	受附月日（事件発生月日）	件名	届出事件本人の氏名（届出人の資格氏名）	本籍又は国籍	備考
六三九一	受理	七月三日	氏の変更（一〇七条二項）	乙野梅子	千代田区平河町一丁目四番地	変更後の氏「ファンデンボッシュ」従前と同一の場所に新戸籍編製 同籍の長男一郎の母欄更正 七月四日発送

二　本籍地

受附番号	受理送付の別	受附月日（事件発生月日）	件名	届出事件本人の氏名（届出人の資格氏名）	本籍又は国籍	備考
五七六一	送付	七月五日	氏の変更（一〇七条二項）	乙野梅子	平河町一丁目四番地	変更後の氏「ファンデンボッシュ」従前と同一の場所に新戸籍編製 同籍の長男一郎の母欄更正

（注）備考欄には変更後の氏、新戸籍編製地、同籍の長男の母欄更正の旨を記載する。なお、届出事件本人の氏名欄には変更後の氏で記載し、備考欄に「変更前の氏『乙野』」と記載する取扱いでも差し支えない。

【戸籍の記載】

氏を変更する者の新戸籍

〔図9－1〕

本籍	東京都千代田区平河町一丁目四番地
氏名	ファンデンボッシュ梅子

平成弐拾九年七月参日戸籍法百七条二項の氏変更届出㊞

平成弐拾九年七月五日編製㊞〔法定一八七〕

父	乙野忠治
母	松子
	長女
妻	梅子
出生	昭和六拾弐年壱月壱日

（出生事項省略）

（婚姻事項省略）

平成弐拾九年七月参日戸籍法百七条二項の氏変更届出同月五日東京都中央区長から送付東京都千代田区平河町一丁目四番地乙野梅子戸籍から入籍㊞

〔法定一八八〕

〔図9-2〕

氏を変更する者の従前の戸籍

本籍　東京都千代田区平河町一丁目四番地

氏名　乙野梅子

（編製事項省略）

（出生事項省略）

平成弐拾九年参月弐日国籍アメリカ合衆国ファンデンボッシュ、ウェイン（西暦千九百八拾五年壱月壱日生）と婚姻届出東京都千代田区平河町一丁目四番地乙野忠治戸籍から入籍㊞

平成弐拾九年七月参日戸籍法百七条二項の氏変更届出同月五日東京都中央区長から送付東京都千代田区平河町一丁目四番地に「ファンデンボッシュ」の氏の新戸籍編製につき除籍㊞〔法定一八九〕

父　乙野忠治

母　松子

長女

妻　梅子

出生　昭和六拾四年壱月壱日

（出生事項省略）

母氏変更につき平成弐拾九年七月五日母欄更正㊞

父	ファンデンボッシュ、ウェイン
母	~~乙野~~梅子
長男	
	一郎
出生	平成弐拾九年五月五日

父	
母	
出生	

〔図９－３〕

氏を変更する者の新戸籍（コンピュータシステムによる証明書記載例）

（１の１）　全部事項証明

本　　籍 氏　　名	東京都千代田区平河町一丁目４番地 ファンデンボッシュ　梅子
戸籍事項 　氏の変更 　〔法定187〕 　戸籍編製	 【氏変更日】平成２９年７月３日 【氏変更の事由】戸籍法１０７条２項の届出 【編製日】平成２９年７月５日
戸籍に記録されている者	【名】梅子 【生年月日】昭和６２年１月１日　　【配偶者区分】妻 【父】乙野忠治 【母】乙野松子 【続柄】長女
身分事項 　出　　生	 （出生事項省略）
婚　　姻	（婚姻事項省略）
氏の変更 　〔法定188〕	【氏変更日】平成２９年７月３日 【氏変更の事由】戸籍法１０７条２項の届出 【送付を受けた日】平成２９年７月５日 【受理者】東京都中央区長 【従前戸籍】東京都千代田区平河町一丁目４番地　乙野梅子
	以下余白

発行番号

〔**図９－４**〕

氏を変更する者の従前の戸籍（コンピュータシステムによる証明書記載例）

（1の1）　全部事項証明

本　　籍 氏　　名	東京都千代田区平河町一丁目４番地 乙野　梅子
戸籍事項 　戸籍編製	（編製事項省略）
戸籍に記録されている者 除　　籍	【名】梅子 【生年月日】昭和６２年１月１日　　　【配偶者区分】妻 【父】乙野忠治 【母】乙野松子 【続柄】長女
身分事項 　出　　生	（出生事項省略）
婚　　姻	【婚姻日】平成２９年３月２日 【配偶者氏名】ファンデンボッシュ，ウェイン 【配偶者の国籍】アメリカ合衆国 【配偶者の生年月日】西暦１９８５年１月１日 【従前戸籍】東京都千代田区平河町一丁目４番地　乙野忠治
氏の変更 　〔法定189〕	【氏変更日】平成２９年７月３日 【氏変更の事由】戸籍法１０７条２項の届出 【送付を受けた日】平成２９年７月５日 【受理者】東京都中野区長 【新本籍】東京都千代田区平河町一丁目４番地 【変更後の氏】ファンデンボッシュ
戸籍に記録されている者	【名】一郎 【生年月日】平成２９年５月５日 【父】ファンデンボッシュ，ウェイン 【母】ファンデンボッシュ梅子 【続柄】長男
身分事項 　出　　生	（出生事項省略）
更　　正	【更正日】平成２９年７月５日 【更正事項】母の氏名 【更正事由】母氏変更 【従前の記録】 　　【母】乙野梅子
	以下余白

発行番号

4　戸籍法第一〇七条第二項の届出により外国人配偶者の称している氏を称し同籍の子を有する日本人女が、離婚後戸籍法第一〇七条第三項の届出を非本籍地の市町村長にした場合　【届書の記載】

〔図10〕

外国人との離婚による氏の変更届
(戸籍法107条３項の届)

平成30年３月３日　届出

京都市上京区　長殿

受理　平成30年３月３日 第　725　号			発送　平成30年３月４日		
送付　平成30年３月９日 第　2412　号			京都市上京区　長 印		
書類調査	戸籍記載	記載調査	附　票	住民票	通　知

(よみかた) 氏を変更する人の氏名	(変更前)　氏 ファンデンボッシュ	名 梅《うめ》子《こ》	昭和64年１月１日生
住所 (住民登録をしているところ)	京都市上京区小山初音町20　番地 ~~番~~ ~~号~~		
	世帯主の氏名　ファンデンボッシュ梅子		
本籍	東京都千代田区平河町１丁目　4　番地 ~~番~~		
	筆頭者の氏名　ファンデンボッシュ梅子		
(よみかた) 氏	変更前 ファンデンボッシュ	変更後 乙《おつ》野《の》	
婚姻を解消した配偶者	氏名　ファンデンボッシュ、ウェイン		
婚姻解消の原因	☑ 離婚　☐ 婚姻の取消し　☐ 配偶者の死亡		
婚姻解消の年月日	平成30年２月３日		
氏を変更した後の本籍	(氏を変更する人の戸籍に他の人がある場合のみ書いてください) 東京都千代田区平河町１丁目　4　番地 ~~番~~		
その他	次の人の父母欄の氏を更正してください 同じ戸籍にある長男　ジョージ		
届出人署名押印 (変更前の氏名)	ファンデンボッシュ梅子　印		

記入の注意　筆頭者の氏名欄には、戸籍のはじめに記載されている人の氏名を書いてください。
この届書を本籍地でない役場に出すときは、戸籍謄本が必要ですから、あらかじめ用意してください。

【戸籍受附帳の記載】

〔図11〕

一　受理地

受附番号	受理送付の別	受附月日（事件発生月日）	件名	届出事件本人の氏名（届出人の資格氏名）	本籍又は国籍	備考
七二五	受理	三月三日	氏の変更（一〇七条三項）	ファンデンボッシュ梅子	東京都千代田区平河町一丁目四番地	変更後の氏「乙野」従前と同一場所に新戸籍編製 同籍の長男ジョージの母欄更正 三月四日発送

二　本籍地

受附番号	受理送付の別	受附月日（事件発生月日）	件名	届出事件本人の氏名（届出人の資格氏名）	本籍又は国籍	備考
二四一二	送付	三月九日	氏の変更（一〇七条三項）	ファンデンボッシュ梅子	平河町一丁目四番地	変更後の氏「乙野」従前と同一場所に新戸籍編製 同籍の長男ジョージの母欄更正

（注）　備考欄には変更後の氏、新戸籍編製地、同籍の長男ジョージの母欄更正の旨を記載する。なお、届出事件本人の氏名欄には変更後の氏で記載し、備考欄に「変更前の氏『ファンデンボッシュ』」と記載する取扱いでも差し支えない。

【戸籍の記載】

氏を変更する者の新戸籍

〔図12-2〕

本籍　東京都千代田区平河町一丁目四番地

氏名　乙野梅子

平成参拾年参月参日戸籍法百七条三項の氏変更届出㊞

平成参拾年参月九日編製㊞〔法定一九〇〕

（出生事項省略）

平成参拾年参月参日戸籍法百七条三項の氏変更届出同月九日京都市上京区長から送付東京都千代田区平河町一丁目四番地ファンデンボッシュ梅子戸籍から入籍㊞〔法定一九一〕

父　乙野忠治

母　松子

長女

梅子

出生　昭和六拾四年壱月壱日

〔図12－2〕

氏を変更する者の従前の戸籍

本籍　東京都千代田区平河町一丁目四番地

氏名　~~乙野~~ファンデンボッシュ　梅子

（編製事項省略）

平成弐拾七年拾月拾七日戸籍法百七条二項の氏
変更届出㊞

（出生事項省略）

（婚姻事項省略）

平成弐拾七年拾月拾七日戸籍法百七条二項の氏変更届出㊞

平成参拾年弐月参日夫国籍アメリカ合衆国ファンデンボッシュ、ウェイン
と離婚の裁判確定同月五日届出同月九日京都市上京区長から送付㊞

平成参拾年参月参日戸籍法百七条三項の氏変更届出同月九日京都市上京区
長から送付東京都千代田区平河町一丁目四番地に「乙野」の氏の新戸籍編製
につき除籍㊞〔法定一九二〕

父　乙野忠治
母　松子
長女

~~妻~~
~~梅子~~

生出　昭和六拾四年壱月壱日

（出生事項省略）

母氏変更につき平成参拾年参月九日母欄更正㊞

父　ファンデンボッシュ、ウェイン

母　乙野梅子

長男

ジョージ

出生　平成弐拾八年壱月弐日

父

母

出生

〔**図12-３**〕
氏を変更する者の新戸籍（コンピュータシステムによる証明書記載例）

（1の1）　全部事項証明

本　　籍 氏　　名	東京都千代田区平河町一丁目４番地 乙野　梅子
戸籍事項 　氏の変更 　戸籍編製〔法定190〕	 【氏変更日】平成３０年３月３日 【氏変更の事由】戸籍法１０７条３項の届出 【編製日】平成３０年３月９日
戸籍に記録されている者	 【名】梅子 【生年月日】昭和６４年１月１日 【父】乙野忠治 【母】乙野松子 【続柄】長女
身分事項 　出　　生	 （出生事項省略）
氏の変更 　〔法定191〕	【氏変更日】平成３０年３月３日 【氏変更の事由】戸籍法１０７条３項の届出 【送付を受けた日】平成３０年３月９日 【受理者】京都市上京区長 【従前戸籍】東京都千代田区平河町一丁目４番地　ファンデンボッシュ梅子
	以下余白

発行番号

〔図12－４〕

氏を変更する者の従前の戸籍（コンピュータシステムによる証明書記載例）

（２の１）　全部事項証明

本　　籍 氏　　名	東京都千代田区平河町一丁目４番地 ファンデンボッシュ　梅子
戸籍事項 　戸籍編製 　氏の変更	 （編製事項省略） 【氏変更日】平成２７年１０月１７日 【氏変更の事由】戸籍法１０７条２項の届出 【従前の記録】 　　【氏】乙野
戸籍に記録されている者 除　　籍	【名】梅子 【生年月日】昭和６４年１月１日 【父】乙野忠治 【母】乙野松子 【続柄】長女
身分事項 　出　　生	 （出生事項省略）
婚　　姻	（婚姻事項省略）
氏の変更	【氏変更日】平成２７年１０月１７日 【氏変更の事由】戸籍法１０７条２項の届出
離　　婚	【離婚の裁判確定日】平成３０年２月３日 【配偶者氏名】ファンデンボッシュ，ウェイン 【配偶者の国籍】アメリカ合衆国 【届出日】平成２９年３月５日 【送付を受けた日】平成２９年３月９日 【受理者】京都市上京区長
氏の変更 　〔法定192〕	【氏変更日】平成３０年３月３日 【氏変更の事由】戸籍法１０７条３項の届出 【送付を受けた日】平成３０年３月９日 【受理者】京都市上京区長 【新本籍】東京都千代田区平河町一丁目４番地 【変更後の氏】乙野
戸籍に記録されている者	【名】ジョージ 【生年月日】平成２８年１月２日

発行番号

（2の2）　全部事項証明

	【父】ファンデンボッシュ，ウェイン 【母】乙野梅子 【続柄】長男
身分事項 出　　生	(出生事項省略)
更　　正	【更正日】平成３０年3月９日 【更正事項】母の氏名 【更正事由】母氏変更 【従前の記録】 　　【母】ファンデンボッシュ梅子
	以下余白

発行番号

5　戸籍の筆頭者又はその配偶者でない者が戸籍法第一〇七条第四項の氏変更届を非本籍地の市町村長にした場合

【届書の記載】

〔図13〕

外国人父母の氏への氏の変更届
（戸籍法107条４項の届）

平成 29 年 10 月 1 日　届出

さいたま市浦和区　長 殿

受理　平成29年10月 1 日 第　7651　号	発送　平成29年10月 2 日
送付　平成29年10月 5 日 第　8042　号	さいたま市浦和区 長 印

書類調査	戸籍記載	記載調査	附　票	住民票	通　知	

（よみかた）	おつ　の	
氏を変更する人の氏名	（変更前）氏　乙　野　／　名　ジョージ	平成 13 年 8 月 8 日生
住所（住民登録をしているところ）	さいたま市浦和区常盤８丁目　17 ~~番地~~ 番 6 号	
	世帯主の氏名　乙　野　梅　子	
本籍	東京都千代田区平河町１丁目　4 番地 ~~番~~	
	筆頭者の氏名　乙　野　梅　子	
（よみかた）氏	変更前　乙　野	変更後　ファンデンボッシュ
許可の審判	平成 29 年 9 月 26 日確定	
外国人である父又は母の氏名	☑父　□母　氏　ファンデンボッシュ	名　ウェイン
氏を変更した後の本籍	東京都千代田区平河町１丁目　4 番地 ~~番~~	
その他		
届出人署名押印（変更前の氏名）	乙　野　ジョージ　印	

届　出　人
（氏を変更する人が十五歳未満のときに書いてください。届出人となる未成年後見人が３人以上のときは、ここに書くことができない未成年後見人について、その他欄又は別紙（様式任意。届出人全員の契印が必要）に書いてください。）

資格	親権者（□父　□養父）□未成年後見人	親権者（□母　□養母）□未成年後見人
住所	番地 番　号	番地 番　号
本籍	番地 番　筆頭者の氏名	番地 番　筆頭者の氏名
署名押印生年月日	印 年　月　日	印 年　月　日

記入の注意　筆頭者の氏名欄には、戸籍のはじめに記載されている人の氏名を書いてください。
この届書を本籍地でない役場に出すときは、戸籍謄本が必要ですから、あらかじめ用意してください。

【戸籍受附帳の記載】

〔図14〕

一　受理地

受附番号	受理送付の別	受附月日（事件発生月日）	件名	届出事件本人の氏名（届出人の資格氏名）	本籍又は国籍	備考
七六五一	受理	一〇月一日	氏の変更（一〇七条四項）	乙野ジョージ	東京都千代田区平河町一丁目四番地	変更後の氏「ファンデンボッシュ」従前と同一の場所に新戸籍編製　一〇月二日発送

二　本籍地

受附番号	受理送付の別	受附月日（事件発生月日）	件名	届出事件本人の氏名（届出人の資格氏名）	本籍又は国籍	備考
八〇四二	送付	一〇月五日	氏の変更（一〇七条四項）	乙野ジョージ	平河町一丁目四番地	変更後の氏「ファンデンボッシュ」従前と同一の場所に新戸籍編製

（注）備考欄には変更後の氏、新戸籍編製地を記載する。なお、届出事件本人の氏名欄には変更後の氏で記載し、備考欄に「変更前の氏『乙野』」と記載する取扱いでも差し支えない。

【戸籍の記載】

氏を変更する者の新戸籍

〔図15－1〕

本籍	東京都千代田区平河町一丁目四番地
氏名	ファンデンボッシュジョージ

平成弐拾九年拾月壱日戸籍法百七条四項の氏変更届出㊞

平成弐拾九年拾月五日編製㊞〔法定一九三〕

（出生事項省略）

平成弐拾九年拾月壱日戸籍法百七条四項の氏変更届出同月五日さいたま市浦和区長から送付東京都千代田区平河町一丁目四番地乙野梅子戸籍から入籍㊞〔法定一九四〕

父	ファンデンボッシュ、ウェイン
母	乙野梅子
	長男
名	ジョージ
出生	平成拾参年八月八日

〔図15-2〕

氏を変更する者の従前の戸籍

本籍　東京都千代田区平河町一丁目四番地

氏名　乙野梅子

（編製事項省略）

（出生事項省略）

平成弐拾九年拾月壱日戸籍法百七条四項の氏変更届出同月五日さいたま市浦和区長から送付東京都千代田区平河町一丁目四番地に「ファンデンボッシュ」の氏の新戸籍編製につき除籍㊞〔法定一九五〕

父　ファンデンボッシュ、ウェイン

母　乙野梅子

長男

ジョージ

出生　平成拾参年八月八日

〔**図15－3**〕
氏を変更する者の新戸籍（コンピュータシステムによる証明書記載例）

（1の1）　全部事項証明

本　　　籍 氏　　　名	東京都千代田区平河町一丁目４番地 ファンデンボッシュ　ジョージ
戸籍事項 　氏の変更 　戸籍編製〔法定193〕	 【氏変更日】平成２９年１０月１日 【氏変更の事由】戸籍法１０７条４項の届出 【編製日】平成２９年１０月５日
戸籍に記録されている者	【名】ジョージ 【生年月日】平成１３年８月８日 【父】ファンデンボッシュ，ウェイン 【母】乙野梅子 【続柄】長男
身分事項 　出　　生 　氏の変更 　〔法定194〕	 （出生事項省略） 【氏変更日】平成２９年１０月１日 【氏変更の事由】戸籍法１０７条４項の届出 【送付を受けた日】平成２９年１０月５日 【受理者】さいたま市浦和区長 【従前戸籍】東京都千代田区平河町一丁目４番地　乙野梅子
	以下余白

発行番号

〔**図15－4**〕
氏を変更する者の従前の戸籍（コンピュータシステムによる証明書記載例）

（1の1）　全部事項証明

本　　籍 氏　　名	東京都千代田区平河町一丁目４番地 乙野　梅子
戸籍事項 戸籍編製	（編製事項省略）
〜〜〜〜	〜〜〜〜
戸籍に記録されている者 除　　籍	【名】ジョージ 【生年月日】平成１３年８月８日 【父】ファンデンボッシュ，ウェイン 【母】乙野梅子 【続柄】長男
身分事項 出　　生	（出生事項省略）
氏の変更 〔法定195〕	【氏変更日】平成２９年１０月１日 【氏変更の事由】戸籍法１０７条４項の届出 【送付を受けた日】平成２９年１０月５日 【受理者】さいたま市浦和区長 【新本籍】東京都千代田区平河町一丁目４番地 【変更後の氏】ファンデンボッシュ
	以下余白

発行番号

第二節　名の変更

第一　名の変更一般

問52　名は、どのようにして決まるか。

答　通常は、出生の際における命名権者の命名に基づく出生届によって決まる。そのほかに、後述（解説二）のような各場合に名が決定することがある。

解説

一　人がどのような名を名のり、その名はだれがどのような方式でどのような根拠のもとに決定するかなどの問題については、氏に関し民法・戸籍法に多くの規定があるのに比べ、その解明のためのよりどころとなる法律上の根拠が極めて乏しい。そのため、子の名をつけるべき者（命名権者）についてみても、棄児の場合を除き、法律に別段の定めがないことから、命名権者を父母とする説、命名権を親権の一部とみて親権者とする説、また、命名権を子の固有権とする（親権者がこれを代位行使する。）説などがある。しかし、だれがどのような根拠で命名するとしても、現実には出生届に記載された名が戸籍に記載されると、氏とともに当人が自らを指示し、他人がその人を特定指示するために用いているうちに、それが社会生活上確定していくものである。したがって、通常は、その後において戸籍法第一〇七条の二の規定に基づき家庭裁判所の許可を得て名の変更届をし、その旨戸籍に記載されない限り、出生の際に命名された名が法律上の通用名として確定し、機能し続けることになる。

二　出生に際し、命名権者の命名によって名が決まる一の場合のほかに、棄児、届出又は帰化による国籍取得者、就籍者については、次に述べるように、それぞれ届出等によって名が定まる。

1　棄児（父母又は身元が判明しない者）発見の申出を受けた発見地の市町村長は、棄児に氏名をつけ、本籍を定め、かつ、その他の所要事項を記載した調書を作成するとともに、これに基づいて新戸籍を編製すべきこととされている（戸五七条）。棄児について新戸籍が編製された後に、父又は母が判明し棄児を引き取ったときは、その日から一か月以内に出生の届出をすることを要し（戸五九条）、この出生届の子の名については、市町村長が新戸籍を編製するに際して命名したものによるべきであるとされている（昭和三・九・二七民事一〇五一〇号回答）〔注〕。

2　国籍取得の届出又は帰化により日本国籍を取得した者（国三条・四条～八条・一七条）は、日本人として戸籍に登載される事由が発生したものであるから、その名を定めて届出をし戸籍に記載されることになる。その名に使用する文字については、出生届の場合と同様に常用平易な文字でなければならない（戸五〇条、戸規六〇条、昭和五九・一一・一民二―五五〇〇号第3の1(3)ア・イ参照）ことは当然であるが、国籍を取得した者（一五歳未満の場合は法定代理人）は自由に名を定めることができる。なお、国籍取得者の国籍取得後の氏名は、法務省民事局長又は法務局長若しくは地方法務局長が作成する「国籍取得証明書」に記載し交付されるので、国籍取得の届出には右の証明書を添付し、戸籍の記載はこれを資料として行うこととなる。また、帰化者の氏名は、法務局・地方法務局（又はその支局）における帰化事件の処理の過程において指導され、法務局長又は地方法務局長が作成する「帰化者の身分証明書」にそれが記載されて交付される。そして、帰化の届出には右の証明書を必ず添付し、戸籍の記載はこれを資料として行うこととされている（昭和三七・一・三一民事甲一八号通達、木村三男『戸籍届書の審査と受理Ⅱ』二一〇～二一二頁)。

3　就籍者の氏名は、通常、就籍許可の審判の主文に就籍後の戸籍の記載事項(本籍、氏名、生年月日、父母の氏名、父母との続柄)として記載される。そこで、就籍の届出(戸一一〇条)に当たっては、就籍者の氏名は審判書に記載されたとおりに記載することとされている(戸籍実務研究会編『初任者のための戸籍実務の手引き(改訂新版第六訂)』三〇五頁)。また、国籍存在確認・親子関係存在確認等の確定判決(審判)に基づく就籍の届出(戸一一〇条)の場合は、就籍者は任意に氏名を定めることができると解されている(前掲書参照)。

〔注〕　父又は母に引き取られた棄児は、新たになされた出生届により父母又は母の戸籍に入籍することになるが、その結果、棄児発見調書によって先に編製された戸籍と複本籍を生ずることとなる。この場合にする戸籍訂正の申請は、その複本籍を解消するためにするものであり、家庭裁判所の許可は不要と解されている(青木義人・大森政輔『全訂戸籍法』二九〇頁)。また、棄児発見の申出前に既に出生の届出があって本籍のある子については、改めて出生の届出をする必要はないが、棄児発見調書によって編製された戸籍は錯誤に基づいて生じた複本籍であるから戸籍法第一一三条(大正三年戸籍法一六四条)の規定により家庭裁判所の許可を得て消除すべきであるとされている(昭和二一・八・五民事六四八八号回答)。

問53　名の変更は、どのような意義があるか。

答　名は、社会生活上氏とともに人の同一性を識別するために重要な意義を有するものであり、その安易な変更を許すとすれば社会生活に混乱を来すおそれがあることから、改名については、家庭裁判所の許可を得ることを要件とし、その許可の基準は「正当な事由」を要するものとされている。

解説

名は、通常命名権者と解される父母又は祖父母などによって命名され、社会生活上氏とともに人の同一性を識別するために重要な意義を有する。つまり、いったん命名されると、普通は本人が終生その名を用いることになり、社会生活上当人が自らを指示し、他人がその人を特定指示するために用いるものであるから、みだりにその変更を許すと、公的にもまた私的にも社会生活に混乱を来すおそれがある。

そこで、戸籍法は、名の変更は「正当な事由」がある場合に限り家庭裁判所の許可によって認めることとしている（戸一〇七条の二）。名の変更事由とされる右の「正当な事由」は、氏の変更における「やむを得ない事由」に比較してその厳格性がやや緩和された趣旨であることは疑いないとされるが（青木義人・大森政輔『全訂戸籍法』四三九頁）、その理由は、氏の変更（戸一〇七条一項）が同一戸籍内の者全体に変更の効力が及ぶのに対して、名の変更はある特定の個人の名称の変更である点にあるものと解されている（木村三男『戸籍届書の審査と受理Ⅱ』二六六頁）。

何が正当な事由に当たるかについては、個々の事案につき家庭裁判所の判断するところであるが（問57参照）、これまでの審判例等からすれば、名を変更することが本人にとっても、また、社会にとっても利益になるという積極的事由が存在することを必要とする点が一般的な基準と解することができるであろう。

問54　旧法当時における改名は、どのような手続で行われていたか。

答　旧法当時の改名は、改氏ほど厳格でないにしても、一定の改名事由がある場合に、管轄庁である都道府県知事又はその委任を受けた市町村長の許可を得て、許可の日から一〇日内に名変更の届出を要するものとされていた。

解説

一　名は、社会生活において氏（名字、姓）とともに人の同一性を識別するために重要な意義を有するものであり、みだりにその変更は許されるべきではないことから、明治五年の太政官布告（「改姓名に関する件」）以来、原則として氏名の変更は禁止されていた。改名については、改氏の場合ほど厳格〔注1〕ではなかったにしても、後述二のような一定の事由がなければ許されなかった。その氏名変更に関する事務は内務大臣の所管とされ、管轄庁は都道府県知事であったが、都道府県知事は、その権限を市町村長に委任していた場合が多かったようである（高妻新「最新体系・戸籍用語事典」五六四頁）〔注2〕。

〔注1〕　改姓（氏の変更）については、明治一九年内務省令第一九号（出生死去出入等届出方等の件）により氏を復

旧（復姓）する場合のみ許可されるという厳しい取扱いがなされていた（問6参照）。

〔注2〕　氏名の変更に関する許可の権限は、昭和二二年に内務大臣（都道府県知事）から司法大臣（家庭裁判所）の所管に移された（昭和二二・八・一二民事甲八〇〇号通達）。

二　改名の事由については、「…但同苗同名無余儀差支有之者ハ…」（前掲太政官布告第四条）とされ、同一地区に同姓同名者の存在等、いわゆる「余儀ない差し支えのある場合」に限って認められていた。その改名が許可された事例としては、①商取引上の当事者が同姓同名であるとき、②養子縁組の当事者が同名であるとき、③同名の姑と新婦が同籍となったとき、④名の文字は異なるが、呼称の同じ者が同籍しているとき、⑤同姓同称（例えば、阿部庄二と阿部省次等）の者が同一の職場に在勤しているとき、⑥神官又は僧侶になったり、神官又は僧侶をやめたとき、⑦神道教師の職に就いた者が布教に必要があるとき、⑧商業上の必要から先代の名を襲用するとき等がある。明治三一年戸籍法において氏名の変更届出に関する一般的な規定が設けられ、それが大正三年戸籍法を経て現行法へとその取扱いは徐々に緩和されてきている。

なお、旧法当時（明治一九年内務省令一九号四条、明治三一年戸籍法一六四条、大正三年戸籍法一五三条）の改名の効力は、地方行政庁の許可によって生ずるものとされ、その届出は報告的なものとされていた（三田高三郎『戸籍法要論』二七一頁）。

第二　名の変更の要件及び効力

問55　どのような場合に、名の変更が許されるか。

答　名の変更は、正当な事由がある場合に限り家庭裁判所の許可により許される。

解説　一　名の変更は、正当な事由がある場合に、家庭裁判所の許可を得た上、届け出ることによってすることができる（戸一〇七条の二）。この正当な事由の有無については、個々の事案につき家庭裁判所が判断することとなるが、昭和二三年一月三一日民事甲第三七号最高裁判所事務局民事部長回答は、①営業上の目的から襲名する必要のあること、②同姓同名の者があって社会生活上甚だしく支障のあること、③神官若しくは僧侶となり、又は神官若しくは僧侶をやめるために改名する必要のあること、④珍奇な名、外国人にまぎらわしい名又は難解、難読の文字を用いた名で社会生活上甚だしく支障のあること、⑤帰化した者で日本風の名に改める必要のあること、⑥以上の各場合でも新たな名は、戸籍法第五〇条の趣旨にかんがみ、平易な文字を用いたものであることなどを挙げ、これらの事実の有無を参酌すべき事項として、判断の指針を示している。もっとも、審判例の傾向は、右の①、③については、特に厳格に審理されているようであり、また、⑤については、現在ではその事例がほとんどないとされている（藤島武雄・中村平八郎『改訂家事調停・審判事件の中立と実務』二八一頁）。

二　名を変更するについて、何が正当な事由に当たるかに関して、その画一的基準を設けることは困難であって、結局、家庭裁判所において、右の指針に基づき個々の事案ごとに判断されることにならざるを得ない。しかし、少なくとも単なる個人の主観的感情や姓名判断、信仰上の希望、社会活動の一部に支障があるというのみでは足りず、名を変更することが社会的にその必要性が高く、その個人の社会生活上著しい支障を生ずる場合であることを要するものと考えられる（木村三男『戸籍届書の審査と受理Ⅱ』二六六頁）。

問56　名を変更しようとする場合、どのような手続を要するか。

答　名の変更をする場合は、その本人があらかじめ家庭裁判所の許可を得た上で戸籍の届出をしなければならない。

解説

一　名を変更しようとする者は、まず、その住所地の家庭裁判所に対し許可審判の申立てをすることを要し、家庭裁判所はその申立てに基づく許可の審判に際して、変更事由、すなわち「正当な事由」の有無を判断しなければならない。

名の変更許可事件は、家事事件手続法別表第一に掲げる事項として、審判されることになる（家事二二六条・別表第一の一二二項）〔**注**〕。この名の変更許可事件において、申立てを却下する審判に対しては申立人から即時抗告をすることができるが（家事二三一条二号）、変更を許可する審判に対しては、氏変更を許可する審判の場合とは異なり、即時抗告は許されないので（同条一号参照）、審判が、これを受ける者（名を変更する者）に告知されることによって確定する（家事七四条二項、なお、告知の方法については、『改訂設題解説戸籍実務の処理Ⅵ』第二章問10（二の〔注〕）を参照されたい。）。

〔注〕　家事審判事項は、別表第一及び別表第二に掲げる事項に分類されているが、これは、旧家事審判法における甲類審判事項及び乙類審判事項に対応するものとして、民法その他の実体法に根拠を有する家事審判事項を列挙したものである。この分類は家事調停の対象となり得るかどうかの区別であって、別表第一に掲げる事項（旧法下の甲類審判事項）は調停によって解決することができない事件、すなわち、当事者が自らの意思で処分することのできない権利又は利益に関する事項についての事件（比較的公益性の高い事件）であり、別表第二に掲げる事項（旧法下の乙類審判事項）は調停によって解決することができる事件、すなわち、当事者が自らの意思で処分することのできる権利又は利益に関する事項についての事件（比較的公益性の低い事件）であるとされている（金子修『逐条解説家事事件手続法』一二二頁、同『一問一答家事事件手続法』五一頁参照）。

二　名の変更は、前節の氏変更の場合と同様に（**問14**参照）、家庭裁判所の許可のみによって効力が生ずるのではなく、戸籍の届出（戸一〇七条の二）によってはじめてその効力を生ずるものである。したがって、名変更の届出は、創設的届出に属するものであり、家庭裁判所の許可審判を得ても、その申立人に届出の義務が生ずるわけではない。また、市町村長は、たとえ名変更の許可があっても、届出に関するその他の諸要件を具備しない届出は受理すべきでない。もっとも、名変更の事由である「正当な事由」の有無は家庭裁判所の判断事項であるから、その他の届出要件を具備し、正当な届出人からの届出である以上、市町村長はこの点についての判断の不当を理由として届出の受理を拒むことができないことは、氏変更の届出の場合と同様である（**問7**参照）。

問57　名の変更について「正当な事由」に該当するとされた事例には、どのようなものがあるか。また、該当しないとされた事例はどうか。

答　名の変更の「正当な事由」とされた事例のうち、通称名の永年使用による場合が最も多い。そのほか命名権者の意思に基づかない命名、あるいは同姓同名者の存在等による場合がある。しかし、名を変更するには、単なる個人の趣味や主観的感情、あるいは姓名判断等を理由とするものは認められない。なお、具体的事例については、解説を参照されたい。

解説　名の変更の「正当な事由」については、旧法当時の改名許可基準に代わるものとして、昭和二三年一月三一日民事甲第三七号最高裁判所事務局民事部長回答が示されているが（**問55**参照）、これによると旧法当時の許可基準（**問54**参照）と大きな差違は認められない。なお、右の回答に列挙された事項のうち、営業上の目的からの襲名や神官・僧侶への就・退任を理由とするものについては、特に厳格に審理されているのが審判例の傾向のようである。

昭和四〇年以降の名の変更許可審判事件の中から主な事由ごとに許可事例と却下事例の概要をみると、次のとおりである。

一　通名の永年使用

1　正当事由があるとされた事例

(1)　変更後の名の文字が戸籍法第五〇条に規定する常用平易な文字に該当しない場合でも、その名を一六年間の永きにわたって常用し、学校関係その他一般社会においても右文字の名で通用しているという特段の事情がある場合には、その名の変更も例外的に認められるものと解し許可された事例（宮崎家審昭和四六・五・一三家月二四巻四号二一四頁）。

(2)　通名使用の動機が姓名判断によるものであっても、一二歳のころから大学卒業を経て就職している現在に至るまで一六年余の長年月にわたり、やむを得ず戸籍上の名を使用しなければならなかった公文書や公的記録上において以外はすべて通名を使用してきたため、右通名が広く社会一般に認識されて社会生活上、抗告人を他から識別する役割を果たしていることが認められるから、抗告人がその名を右通名に変更することは、戸籍法第一〇七条第二項（現一〇七条の二）の正当な事由があるとして、原審判を取り消し、変更を許可した事例（札幌高決昭和五〇・六・三〇家月二八巻三号四三頁）。

(3)　通称名が永年にわたって使用され、これが戸籍名に代わって社会生活上本人を表象する機能をもつに至っている以上、通称名使用の動機が戸籍名に対する悪感情と姓名判断によるものであっても改名を許可するのが相当であるとして、原審判を取り消して申立てを認容した事例（仙台高決平成二・二・一九家月四二巻七号四二頁）。

(4)　いったん名の変更を許可された者が、元の名への再度の変更を申し立てた事案において、勤務先においては継続して約二三年（改名後の通称使用期間だけでも約一九年）元の名を通称使用しており、本名を使用すれば却って抗告人の社会生活上の不便と周囲の混乱がもたらされるとして、「正当な事由」を具備しているものと認めて、原審判を取り消し、変更を許可した事例（大阪高決平成七・六・一二家月四八巻六号六五頁）。

2　正当事由がないとされた事例

(1)　通名に特にむずかしい文字が用いられ、それ自体難読を理由に改名の対象となり得る場合は、たとえ通名の使用が長期にわたり通名がその人の社会生活上その同一性認識の標準となっていても、戸籍上の名を右通名に変更することを許可すべきでないとされた事例（浦和家熊谷支審昭和四〇・四・七家月一七巻五号八一頁）。

(2)　通名として永年使用してきたことを理由に改名を許可する場合には、通名と戸籍名とのそごによる社会生活上の著しい支障がなくなれば充分であり、申立人が旧字体への改名申立てを固執しても字画のごときいわれなき迷信に加担してまで改名を許さなければならない理由はないとして変更を許さなかった事例（名古屋家半田支審昭和四四・三・一九家月二一巻九号一〇四頁）。

(3)　外国において永年使用する通名への名の変更が是認されるためには、単に外国において永年使用を継続したというだけでは足りず、名の使用者の生活が外国に永住するに近い状態になるなどの外国社会との関連が密接になり、反面我が国の社会との関連が希薄になり、戸籍上の名を外国社会における通名に変更しても、我が国の社会における生活にはほとんど支障を生じない程度に至っていることを要するとして、変更を許可するのは相当でないとした事例（東京家審昭和六二・七・一三家月四〇巻四号一五一頁）。

(4)　名を長年使用してきた通名に変更することを求めた事案において、戸籍法第一〇七条の二の「正当な事由」の有無の判断に際しては、同法第五〇条第一項の趣旨を尊重すべきであり、難読の名への変更は正当な事由がないとして、申立てを却下した事例（広島家竹原支審平成元・一二・一八家月四二巻六号五三頁）。

二　命名権者の意思に基づかない命名

正当事由があるとされた事例

(1)　出生した子の名は、父母が共同親権者である場合には、父母が協議の上命名すべきものであり、その一方の意思に反し他の一方の意思のみに基づくものである限り、その届出は有効であっても命名は違法であるから、父母の双方が協議の上改めて名を定めた場合には、改名に伴う弊害が顕著であるなど特段の事情がない限り、その名に改名する正当な事由があるとされた事例（函館家審昭和四五・一〇・二二家月二三巻六号七三頁）。

(2)　子の命名に当たり、父母が十分に協議をする機会を得ないまま、父が出張の間に母が独断で命名し届出をしてしまい、父は別の名を希望していた事案において、右届出のされた名自体には客観的な不便や支障はあまりないが、子の名の命名の自由を有する親権者の心情も無視することはできないから、その自由を十分行使し得なかったことに対する不満の念に基づく改名の希望は、判示のような実情であるとして名の変更を許可した事例（那覇家審昭和四七・一〇・三〇家月二五巻九号一二八頁）。

(3)　出生届に際し、親権者の一方がほしいままに命名して届け出た名を、父母間で協議し合意のできた名へ変更することの許可を求めた事案につき、従前の名の届出の効力自体は否定できないが、従前の名が社会生活上いまだ定着していないと認められる特段の事情がある限り戸籍法第一〇七条第二項（現一〇七条の二）の「正当な事由」があると解すべきであるとした上、子の年齢（審判時一年四月）、現在の生育状況等から右の特段の事情が認められるとして、名の変更を許可した事例（山形家鶴岡支審昭和五七・一一・二九家月三六巻三号一六一頁）。

(4)　出生届を提出する際に、父が父母間の協議結果と異なる名の届出をしたとして申し立てた名の変更許可申立てを却下した審判に対する即時抗告審において、嫡出子の命名については、父母の共同親権行使の原則上、父母間の協議によって行われるべきであり、父母の一方が他方に相談することなく勝手に命名した場合や父母間の協議結果と異なる名の届出をした場合は、他方がこれを追認しない限り、適法・有効な命名があったことにはならないというべきところ、本件では母が追認したことが認められず、また、子の福祉の観点のほか、抗告人は生後4か月の乳児であり名の変更による弊害が少ないことなどから名を変更することに「正当な事由」があるとして、原審判を取り消し、変更を許可した事例（大阪高決平成一二・五・二九家月五二巻一一号五三頁）。

三　命名に用いることのできない漢字

正当事由があるとされた事例

(1)　出生届出当時、当用漢字表や人名用漢字表になかったため子の名に用いることができなかった漢字が、昭和五一年に告示された人名用漢字追加表に掲げられたとしても、直ちに、戸籍法第一〇七条第二項（現一〇七条の二）の「正当な事由」が存するものということはできないが、告示後の右漢字の一般的使用状況、命名時の事情、更には名の変更による社会的影響等を考慮した上、右「正当な事由」が存在するものと認めた事例（釧路家帯広支審昭和五四・五・一四家月三二巻一〇号九三頁）。

(2)　出生届の当時、命名しようとした漢字が人名用漢字別表に含まれていなかったため、やむを得ず当用漢字にある字をもって届け出ていたが、その後人名用漢字別表の改正により当該漢字の使用が認められるようになったことから、戸籍法第一〇七条の二による名の変更を申し立てた事件の即時抗告審において、同条の「正当な事由」は、変更を必要とする事由の存在という積極的要件ではなく、名の変更を認めても個人の同一性の認識に混乱を生ずるおそれはないという消極的要件があれば認められるとして、原審判を取り消して申立てを認容

した事例（高松高決平成二・八・一五家月四三巻一号一二八頁）。

四　近隣に同姓同名の者がある場合

1　正当事由があるとされた事例

(1)　近隣に呼称が同一で、字画も大部分類似した者（A、B、C）が居住し、抗告人から最も遠いCの居住が三〇〇メートル位で、いずれも近所であるため、郵便物、運送品等の誤配を生じ、社会生活上支障を来している場合においては、近隣に同姓同名の者がある場合と同様に、戸籍法第一〇七条第二項（現一〇七条の二）の正当な事由に該当するものというべく、原審判が右のほか、更に社会生活上著しい支障の存した特段の事由があることを必要とするものとして、抗告人の申立てを却下したのは失当であるとされた事例（大阪高決昭和四〇・九・二一家月一八巻二号八一頁）。

(2)　近隣に約一か月違いで出生し、同じ幼稚園に入園している同姓同名者が居住していること、役場から来る書類もまぎらわしく、今後一緒に進学することにより不便不都合が予想されること、未だ幼少で名の上に築かれた社会関係は複雑であるともいえない等原審判示の事情をも考慮して、名の変更を許可した事例（東京高決昭和四八・四・一二家月二五巻一二号二九頁）。

2　正当事由がないとされた事例

夫婦の名が同一呼称であることを理由とする名の変更の申立てがなされた事案において、名が個人の同一性を識別する機能を果たさないことを理由として改名を許すためには、社会生活上改名しないことにより守られる利益に比して、改名することにより得られる利益が大であることを必要とするところ、夫は家事に専念している妻に比して広範囲の社会生活を営んでいるから、その名を変更することは社会に対して大なり小なり支障を与えることが認められ、改名により得られる利益は、親類の者が夫婦の一方の名を呼ぶときに困惑しないで済むというだけであるなど判示事情の下においては、改名により得られる利益は改名しないことにより守られる利益に比して極めて小さいので、名を変更する正当な事由に当たらないとされた事例（東京高決昭和四七・二・九家月二五巻一二号二六頁）。

五　僧名への変更

1　正当事由があるとされた事例

(1)　改名の許可を得て既に僧名に変更した者が、その後所属寺院が替わったことから更に改名を求めた事案において、住職として社会的、宗教的活動を円滑に営むためには改名の必要があり、また、先の改名から二〇年近く経ているものの従前の地域社会関係との交渉はほとんど絶えているので、更に改名することにより混乱を生じさせるおそれはなく、他に不当な目的も認められないとして、再度の改名につき正当事由なしとした原審判を取り消し、改名を許可した事例（広島高岡山支決昭和五七・一一・二五家月三六巻三号一五七頁）。

(2)　中学三年の男子が僧名への名の変更許可を求めた事案において、抗告人は今後も僧侶の道を進むことが推認され、名を変更することが抗告人の切望する進路の実現に資することになり、抗告人の今後の生活に有益であること、他方、抗告人の改名が他の者に対し格別の不利益や弊害を及ぼすとは考えられないことを考慮すると、本件名の変更については「正当な事由」があるとして、原審判を取り消し、変更を許可した事例（高松高決平成九・一〇・一五家月五〇巻三号四二頁）。

2　正当事由がないとされた事例

(1)　特定の寺の住職として寺を管理運営するのではなく、いわゆる在家出家と称され、僧侶となっても日常生活、社会生活上何ら具体的な変動はない等判示事情の下では、戸籍法第一〇七条（現一〇七条の二）にいう正当な事由があるとは認められないとして申立てを却下した事例（新潟家三条支審昭和四四・一二・二三家月二二巻六号九六頁）。

(2) 度牒〔注〕を受け、あるいは得度（剃髪・染衣して仏門に入ること）して僧になり僧名を称することになったとしても、現に宗教活動を行なわず、また宗教活動に従事するとしても、それぞれ社会生活ないし社会活動の一部をなすにとどまり、一般的社会的にみて宗教生活を送っていると認められない場合には、僧名に変更するに足る正当な事由がないとして申立てを却下した事例（大阪家審昭和四六・二・九家月二三巻一〇号八九頁）。

〔注〕「度」は得度の意で、得度後、受戒（仏の定めた戒律を受けること）した際に授けられる戒牒とともに僧尼が所持しなければならない証明書

(3) 申立人は普通高校二年生（一六歳）であり、日常仏事に携わることはほとんどなく、得度して度牒を授与されたことの意義を十分に理解していないこと、申立人にとってそれは単に形式だけで実質を伴っていないことなど判示事情の下においては、度牒を授与されても名の変更をしなければ困る事情は認められず、申立人が今後僧侶と呼ばれるにふさわしいよう宗教上の研さん修業を積む予定であっても、若年の申立人が将来必ず僧侶になるとも断定できないとして申立てが却下された事例（新潟家長岡支審昭和四六・一一・二六家月二五巻一号九九頁）。

六　営業上の目的からの襲名

1　正当事由があるとされた事例

過去三五〇年の永きにわたる父祖伝来の家業について、歴代の当主が本件申立てにかかる名を襲名しており、

得意先に対する営業公告にもその氏名の者が経営を統括することを明記し、それによって会社の信用の維持、拡大を図っており、また、取引先と認められる二五の商店、会社等がいずれもその伝統と特色を持ち続けることを望み、その上に取引の信用が成り立っている等判示事情の下においては、名を変更する正当な事由があるとして原審判を取り消し、変更を許可した事例（東京高決昭和四四・六・一一家月二一巻二号四九頁）。

2　正当事由がないとされた事例

襲名による名の変更は、先代の死亡により職業を承継するとかその地方の慣習として世帯の代表者としての呼称のため欠くことができないというような特別な事情があって、襲名をしなければ日常生活上著しい支障を生ずるおそれがある場合は格別、先祖代々長男の地位にある者が家督相続に伴い襲名する慣行があるというだけでは正当な事由があるとはいえないとして、申立てを却下した事例（大阪家審昭和四六・二・二三家月二三巻一一・一二号一一六頁）。

七　性同一性障害者の名の変更

(1)　正当事由があるとされた事例

性同一性障害者である抗告人が、社会生活上、自己が認識している性別とは異なる男性として振る舞わなければならず、男性であることを表す戸籍上の名を使用することに精神的苦痛を感じていると認められ、抗告人に戸籍上の名の使用を強いることは社会通念上不当であると認められる一方、名の変更によって職場や社会生活に混乱が生じるような事情もみあたらないことからすれば、変更後の名の使用実績が少ないとしても、抗告人の名を変更することには正当な事由があるとして、原審判を取り消し、変更を許可した事例（大阪高決平成二一・一一・一〇家月六二巻八号七五頁）。

(2)　抗告人は、性同一性障害者であって、日常は女性として生活しており、抗告人の戸籍上の名が男性であることを示すものであるため、性別アイデンティティーの維持や社会生活における本人確認等に支障を来していること、抗告人は、性同一性障害に関する治療のガイドラインに沿ってホルモン療法を受けており、最終的には性別の取扱いを変更する予定であること、抗告人は女性と受け取られる通称名を少なくとも九か月間余り使用していること、抗告人は現在失職中であり名の変更によって社会的な混乱が発生するとは考え難いことなど判示の事情の下では、抗告人について名を変更しなければ社会生活上著しい支障があるということができ、他方で、抗告人に未成年の子がいるため当分は性同一性障害者の性別の取扱いの特例に関する法律に基づく性別の取扱いの変更が認められないとしても、抗告人の名の変更により上記未成年の子の福祉に悪影響が生ずる具体的なおそれがあるとはうかがわれないことからすると、抗告人の名の変更については「正当な事由」があるとして、原審判を取り消し、変更を許可した事例（高松高決平成二二・一〇・一二家月六三巻八号五八頁）。

八　その他

1　正当事由があるとされた事例

戸籍上の氏名の使用が、申立人に幼少時に受けた性的虐待の加害者である近親者及び加害行為を想起させ、強い精神的苦痛を与えることなどの事実に照らせば、戸籍上の氏名の使用を申立人に強制することは、申立人の社会生活上も支障を来し、社会的に見ても不当であると解するのが相当であるとして、氏及び名の変更をともに許可した事例（大阪家審平成九・四・一家月四九巻九号一二八頁）。

2　正当事由がないとされた事例

かつて暴力団に所属していたことがある者から申し立てられた名の変更許可申立事件において、申立人が役員をしている会社が申立人の過去の履歴により営業上の支障や不利益を受けたことを示す証左は見いだせず、また、申立人は、約五年前に母の氏を称する入籍届により氏を変更しており、比較的、短時日のうちに、氏、名を共に変更することは、人の同一性の認識についての国家・社会の利益を、正当な理由なく損なうことになるとして、申立てを却下した事例（仙台家審平成一一・一・五家月五一巻八号六二頁）。

問58　戸籍法第一〇七条の二の規定に基づいて名の変更の届出があった場合に、変更後の名が制限外の文字を用いたものであるときは、受理できるか。

答　戸籍に記載された名を変更するにつき戸籍法第一〇七条の二の規定に基づく名の変更届は、家庭裁判所において「正当な事由」があると判断され、許可審判がなされたものであるから、変更後の名に制限外の文字を用いたものであっても、その許可審判書の謄本が添付された届出であれば、これを受理して差し支えないとされている。

解説

一　戸籍法第五〇条（子の名に用いる文字）及び戸籍法施行規則第六〇条（常用平易な文字の範囲）の規定は、出生の届出に際して子の名に用いる文字を制限する規定であるが、出生の届出以外に、帰化の届出（戸一〇二条の二）、名の変更の届出（戸一〇七条の二）、又は就籍の届出（戸一一〇条）のように、ある者の戸籍に記載する名を決定することになる届出についても同様に制限をするのが望ましいと考えられる。

しかし、右の各届出についてはもとより、出生の届出についても、事案によっては名に制限外の文字を用いる必要性があり、その妥当性がある場合がある。そこで、昭和五六年九月一四日民二第五五三七号通達により例外的に名に制限外の文字を用いて差し支えない届出として、四例を挙げている。すなわち、①親子関係不存在確認等の裁判に基づく戸籍訂正によって戸籍を消除された子について、従前の名と同一の名を記載してする出生届（従前の名の文字が誤字又は俗字であるときは、それを正字に訂正したものに限る。）、②出生後長年月を経過し、相当の年齢に達した者について、卒業証書、免許証、保険証書等により社会に広く通用していることを証明できる名を記載してする出生届（前記の①の括弧書と同じ。）、③就籍の届出、④名の変更の届出の四例であり、これらは限定的に列挙したものと解されている。

二　戸籍法第一〇七条の二の規定による名の変更において、子の名には常用平易な文字を用いるべきものとしている戸籍法第五〇条第一項の趣旨は、家庭裁判所における改名についての「正当な事由」の有無の判断に際しても尊重すべきものとされている。すなわち、右の判断の指針として示された昭和二三年一月三一日民事甲第三七号最高裁判所事務局民事部長回答において、「改名の場合でも新たな名は、戸籍法第五〇条の規定にかんがみ、同条にいう平易な文字を用いるものである」旨述べている（問55参照）。その後の戸籍法第一〇七条の二の規定に基づく名の変更許可の審判例の多くが、同様の見解であり、その一例として、「子の名には常用平易な文字を用いるべきものと規定する戸籍法五〇条一項の立法の趣旨は、改名についての「正当な事由」の有無の判断に際しても尊重されるべきものであるから、戸籍法施行規則六〇条所定の文字以外の文字を用いた通名を長期間にわたって使用し右通名を戸籍上の正式な名としなければ社会生活上著しい支障を来すような状況にまで達し、しかも、右通名に用いられている文字が常用平易な文字の概念から著しく逸脱していない場合でない限り、改名の正当事由は認められないと解すべきである」旨判示している（東京高決昭和五三・一一・二家月三一巻八号六四頁）。そして、戸籍法施行規則第六〇条に規定する制限外の文字を用いた名に変更を認めた審判例の中には、その理由として、「戸籍法五〇条一、二項、戸籍法施行規則六〇条の規定は、子が出生したときに子につける名に用いる文字について定めたものであり、右の規定の趣旨は、名を変更するについても類推さるべきであると解されるけれども、戸籍法施行規則六〇条所定の常用平易な文字以外の文字といえども、抗告人が主張する如き社会生活をするにつき必要があるとき、または永年にわたり右所定外の文字をもってこれを通名として使用してきたため、にわかに戸籍上の名を使用することが却ってその人の同一性に対する認識を害し、ひいては右通名をもって戸籍上の名とする方がその者に対する認識を確実にするのみならず、本名と通名の併用によってその社会生活上諸種の不便不利益を受けるような場合には、右所定外の文字が珍奇難解なものでない限り、そのような名の変更についても正当事由があるものと解するのが相当である。」と判示したものもある（名古屋高決昭和五二・一二・一九家月三〇巻六号一〇〇頁）。

三　右のように、子の名に使用できる文字については制限があり（戸五〇条、戸規六〇条）、出生の届出に際してはこの制限に反することはできない。しかし、名の変更については、家庭裁判所において個々の事案について「正当な事由」があるか否かを審理した上で、名を変更することが本人にとっても、また、社会にとっても利益になると判断し、制限外の文字を使用する必要性や妥当性があるとして変更許可がなされた場合には、これを尊重すべきものである。戸籍事務の取扱いでは、前述**一**の④に示されているように、戸籍法第一〇七条の二の規定に基づいて名の変更の届出があった場合は、変更後の名が制限外の文字を用いたものであっても、これを受理して差し支えないものとされている。

問59　名の変更の効力は、いつ生ずるのか。

答　名を変更しようとする者が家庭裁判所の許可を前提として戸籍の届出をし、それが受理されたときに名の変更の効力が生ずる。

解説　旧法当時における改名については、改氏の場合と同様に、地方行政庁（都道府県知事又はその権限の委任を受けた市町村長）の許可そのものによって効力を生ずるものとされ、したがって、その届出は報告的届出であった（明治一九年内務省令一九号四条、明治三一年戸籍法一六四条、大正三年戸籍法一五三条）。これに対し、現行法による名の変更の効力は、氏変更の場合と同様に、家庭裁判所の許可審判の確定によって生ずるのではなく、名の変更届が市町村長によって受理されることによって初めて生ずる。したがって、この届出はいわゆる創設的届出に属するものであるから、家庭裁判所の許可審判があってもその申立人に届出義務が生ずるわけではない。

また、市町村長は、届出に関する一般的要件を具備しない届出は受理できないが、名変更の事由である「正当な事由」の有無については専ら家庭裁判所の判断事項であるから、これに立ち入って受理を拒むことはできない。

第三　名の変更届及び戸籍の処理

一　届出の諸要件

問60　名の変更届の届出期間、届出地、届出人及び添付書類について、どのように定められているか。

答　名変更の届出は、名を変更しようとする者が、家庭裁判所の許可を得た上、その審判書の謄本を添付して事件本人の本籍地又は届出人の所在地にすることができるものとされている。なお、この届出は、いわゆる創設的届出であるから届出期間の定めはない。

解説

1　届出期間

名の変更は、家庭裁判所の許可によって効力が生ずるのではなく、名変更の届出が市町村長に受理されて初めてその効力が生ずる、いわゆる創設的届出であるから、届出期間の定めはない。

2　届出地

名変更の届出地について特則規定はないから、届出地の一般原則である戸籍法第二五条の規定により、名を変更しようとする届出事件の本人の本籍地のほか届出人の所在地で届出をすることができる。

3　届出人

名を変更しようとする者が事件本人であり、その者が届出人となる。しかし、本人が一五歳未満であるとき、又は意思能力を欠くときには、その法定代理人から届出をすることが認められる（戸三一条）。

4　添付書類

家庭裁判所の名変更許可の審判書の謄本を添付する必要がある。なお、名変更の「許可」の審判に対しては即時抗告は許されていないので（家事二三一条参照）、確定証明書の添付を要しない（なお、申立てを却下する審判に対しては、申立人から即時抗告をすることができる。——家事二三一条二号）。

問61　名を変更しようとする者が未成年の場合、家庭裁判所への許可審判の申立て及び戸籍の届出は、だれがするのか。

答　名を変更しようとする者が未成年であっても、既に満一五歳に達しているときは、本人自身が家庭裁判所の許可を得るとともに、戸籍上の届出をすべきである。また、その者が一五歳未満であるときは、その法定代理人が代わってこれらの手続をしなければならない。

解説

一　一五歳以上の未成年者の場合

1　当事者能力・手続行為能力

家事事件の手続における当事者能力（当事者となることのできる一般的資格）については、民事訴訟法の規定が準用され、未成年者であっても当事者能力を有することとなる（家事一七条、民訴二八条・二九条）。また、手続行為能力（審判や調停の申立て等、手続上の行為をすることができる能力）についても、民事訴訟法の規定が準用されており、民事訴訟において訴訟能力が制限される未成年者は、原則として、家事事件における手続行為能力も制限され、法定代理人によらなければ手続行為をすることができないこととなる（家事一七条、民訴二八条・三一条）。

しかし、家事事件の場合には、本人の身分関係が問題となる場合など、できるだけ本人の意思を尊重すべき類型の事件があり、そのような事件においては、未成年者及び成年被後見人等であっても意思能力を有する限り、自ら手続行為をすることが認められている（家事一一八条等）。そして、名の変更についての許可の審判事件についても、意思能力を有する未成年者は、自ら手続行為をすることができるとされており（家事二二七条・一一八条）、名を変更しようとする者が未成年であっても、満一五歳に達しているときは、本人自ら許可審判の申立てをすべきことになる（家事一八条、金子修『逐条解説家事事件手続法』五一頁・三七六頁・六九二頁、同『一問一答家事事件手続法』六九頁参照）。

2　名変更の届出能力

名の変更届も、広義の身分上の行為に当たるため、名の変更をしようとする者が未成年であっても満一五歳に達しているときは、本人自ら家庭裁判所の許可審判を得て、戸籍の届出も本人がすべきである。したがって、法定代理人が代わって届け出ることは原則として許されない。

二　一五歳未満の未成年者の場合

名を変更しようとする者が一五歳未満であるとき、又は一五歳以上であっても意思能力を欠くときは、その法定代理人が代わって家庭裁判所の名変更の許可審判を得た上、戸籍上の届出をしなければならない（家事一七条、大正七・一〇・四民一〇八二号回答）。本人が父母の共同親権に服しているときは、これらの手続は父母双方からすべきであるが、仮に共同親権者である父母の一方のみから家庭裁判所に対し名変更許可審判の申立てをし、その許可があった場合でも、戸籍の届出は父母の双方からすべきものとされている（昭和二五・六・一六福島地方法務局管内戸協決）。もし、この場合に父母の一方のみからした届出が誤って受理された場合、その届出は本来無効であるが、後日、届出人とならなかった父又は母から、先の届出人である父又は母と共に届け出る旨の追完届がなされたときは、これを有効として取り扱って差し支えないとされている（昭和二六・一〇・一七民事甲一九五九号回答）。

二　届出の審査

問62　名の変更届が窓口に提出された場合、審査のポイントは何か。

答　名の変更届を審査するに当たって留意すべき主要な事項は、後述（解説）のとおりである。

解説

一　家庭裁判所の名変更許可の審判書謄本の添付

名を変更しようとする者は、まず、前提として家庭裁判所の名変更の許可審判を得、その審判書の謄本を添付しなければならない。この家庭裁判所の許可を得ていない名変更の届出は無効とされるから、受理することはできない。したがって、この審判書謄本の添付の有無を確認の上受否を判断しなければならない。なお、外国の裁判所による名変更の裁判があっても、これに基づく届出は受理できないことは、氏変更の場合と同様である（**問13**及び**問46**の一の2参照）。

二　名を変更しようとする者が未成年である場合の届出人

1　名を変更しようとする者が一五歳以上の未成年者である場合は、本人から届け出ることを要する（**問61**の一参照）から、届出の受理に当たっては、届書（「名を変更する人の氏名」欄）の届出人の出生年月日の記載により、これを確認することを要する。この場合、法定代理人から届け出られているときは、本人から届出をするよう指導し、届書を未成年者本人からの届出に補正させた上で受理すべきである。もし、法定代理人からの届出を誤って受理した場合は、その届出は効力を生じないから、この届出に基づく戸籍の記載は訂正しなければならない（昭和二〇・一一・七民事特甲五二五号回答）〔注〕。

2　名を変更しようとする者が一五歳未満であるときは、その法定代理人が代わって家庭裁判所の名変更の許可を得るとともに、戸籍の届出をすることを要するから、届書の届出人欄の記載によりその当否を確認する必要がある。

三　届出人の署名押印が変更前の名でなされていること

名の変更は、届出の受理によって初めて効力を生ずる、いわゆる創設的届出であるから、届書の届出人の名は変更前の名で届け出るべきである。もっとも、変更後の名で届け出られた場合であっても、氏変更の届出の場合におけると同様に、あえてこれを補正させる必要はないとされている（戸籍実務研究会編『初任者のための戸籍実務の手引き（改訂新版第六訂）』二九四頁）。

四　名を変更しようとする者の子について、父母欄の名を更正する旨の「その他」欄の記載

名を変更しようとする者に子がある場合、その子の父母欄の記載を更正するには、届書の「その他」欄に、同籍する子については「同じ戸籍にある長男信夫」のように父母との続柄及び名を、他の戸籍にある子については「兵庫県神戸市生田区元町通三丁目七番地甲山治郎戸籍のゆり」のように、その属する戸籍の表示及び名等の記載を要するので（昭和二六・一二・二〇民事甲二四一六号回答参照）、届書にこの記載の遺漏がないよう留意する必要がある。

〔注〕　名を変更しようとする者が一五歳に達している場合に、その法定代理人からなされた名変更届が誤って受理されたときは、戸籍記載の前後にかかわりなく、本人から「自ら届出をする」旨の追完届が認められる（昭和三二・一二・二六民事甲三八一一号回答）。

三　戸籍の処理

問63　名の変更届を受理した場合、どのような戸籍の処理をするのか。

答　名の変更届に基づく戸籍の処理は、後述（解説）のとおりである。

解説

一　名変更の届出を受理したときは、これに基づいて本人の戸籍の身分事項欄に「平成五年弐月拾六日名の変更届出㊞」（法定記載例一九六）〔**注1**〕の振合いで、また、一五歳未満の者について、その法定代理人が代わって届出をした場合は「平成五年五月拾日名の変更親権者父母届出㊞」（参考記載例一九一）〔**注2**〕の振合いで名の変更に関する事項を記載した上、名欄の名の記載を更正する（戸規三五条一四号、記載例2（二一九頁～二二三頁）参照）。名を変更する者が筆頭者である場合には、名欄のほかに筆頭者氏名欄の名も更正することになる（戸規附録第九号及び第二七号様式「第二　一部の訂正」、記載例1（二一一頁～二一八頁）参照）。

〔**注1**〕　コンピュータシステムによる証明書記載例は、次のとおりである（法定一九六）。

名の変更	【名の変更日】平成5年2月16日 【従前の記録】 　【名】鎮吉

〔**注2**〕　コンピュータシステムによる証明書記載例は、次のとおりである（参考一九一）。

名の変更	【名の変更日】平成5年5月10日 【届出人】親権者父母 【従前の記録】 　【名】五雄

二　名を変更した者に子がある場合、変更後の父又は母の名と子の父母欄の名の記載が一致しなくなるから、これをできるだけ速やかに更正し、その身分関係を明確にしておくことが望ましい。そこで、名変更の届書の「その他」欄に、父母欄の名の更正を要する子の氏名、戸籍の表示及び父母との続柄を記載することを要するものとされ（問62の四参照）、これに基づいて市町村長は職権で父母欄の記載を更正することとされている。なお、右の場合に、父母の名の変更に伴って、他の市町村に在籍する子の父母欄を更正するときは、子の本籍地の市町村長は、受理地から送付された名変更の届書の「その他」欄に記載された父母欄の更正の旨の申出を職権発動を促す資料として、職権によって処理することとなる（昭和二六・一二・二〇民事甲二四一六号回答、昭和二七・二・一三民事甲一三三号回答、昭和二九・九・一民事甲一七九一号回答等）。

名の変更届書に、子の父母欄を更正する旨の記載がなかったため、その処理がされなかった場合、後日、その旨の追完届又は市町村長の職権に基づいて更正することができる（昭和一二・四・七民事甲三七一号回答）。

三　夫婦の一方が名を変更した場合に、その変更の届出と同時又は届出後に他の一方の婚姻事項中配偶者の名を変更後の名に更正する旨の申出があった場合は、市町村長限りの職権でその記載を更正して差し支えないとされている（問65参照）。

なお、この場合の戸籍の記載は「夫（妻）名変更につき年月日婚姻事項中夫（妻）の名更正㊞」の振合いで差し支えなく、その後の転籍等による新戸籍の編製、他の戸籍への入籍又は戸籍の再製により婚姻事項を移記する場合は、名の記載の更正事項は移記を要しないものとされている（平成四・三・三〇民二―一六〇七号通達）。コンピュータシステムによる証明書記載例は、次のとおりである。

婚　　姻	【婚姻日】平成　　年　　月　　日 【配偶者氏名】甲野五郎 【従前戸籍】京都市上京区小山初音町１８番地　乙野忠治
更　　正	【更正日】平成　　年　　月　　日 【更正事由】夫名変更 【従前の記録】 　【配偶者氏名】甲野五雄

問64　**転籍等の際に戸籍に誤記された名を永年使用している者について、その永年使用している名に変更する旨の家庭裁判所の許可があり、その者から名変更の届出があった場合に、戸籍に記載する名の変更事項は法定記載例一九六の振合いでよいか。**

答　この場合は、平成六年一一月一六日民二―七〇〇五号通達による法定記載例の改正後においても、戸籍の公示上変更の前後を明らかにする意味で、従前の例により「年月日名「花」を「花子」と変更届出㊞」の振合いで記載して関係人の便宜にかなうよう配慮する必要があると考えられる。

解説

名の変更事項は、その者の身分事項欄に記載され、その者が新戸籍を編製する場合や他の戸籍に入籍する場合には氏の変更事項と同様に移記事項とされている（戸規三五条一四号・三九条一項八号）。その理由は、従前の戸籍と現在の戸籍の関連を明らかにし、氏又は名を変更した者の同一性及び同一人の確認を容易にすること等を目的としているものである。

一　氏名の変更届による変更事項の記載例には、次のような変遷があった。すなわち、昭和四五年（法務省令八号）の改正前における氏の変更事項は「氏「我謝」を「若狭」と変更義太郎同人妻梅子届出年月日受附㊞」、名の変更事項は、「名「錬吉」を「鉄吉」と変更届出年月日受附㊞」の各振合いで記載されていたが、昭和四五年の改正省令では「年月日氏を「若狭」と変更届出㊞」、「年月日名を「鉄吉」と変更届出㊞」の各振合いのように変更後の氏又は名のみを表記することに改正された。この際の改正理由は、変更の前と後の氏又は名を記載することは、従前の氏又は名が常に移記事項として戸籍に表示され、プライバシーの面で問題があることから、変更後の氏又は名のみを記載することとされたものである。しかし、氏又は名の変更事項に記載される変更後の氏又は名は、現在の戸籍に記載されている氏又は名と同一であり、これを記載する実益がないことから、昭和五九年（法務省令四〇号）の改正記載例において、氏の変更事項について「年月日戸籍法百七条一項の氏変更届出㊞」の振合いで記載することに改められた。そして、名の変更事項については、平成六年（法務省令五一号）の記載例の改正省令により「年月日名の変更届出㊞」（法定記載例一九六）の振合いに改められたものである。

二　ところで、設問の場合は、従前の戸籍に記載されていた名が、例えば「花」であった者が、転籍の際に「花子」と誤記され、本人もその後「花子」という名を永年使用してきたため、家庭裁判所に名変更の許可審判を求め、通名の「花子」に変更する旨の許可を得て届出をしてきたときの戸籍に記載する変更事項の振合いの問題である。通常、名の変更届があった場合には、前述のとおり本人の現在の戸籍の身分事項欄に法定記載例一九六（平成六年の改正後の記載例）により変更事項を記載し、名欄の名を更正することになるが、これは、現在の戸籍に記載されている名を変更する場合であるから、変更事項の中に従前の名及び変更後の名を記載しなくても、更正処理後の名欄によって明らかであり（戸規附録第九号様式「第二　一部の訂正」参照）、変更前と変更後の名は容易に知ることができる。しかし、設問の場合のように、家庭裁判所の名変更の許可は、従前の（転籍前）の戸籍に記載されていた名「花」を前提として、転籍後の現在戸籍に記載されている名「花子」に変更することを認めたものであるが、現在の戸籍面上で見る限り、変更前も変更後も同一の名ということになるので、戸籍の公示上、果たして妥当かどうかの問題がある。このような場合には、公示上、変更される従前の名が、現在の戸籍面において明らかでなければならないから、従前の例により「年月日名「花」を「花子」と変更届出㊞」の振合いで記載して変更の前後を明らかにする配慮をする必要があると考えられ、それが関係人の便宜にかなうことになると考えられる（「戸籍法施行規則の一部を改正する省令の施行等に伴う関係通達の整備について（平成六年一一月一六日付け法務省民二第七〇〇五号民事局長通達）等の解説」戸籍六二八号一〇五頁参照）。

なお、右の名変更後に、事件本人について新戸籍が編製され、又は他の戸籍に入る場合に、この変更事項を移記するときは（戸規三九条一項八号）、法定記載例一九六のとおりで差し支えないであろう。

問65　夫婦の一方が名を変更した場合に、他の一方の婚姻事項中配偶者の名を変更後の名に更正する旨の申出は認められるか。その更正が認められるとしたら、どのような理由でその取扱いが認められているのか。

答　申出により、市町村長限りの職権で婚姻事項中配偶者の名を変更後の名に更正することが認められる。右の取扱いが認められる理由は、後述（解説）のとおりである。

解説

一　夫婦の一方が、戸籍法第一〇七条の二により名を変更した場合、その者の身分事項欄に「　年　月　日名の変更届出㊞」（法定一九六）と記載され、名欄の従前の名の文字の横に変更後の名を記載し、従前の名の文字は縦に朱線を一本引いて消除する取扱いである（戸規四四条・附録第九号様式「第二　一部の訂正」。なお、コンピュータシステムにおける証明書記載例は問63の一〔注1〕参照）。また、名を変更する者が戸籍の筆頭者であるときは、筆頭者氏名欄の従前の名も、その文字の横に変更後の名を記載し、同様に名の文字に縦に朱線を一本引いて消除することとされている（この場合、戸籍事項欄には名の更正事由の記載は不要である。）。そして、名を変更した者の戸籍に同籍する子若しくは異籍の子が在るときは、名の変更届書の「その他」欄に、例えば、「同籍の長男・啓太郎の父母欄を更正する」旨の申出をすることにより、その子の父母欄中の父（母）の名を更正することができるとされている（昭和二六・一二・一〇民事甲二四一六号回答）。なお、名（氏）の変更届書（届書標準様式）の「その他」欄には、「次の人の父母欄の名（氏）を更正してください」とあらかじめ表示されているので、その箇所に記載することになる。

二　婚姻後に戸籍の筆頭に記載した者が名を変更した場合に、筆頭者氏名欄に記載された者の名と、その配偶者の婚姻事項中の夫（又は妻）の名と相違することになるが、その戸籍全体を見る限り筆頭者の身分事項欄に記載された名の変更事項及び名欄、筆頭者氏名欄の名の文字の更正処理の状況から、その関連性は明らかである。しかし、筆頭者の配偶者が自分の戸籍抄本を提出する必要がある場合に、筆頭者氏名欄の名が、妻（又は夫）の婚姻事項中の筆頭者である夫（又は妻）の名と相違し、その関連性が不明確であることから不都合を生ずることもあると考えられる。

また、筆頭者の配偶者が名を変更した場合に、戸籍の筆頭者が自分の戸籍抄本の交付を受けた場合は、配偶者の身分事項欄は謄写されないので、筆頭者の身分事項欄に記載された婚姻事項中その妻（又は夫）の名について特に問題となることはないであろうが、戸籍謄本の交付を受けた場合には、妻（又は夫）の名欄の名と夫（又は妻）の身分事項欄に記載された婚姻事項中妻（又は夫）の名とが相違することから、不都合を生ずることもあり得る。

もっとも、名を変更した妻（又は夫）の身分事項欄に記載された名の変更に関する事項及び名欄の文字の更正処理の状況から、変更の前後の名を読み取ることができ、その関連性は明らかになるはずであるが、その戸籍の転籍後に交付される謄本では、名欄は変更後の名だけが記載されていることから一見しただけでは変更の前後の名の関連性が明らかにされない。

三　1　ところで、夫婦の一方が名を変更した後、転籍等により新戸籍を編製する場合、婚姻事項は移記事項とされており（戸規三九条一項八号）、その婚姻事項中配偶者の名は従前のまま移記するのが原則的な取扱いである。これは、名の変更事項は、本来その事件本人のみに関する事項であり、また、配偶者の婚姻事項中の夫（又は妻）の名は、婚姻当時における夫（又は妻）の名として正当なものであるから、これを更正する必要はないと考えられるからである。しかし、戸籍の公示上、一見して変更前後の名を明瞭にし、あるいは、配偶者の名が誤記されているものか否かを明らかにしておくことが望ましいといえる。その方法として、新戸籍を編製する事由となる届出と同時に、配偶者の変更後の名を記載してほしい旨の申出があったときは、婚姻事項を移記する際に、「年　月　日甲野啓太（啓太郎と改名）と婚姻届出…㊞」のように移記して差し支えないという取扱いもなされていた（昭和四一・九・一三～一四新潟県戸住協決）。

2　また、名の変更があった後に、新戸籍を編製する場合又は他の戸籍に入籍する場合、名欄には変更後の名を移記するため、身分事項欄に名の変更に関する事項が記載されていないと、その者が同一人でありながら名変更の前と後との関連性が明らかにされないことから生ずる不都合が予想される。そのため、名の変更に関する事項は、移記を要する重要な身分事項とされている（戸規三九条一項八号、昭和二五・一〇・一〇民事甲二七二〇号回答参照）。この名の変更に関する戸籍の記載は、従前は「…其名銕吉ヲ鉄吉ト変更届出…㊞」のように変更前と変更後の名を記載する取扱いとされていた（大正四・一・一～昭和二二・一二・三一）〔注1〕し、これは新戸籍又は入籍戸籍に移記されたから（大正三年戸細一五条）、名変更の前と後との関連性は自ずから明らかになった。ところが、その後、昭和四五年記載例（昭和四五年法務省令第八号・同年七・一施行）では、「…名を『鉄吉』と変更届出…㊞」のように変更前の名は記載しない振合いに改められた。この改正の理由は、名の変更事項は移記事項とされているため、改正前の記載例では変更前の名が常に現在の戸籍で判明することになる結果、例えば、変更前の名が珍奇なものであるとして名の変更が認められたような場合、名の変更事項においてその変更前の名が明らかにされるというのでは、せっかく名を変更した者のプライバシーの保護に欠けることになることから、これを改善することとされたものである（戸籍二八四号二八頁）。さらに平成六年法務省令第五一号により記載例の一部が改正され、名の変更に関する事項は「　年　月　日名変更届出㊞」の振合いに改められた。つまり、名の変更事項に記載される変更後の名は、現に戸籍に記載されている名と同一であり、これをあえて記載する実益がないことから、氏の変更の場合と同様に（氏の変更については、既に昭和五九年法務省令第四〇号により変更後の氏を記載しないことに改められている。）、変更後の名を記載しないこととされたものである。

3　名の変更に関する戸籍の記載例には、右のような変遷があるが、昭和四五年記載例以後においては、変更前の名は変更事項に記載されないし、それ以前の記載例によって戸籍に記載された名の変更事項も、新戸籍を編製する場合等の移記については現行記載例によることになるため（昭和四五・六・一六民事甲二七五七号通達）変更前の名は新戸籍には記載されない〔注2〕。

そうすると、前述のとおり、名の変更があった後に、婚姻、縁組、転籍等による新戸籍又は入籍戸籍の身分事項欄に移記する名の変更事項には、変更前の名も変更後の名もともに記載されない上、名欄には変更後の名を移記することになるため、その者が同一人であるのに、名変更の前と後との関連性が明らかでなく、戸籍の公示上不都合を生ずることがあり得る。

四　このように、戸籍上の記載が、当事者及びその関係者に不都合を生ずることがあるとすれば、夫婦の一方が名を変更した場合において他の一方の婚姻事項中その配偶者の名は、婚姻当時の名として正当であるとしても、その更正を認めることの方が、戸籍の公示機能をより高めることになると考えられる。

そこで、転籍等により新戸籍を編製する場合に、その届出と同時に括弧書で配偶者の変更後の名を記載してほしい旨の申出をしなかったため、その取扱い（前述三の1参照）もなされていない場合において、名を変更した者の配偶者から婚姻事項中の夫（又は妻）の名を変更後の名に更正されたい旨の申出があったときは、これを認めて市町村長限りの職権でその記載の更正をして差し支えないものとされた（平成四・三・三〇民二―一六〇七号通達）。

なお、その申出の時期は、名の変更届と同時に、又は名変更の届出後に、あるいは新戸籍編製の事由となる届出と同時のいずれでもよいが、その具体的な取扱いは、次のとおりである（新谷雄彦・前掲通達の「解説」戸籍五九二号一七頁）。

1　名の変更届と同時に、申出があった場合〔注3〕はこれを更正し、その者の身分事項欄に「夫（又は妻）名変更につき　年　月　日婚姻事項中の夫（又は妻）の名更正㊞」の振合いで更正事項を記載する。なお、コンピュータシステムによる証明書記載例は、次のとおり。

婚　姻	【婚姻日】平成　年　月　日 【配偶者氏名】甲野五郎 【従前戸籍】京都市上京区小山初音町18番地　乙野忠治
更　正	【更正日】平成　年　月　日 【更正事由】夫名変更 【従前の記録】 　【配偶者氏名】甲野五雄

2　名の変更届出後に申出があった場合も、1と同様の処理をする。

3　転籍等の届出と同時に申出があった場合は、従前の戸籍でこれを更正し（平成二・一〇・一〇民二―五二〇〇号通達第3の4参照）、1と同様の振合いで更正事項を記載する。

五　右のような取扱いによって婚姻事項中その配偶者の名を更正した者について、その後転籍等によって新戸籍を編製又は他の戸籍への入籍等によって婚姻事項を移記する場合は、名の変更事項を移記する必要はなく、更正後の名で移記することになる（平成四・三・三〇民二―一六〇七号通達）。

〔**注1**〕　名変更の記載例の変遷

1　明治三一年記載例（明治三一年司法省訓令第五号）

「明治参拾壱年八月壱日改名同月五日届出同日受附㊞」

2　大正四年記載例（大正三年司法省令第七号）

「大正四年八月拾六日附許可ニ因リ其名『義太郎』ヲ『義敬』ト変更届出同月拾八日受附㊞」

3　昭和二三年記載例（昭和二二年司法省令第九四号）

「名『銕吉』を『鉄吉』と変更届出昭和弐拾四年弐月拾四日京都市上京区長受附同月拾六日送付㊞」

4　昭和四五年記載例（昭和四五年法務省令第八号）

「昭和四七年弐月拾四日名を『鉄吉』と変更届出㊞」

5　平成六年記載例（平成六年法務省令第五一号）

（紙戸籍の記載例）

「平成五年弐月拾六日名の変更届出㊞」

（コンピュータシステムによる証明書記載例）

名の変更	【名の変更日】平成５年２月１６日 【従前の記録】 　【名】銕吉

なお、転籍等で移記する場合には、次のように【従前の記録】を省略して記載する。

（移記後のコンピュータシステムによる証明書記載例）

名の変更	【名の変更日】平成５年２月１６日

〔注２〕　戸籍の筆頭に記載した者が名を変更した場合は、昭和三六年一〇月二六日民事甲第二六八二号通達により取扱いが変更されるまでは、身分事項欄に名の変更事項を記載するとともに、戸籍事項欄にも名の変更事項を記載することとされていた。

〔注3〕　夫婦の一方が名の変更届をすると同時に、他の一方の婚姻事項中配偶者の名を更正する旨の申出をする場合は、同届書の「その他」欄に、「妻の婚姻事項中夫の名を変更後の「鉄吉」と更正されたい。妻甲野梅子㊞」の振合いで記載することで足りる。

問66　戸籍の筆頭者である者が相手方の氏を称して婚姻し、その婚姻中に名を変更した後、離婚復籍する場合筆頭者氏名欄の名と相違することになるが、これをどのように是正したらよいか。

答　復籍により戸籍の末尾に記載された筆頭者の身分事項欄に移記される名の変更に関する事項に基づいて市町村長が職権で筆頭者氏名欄の名を訂正する。この場合、訂正事由を記載する必要はない。

解説　一　婚姻により氏を改めた者が、離婚によって婚姻前の氏に復するときは、婚姻前の戸籍が除かれていない限り、その戸籍に復籍することができる（戸一九条一項本文）。この取扱いは、婚姻の際に筆頭者であった者でも同じであるから、例えば、婚姻前に同籍していた子が在籍しているため、復籍すべき戸籍が除かれていないときは、復籍によりその戸籍の末尾に記載することになる。

二　この場合、復籍する者が婚姻中に名を変更しているときは、従前の戸籍に記載された名の変更に関する事項は、復籍者の身分事項欄に移記され（戸規三九条一項八号）、名欄には変更後の名で記載される。その結果、復籍戸籍の末尾に記載される筆頭者の名と筆頭者氏名欄の名が相違することになる。

そこで、市町村長は、右戸籍の筆頭者の身分事項欄に移記される名の変更に関する事項の記載に基づき、職権で筆頭者氏名欄の名を訂正することになるが、訂正事由を記載する必要はない。

四　名の変更に関する届出事例及び戸籍記載等の処理例

1　筆頭者の名の変更届を本籍地の市町村長に届け出た場合（戸籍を異にする子の父母欄の名を更正する場合）（二一一頁〜二一八頁参照）

この例は、戸籍の筆頭者の名の変更届をその本籍地の市町村長に届け出た場合である。この届出によって当該事件本人の名欄及び筆頭者氏名欄中の名を更正する。また、届書の「その他」欄に記載された同籍する子の父母欄中父の名も更正するとともに、戸籍を異にする子の本籍地の市町村長に名の変更届書を送付する（**問63**参照）。

2　名の変更届を非本籍地の市町村長に届け出た場合（配偶者の婚姻事項中の名を更正する場合）（二一九頁〜二二三頁参照）

この例は、夫婦のうち戸籍の筆頭者でない者の名の変更届を住所地の市町村長に届け出た場合である。この届出によって当該事件本人の名欄中の名を更正する。また、届書の「その他」欄に記載された申出に基づき、他の一方の婚姻事項中配偶者の名を職権で更正する（**問４**参照）。

3　一五歳未満の者の名の変更届を法定代理人から非本籍地の市町村長に届け出た場合（二二四頁〜二二七頁参照）

この例は、一五歳未満の者についてその法定代理人が家庭裁判所の許可を得た上、名の変更届を住所地の市町村長に届け出た場合である（**問63**参照）。この届出によって当該事件本人の名欄中の名を更正する。

1　筆頭者の名の変更届を本籍地の市町村長に届け出た場合（戸籍を異にする子の父母欄の名を更正する場合）

【届書の記載】

〔図1〕

名の変更届

平成30年２月16日　届出

東京都杉並区 長 殿

受理	平成30年２月16日 第 1072 号	発送 平成30年２月17日
送付	平成30年２月19日 第 1458 号	東京都杉並区 長 印

書類調査	戸籍記載	記載調査	附　票	住民票	通　知
印				印	

（よみかた） 名を変更する人の氏名	（変更前）氏 甲野《こうの》　名 鋉吉《てつきち》	昭和 46 年 12 月 22 日生
住所 ［住民登録をしているところ］	京都市上京区小山初音町 18 番地 ~~番　号~~ 世帯主の氏名 甲野鋉吉	
本籍	東京都杉並区高円寺６丁目７ 番地 ~~番~~ 筆頭者の氏名 甲野鋉吉	
（よみかた） 名	変更前 鋉吉	変更後 鉄吉《てつきち》
許可の審判	平成 30 年 2 月 10 日	
その他	次の人の父母欄の名を更正してください 東京都大田区池上１丁目29番地　乙川三郎戸籍のゆり 添付書面　名変更許可の審判書謄本	
届出人署名押印（変更前の氏名）	甲野鋉吉 印	

届出人

（名を変更する人が十五歳未満のときに書いてください。届出人となる未成年後見人が３人以上のときは、ここに書くことができない未成年後見人について、その他欄又は別紙（様式任意。届出人全員の契印が必要）に書いてください。）

資格	親権者（□父　□養父）　□未成年後見人	親権者（□母　□養母）　□未成年後見人
住所	番地 番　号	番地 番　号
本籍	番地 番　筆頭者の氏名	番地 番　筆頭者の氏名
署名押印	印	印
生年月日	年　月　日	年　月　日

記入の注意　筆頭者の氏名欄には、戸籍のはじめに記載されている人の氏名を書いてください。

【戸籍受附帳の記載】

〔図2〕

一　受理地

受附番号	受理送付の別	受附月日（事件発生月日）	件名	届出事件本人の氏名（届出人の資格氏名）	本籍又は国籍	備考
一〇七二	受理	二月一六日	名の変更	甲野鍈吉	高円寺六丁目七番地	変更後の名「鉄吉」子の父欄更正のため大田区長に届書送付 二月一七日発送

二　戸籍を異にする子の本籍地

受附番号	受理送付の別	受附月日（事件発生月日）	件名	届出事件本人の氏名（届出人の資格氏名）	本籍又は国籍	備考
一四五八	送付	二月一九日	更正（区長職権）	乙川ゆり	池上一丁目二九番地	ゆりの父名変更により父欄「鍈吉」を「鉄吉」と更正 二月一六日杉並区長受附

（注）一について、備考欄には変更後の名を記載する。なお、届出事件本人の氏名欄には変更後の名で記載し、備考欄に「変更前の名『鍈吉』」と記載しても差し支えない。

二について、父の名の変更に伴って他の市町村の戸籍に在籍する子の父欄を更正する場合は、市町村長の職権によって処理することになるので、件名は「名の変更」ではなく、「更正（区長職権）」となる。

【戸籍の記載】

名を変更する者の戸籍

〔図3－1〕

本籍	東京都杉並区高円寺六丁目七番地
氏名	甲野 ~~錬吉~~ 鉄吉

（編製事項省略）

（出生事項及び婚姻事項省略）

平成参拾年弐月拾六日名の変更届出㊞〔法定一九六参照〕

父	甲野一郎
母	花子
	二男
夫	~~錬吉~~ 鉄吉
出生	昭和四拾六年拾弐月弐拾弐日

（注）1　事件本人の名欄の名に朱線を一本施し、その右側に変更後の名を記載する。

2　筆頭者の名変更については筆頭者氏名欄の名をも更正するが、戸籍事項欄にはその更正事項の記載は要しない。

（出生事項省略）
（婚姻事項省略）

父　乙野忠治
母　春子
長女
妻　梅子
生出　昭和四拾八年壱月八日

（出生事項省略）
（婚姻除籍事項省略）

父　甲野銕吉
母　梅子
長女
ゆり
生出　平成七年拾月六日

〔図3-2〕

更正すべき者の戸籍

本籍	東京都大田区池上一丁目二十九番地
氏名	乙川三郎

（編製事項省略）

（出生事項省略）

（婚姻事項書略）

父	乙川武夫
母	松子
	二男
夫	三郎
出生	平成四年九月七日

（出生事項省略）

（婚姻事項省略）

父名変更につき平成参拾年弐月拾九日父欄更正㊞

父	甲野 鉄吉（~~鎌吉~~）
母	梅子
	長女
妻	ゆり
出生	平成七年拾月六日

父	
母	
出生	

〔図３－３〕
名を変更する者の戸籍（コンピュータシステムによる証明書記載例）

（1の1）　全 部 事 項 証 明

本　　　籍 氏　　　名	東京都杉並区高円寺六丁目７番地 甲野　鉄吉
戸籍事項 戸籍編製	（編製事項省略）
戸籍に記録されている者	【名】鉄吉 【生年月日】昭和４６年１２月２２日　　【配偶者区分】夫 【父】甲野一郎 【母】甲野花子 【続柄】二男
身分事項 出　　生	（出生事項省略）
婚　　姻	（婚姻事項省略）
名の変更 〔法定196〕	【名の変更日】平成３０年２月１６日 【従前の記録】 【名】銕吉
戸籍に記録されている者	【名】梅子 【生年月日】昭和４８年１月８日　　【配偶者区分】妻 【父】乙野忠治 【母】乙野春子 【続柄】長女
身分事項 出　　生	（出生事項省略）
婚　　姻	（婚姻事項省略）
戸籍に記録されている者 除　　籍	【名】ゆり 【生年月日】平成７年１０月６日 【父】甲野銕吉 【母】甲野梅子 【続柄】長女
身分事項 出　　生	（出生事項省略）
婚　　姻	（婚姻事項省略）
	以下余白

発行番号

〔図３－４〕
更正すべき者の戸籍（コンピュータシステムによる証明書記載例）

（1の1）　全部事項証明

本　　籍	東京都大田区池上一丁目２９番地
氏　　名	乙川　三郎
戸籍事項 戸籍編製	（編製事項省略）
戸籍に記録されている者	【名】三郎 【生年月日】平成４年９月７日　　【配偶者区分】夫 【父】乙川武夫 【母】乙川松子 【続柄】二男
身分事項 出　　生	（出生事項省略）
婚　　姻	（婚姻事項省略）
戸籍に記録されている者	【名】ゆり 【生年月日】平成７年１０月６日　　【配偶者区分】妻 【父】甲野鉄吉 【母】甲野梅子 【続柄】長女
身分事項 出　　生	（出生事項省略）
婚　　姻	（婚姻事項省略）
更　　正	【更正日】平成３０年２月１９日 【更正事項】父の氏名 【更正事由】父名変更 【従前の記録】 　【父】甲野銕吉
	以下余白

発行番号

2　名の変更届を非本籍地の市町村長に届け出た場合（配偶者の婚姻事項中の名を更正する場合）

【届書の記載】

〔図4〕

名の変更届

平成29年6月12日　届出

東京都中央区 長 殿

受理	平成29年6月12日 第 1256 号	発送	平成29年6月13日
送付	平成29年6月14日 第 2133 号		東京都中央区 長 印

書類調査	戸籍記載	記載調査	附票	住民票	通知
印				印	

（よみかた） 名を変更する人の氏名	（変更前）氏 甲野《こうの》	名 花代《はなよ》	昭和 62 年 2 月 11 日生
住所 （住民登録をしているところ）	東京都中央区日本橋２丁目５番地 ~~番地~~ 番 1 号 世帯主の氏名　甲野義太郎		
本籍	東京都千代田区永田町一丁目２ 番地 ~~番~~ 筆頭者の氏名　甲野義太郎		
（よみかた） 名	変更前 花代	変更後 花子《はなこ》	
許可の審判	平成 29 年 6 月 1 日		
その他	次の人の~~父母欄~~婚姻事項中の妻の名を更正してください 夫　甲野義太郎 ㊞ 添付書類　名の変更許可の審判書謄本		
届出人署名押印 （変更前の氏名）	甲野花代 ㊞		

届出人

（名を変更する人が十五歳未満のときに書いてください。届出人となる未成年後見人が３人以上のときは、ここに書くことができない未成年後見人について、その他欄又は別紙（様式任意。届出人全員の契印が必要）に書いてください。）

資格	親権者（□父　□養父）　□未成年後見人	親権者（□母　□養母）　□未成年後見人
住所	番地 番　　号	番地 番　　号
本籍	番地 番　筆頭者の氏名	番地 番　筆頭者の氏名
署名押印	印	印
生年月日	年　月　日	年　月　日

記入の注意　筆頭者の氏名欄には、戸籍のはじめに記載されている人の氏名を書いてください。

【戸籍受附帳の記載】

〔図5〕

一　受理地

受附番号	受理送付の別	受附月日（事件発生月日）	件名	届出事件本人の氏名（届出人の資格氏名）	本籍又は国籍	備考
一二五六	受理	六月一二日	名の変更	甲野花代	千代田区永田町一丁目二番地	変更後の名「花子」夫義太郎の婚姻事項中、妻の名更正 六月一三日送付

二　本籍地

受附番号	受理送付の別	受附月日（事件発生月日）	件名	届出事件本人の氏名（届出人の資格氏名）	本籍又は国籍	備考
二一三三	送付	六月一四日	名の変更	甲野花代	永田町一丁目二番地	変更後の名「花子」夫義太郎の婚姻事項中、妻の名更正

（注）備考欄には変更後の名、夫の婚姻事項中の妻の名更正の旨を記載する。なお、届出事件本人の氏名欄には変更後の名で記載し、備考欄に「変更前の名『花代』」と記載しても差し支えない。

〔図6－1〕

本籍　東京都千代田区永田町一丁目二番地

氏名　甲野義太郎

平成弐拾五年拾壱月弐拾日編製㊞

（出生事項省略）

花子

平成弐拾五年拾壱月弐拾日乙野花代と婚姻届出東京都千代田区永田町一丁目二番地甲野幸雄戸籍から入籍㊞

妻名変更につき平成弐拾九年六月拾四日婚姻事項中妻の名更正㊞

父　甲野幸雄

母　松子

長男

夫　義太郎

出生　昭和六拾年八月弐拾参日

（出生事項省略）
平成弐拾五年拾壱月弐拾日甲野義太郎と婚姻届出京都市上京区小山初音町
十八番地乙野忠治戸籍から入籍㊞
平成弐拾九年六月拾弐日名の変更届出同月拾四日東京都中央区長から送付
㊞〔法定一九六参照〕

父	乙野忠治
母	春子
	二女
妻	花子（花代を抹消）
生出	昭和六拾弐年弐月拾壱日
父	
母	
生出	

〔図6－2〕
名を変更する者の戸籍（コンピュータシステムによる証明書記載例）

（1の1）　全部事項証明

本　　　籍 氏　　　名	東京都千代田区永田町一丁目２番地 甲野　義太郎
戸籍事項 　戸籍編製	 【編製日】平成２５年１１月２０日
戸籍に記録されている者	【名】義太郎 【生年月日】昭和６０年８月２３日　　【配偶者区分】夫 【父】甲野幸雄 【母】甲野松子 【続柄】長男
身分事項 　出　　生	 （出生事項省略）
婚　　姻	【婚姻日】平成２５年１１月２０日 【配偶者氏名】乙野花子 【従前戸籍】東京都千代田区永田町一丁目２番地　甲野幸雄
更　　正	【更正日】平成２９年6月１４日 【更正事由】妻名変更 【従前の記録】 　【配偶者氏名】乙野花代
戸籍に記録されている者	【名】花子 【生年月日】昭和６２年2月１１日　　【配偶者区分】妻 【父】乙野忠治 【母】乙野春子 【続柄】二女
身分事項 　出　　生	 （出生事項省略）
婚　　姻	【婚姻日】平成２５年１１月２０日 【配偶者氏名】甲野義太郎 【従前戸籍】京都市上京区小山初音町１８番地　乙野忠治
名の変更 　〔法定196参照〕	【名の変更日】平成２９年6月１２日 【送付を受けた日】平成２９年6月１４日 【受理者】東京都中央区長 【従前の記録】 　【名】花代
	以下余白

発行番号

3　一五歳未満の者の名の変更届を法定代理人から非本籍地の市町村長に届け出た場合

【届書の記載】

〔図7〕

名の変更届

平成30年5月10日　届出

東京都小金井市 長 殿

受理　平成30年5月10日 第　1825　号	発送　平成30年5月11日	
送付　平成30年5月13日 第　3617　号	東京都小金井市 長 印	

書類調査	戸籍記載	記載調査	附　票	住民票	通　知

（よみかた）	こうの	かおる	
名を変更する人の氏名	（変更前）氏 甲　野	名 薫	平成19年8月8日生
住所 〔住民登録をしているところ〕	東京都小金井市本町２丁目３　~~番地~~ 番　６　号		
	世帯主の氏名　甲　野　孝　夫		
本籍	東京都千代田区平河町１丁目４　番地 ~~番~~		
	筆頭者の氏名　甲　野　孝　夫		
（よみかた） 名	変更前 薫	変更後　ごろう 五　郎	
許可の審判	平成30年5月6日		
その他	次の人の父母欄の名を更正してください		
届出人署名押印 （変更前の氏名）	印		

届出人 （名を変更する人が十五歳未満のときに書いてください。届出人となる未成年後見人が３人以上のときは、ここに書くことができない未成年後見人について、その他欄又は別紙（様式任意。届出人全員の契印が必要）に書いてください。）		
資格	親権者（☑父　□養父）　□未成年後見人	親権者（☑母　□養母）　□未成年後見人
住所	東京都小金井市本町２丁目 ３　~~番地~~ 番　６　号	東京都小金井市本町２丁目 ３　~~番地~~ 番　６　号
本籍	東京都千代田区平河町１丁目 ４　~~番地~~ 番　筆頭者の氏名　甲野孝夫	東京都千代田区平河町１丁目 ４　~~番地~~ 番　筆頭者の氏名　甲野孝夫
署名押印	甲　野　孝　夫　㊞	甲　野　正　子　㊞
生年月日	昭和57年12月22日	昭和59年3月30日

記入の注意　筆頭者の氏名欄には、戸籍のはじめに記載されている人の氏名を書いてください。

【戸籍受附帳の記載】

〔図8〕

一 受理地

受附番号	受理送付の別	受附月日（事件発生月日）	件名	届出事件本人の氏名（届出人の資格氏名）	本籍又は国籍	備考
一八二五	受理	五月一〇日	名の変更	甲野 薫 （親権者 父 甲野孝夫 母 正子）	千代田区平河町一丁目四番地	変更後の名「五郎」 五月一一日発送

二 本籍地

受附番号	受理送付の別	受附月日（事件発生月日）	件名	届出事件本人の氏名（届出人の資格氏名）	本籍又は国籍	備考
三六一七	送付	五月一三日	名の変更	甲野 薫 （親権者 父 甲野孝夫 母 正子）	平河町一丁目四番地	変更後の名「五郎」

（注）備考欄には変更後の名を記載する。なお、届出事件本人の氏名欄には変更後の名で記載し、備考欄に「変更前の名『薫』」と記載する取扱いでも差し支えない。

【戸籍の記載】

名を変更する者の戸籍

〔図９－１〕

本籍　東京都千代田区平河町一丁目四番地

氏名　甲野孝夫

（編製事項省略）

（出生事項省略）

平成参拾年五月拾日名の変更親権者父母届出同月拾参日東京都小金井市長から送付㊞〔参考一九一参照〕

（注）　届出人の記載は「親権を行う父何某母某」としないで単に「親権者父母」とする。

父　甲野孝夫

母　正子

長男

名　薫

五郎

出生　平成拾九年八月八日

〔**図9－2**〕
名を変更する者の戸籍（コンピュータシステムによる証明書記載例）

（1の1）　全部事項証明

本　　籍	東京都千代田区平河町一丁目４番地
氏　　名	甲野　孝夫
戸籍事項 　戸籍編製	（編製事項省略）
戸籍に記録されている者	【名】五郎 【生年月日】平成１９年８月８日 【父】甲野孝夫 【母】甲野正子 【続柄】長男
身分事項 　出　　生	（出生事項省略）
名の変更 　〔参考191参照〕	【名の変更日】平成３０年５月１０日 【届出人】親権者父母 【送付を受けた日】平成３０年５月１３日 【受理者】東京都小金井市長 【従前の記録】 　　【名】薫
	以下余白

発行番号

郵便はがき

料金受取人払郵便

豊島局承認

7762

差出有効期間
2022年1月
9日まで

170-8790

709

東京都豊島区
南長崎3-16-6

日本加除出版(株)
営業部行

ご購入ありがとうございました。お客様からのご意見はこれからの良書出版の参考とさせて頂きます。なお、当社HP(https://www.kajo.co.jp/)からもご返信いただけます。

お名前	フリガナ	性別	年齢
		男 女	歳
ご住所(お届け先)	〒　　－　　電話　　(　　)		
	eメールアドレス:		
ご職業			
通信欄	※ メルマガ案内　要・不要 ※ 図書案内　要・不要		

ご 意 見 欄

◇書籍名：

◇本書を何を通して知りましたか。

□DM　□当社販売員　□展示販売　□斡旋　□書店店頭

□インターネット書店　□知人の薦め　□当社ホームページ

□新聞・雑誌広告（　　　　　　　　　　　　　　　　　　　）

◇本書に対するご意見・ご感想をお聞かせください。

◇今後刊行を望まれる書籍をお聞かせください。

※ご協力ありがとうございました。

書 籍 申 込 欄

購入を希望する書籍を下欄にご記入ください。表面にご記入いただいたご住所まで、代金引換で送付いたします。

書　　名	冊　数
	冊
	冊
	冊

280238

支払は（ 公費 ・ 私費 ）

※代引手数料及び送料は、お客様にてご負担くださいますよう、お願いいたします（ご注文が7,000円以上で送料をサービスいたします。）。

ご記入いただいた情報は、ご注文商品の発送、お支払確認等の連絡及び当社からの各種ご案内（刊行物のDM、アンケート調査等）以外の目的には利用いたしません。

第二章　転　籍

第一　転籍一般

問1　転籍とは、何か。

答　転籍とは、戸籍の所在場所である本籍を移転することであり、その届出は、戸籍の筆頭者及びその配偶者が何人の同意又は許可を要しないで、いつでも自由にすることができる。また、転籍先も日本の領土内であればいかなる場所を選定してもよく、転籍先が同一市町村の場合を「管内転籍」といい、他の市町村の場合を「管外転籍」という。

解説

一　転籍届の制度は、本籍が現実の生活の本拠である住所と遠隔の地に定められているような場合に、戸籍の届出あるいは謄抄本の交付を受ける際などに不便を伴うことから、これを調整するために設けられたものといわれている。したがって、戸籍の筆頭者及びその配偶者が、いつでも、また、何人の同意又は許可を要せず自由に転籍、つまり戸籍の所在場所である本籍を移転、変更することが認められる。

二　また、転籍先も、日本の領土内である限り、いかなる場所を選定しても差し支えないものとされている。いわゆる明治五年式戸籍（明治四年太政官布告第一七〇号）は、住所登録のほかに身分登録としての機能を併有していたものであることから、各戸籍は、現実の生活を共にする戸主と家族（世帯）を構成員とし、町村内の屋敷を単位に番号を定め、この屋敷番号を戸籍に表示していた（明治四年戸籍法一則・七則）。つまり、その当時の本籍は人の定住地であり、かつ、生活の本拠地とされ、住所と本籍は必ず一致するものとされていた。

しかし、現在においては、本籍は、人が生活の本拠としている住所とは観念上別個のものであって、日本の領土内である限りいずれの場所であっても自由に本籍を定めることができるものとされている（『設題解説戸籍実務の処理Ⅰ』第七参照）。なお、その場所は、市町村の区域内で土地の名称、地番号によって特定しなければならない。なお、住居表示を実施している区域においては、地番号のほかに、いわゆる街区符号の番号を用いて本籍を表示することも認められている（昭和五一年法務省令四八号により戸規三条の改正）。

問2　転籍先は、現実の生活等と何らかの関係のある地であることを要するか。

答　本籍は、人が生活の本拠としている地等とは全く関係のない別個のものであるから、日本の領土内であれば、いずれの場所であっても転籍先として選定することができる。

解説　本籍は、人が生活の本拠としている住所とは別個のものであるから、戸籍の筆頭者及びその配偶者は、日本の領土内である限りいずれの場所でも転籍による新たな本籍地として自由に選定することができる。したがって、現実の生活の地との関係や郷里あるいは先祖の墳墓の地でなければならないなどという制約もないし（大正五・一〇・二一民六二九号回答）、他人の住所地又は既に他人が本籍地と定めた地番又は街区に本籍を定めることも、もとより差し支えない。

問3　転籍届をすることができる者は、だれか。戸籍の筆頭者及びその配偶者がともに除籍されている場合に、ほかの在籍者全員から転籍の届出をすることができるか。

答　転籍届をすることができるのは、戸籍の筆頭者及びその配偶者のみである。右の者がともに除籍されている場合には、ほかの在籍者からの転籍届は許されないから、その戸籍は転籍の途がない。

解説　一　転籍の届出ができる者は、戸籍の筆頭者及びその配偶者に限られる（戸一〇八条一項）。したがって、筆頭者に配偶者がない場合は、その者が単独で届出をすることになる（記載例1（二七五頁～二七八頁）参照）。また、夫婦の一方が死亡によって除籍されているとき、又は行方不明その他の事由（例えば意思能力を欠くときなど）によって転籍の意思表示をすることができないときは、その事由を届書に明らかにして他方が単独で届出をすることができる（昭和二三・二・二〇民事甲八七号回答、昭和二三・四・一五民事甲九二六号回答。届書の「その他」欄に「筆頭者の妻○○は、平成　年　月　日から所在不明により意思を表示することができないため夫が夫婦双方の名義で届出をする。」等その事由を記載する（戸籍二八九号七二頁「質疑応答（九九四）」）。記載例2（二七九頁〜二八六頁）参照）。なお、例えば、配偶者が離婚によって除籍となっている場合や筆頭者が死亡によって除籍されている場合も同様であり、これらの場合は、他の一方又は生存配偶者だけで届出をすることが認められる（昭和二三・四・一二民事甲五三号、昭和二三・五・六民事甲一一三一号回答）。そして、右の場合に生存配偶者が姻族関係終了の届出（戸九六条）をした後であっても、復氏の届出（戸九五条）をしていない限り生存配偶者の地位に在るから、右と同様に単独で転籍の届出をすることができるものと解されている（昭和二三・九・一一民事甲二〇七七号回答）。さらに、その生存配偶者が相手方の氏を称して婚姻（転籍）をしたことによって除籍された後に、離婚して、実方の氏に復することなく、前の婚方の氏を選択して復籍したときは、再び生存配偶者の地位に復することになるので、その場合にも単独で転籍の届出をすることができるものとされている（昭和二三・一〇・二三民事甲一九九四号回答、昭和二五・一〇・一〇民事甲二六三三号回答）。なお、戸籍法第一〇八条に規定する配偶者は、当該戸籍に在籍する配偶者に限られるから、例えば、その戸籍に在籍しない外国人、配偶者からの転籍届は認められない（仙台家審昭和四七・一・二〇家月二四巻一〇号一一七頁）。

二　転籍の届出をすることができるのは、前述のとおり戸籍の筆頭者及びその配偶者のみであるから、その双方が死亡又は生存配偶者の復氏などによってともに除籍されているときは、他の在籍者は、転籍することができない。結局、その戸籍については転籍の途がない（昭和二三・五・一八民事甲九三四号回答、昭和二七・六・一九民事甲八四九号回答）から、もし、その戸籍に在る者が本籍を移転しようとするときは、分籍の方法によるほかはないことになる。

問4　届出人となるべき者が意思能力を有しない場合でも、転籍の届出をすることができるか。

答　転籍の届出人となるべき者が意思能力を欠く場合には、その法定代理人が代わって届出をすることができる。

解説

一　身分法上の行為については、委任代理又は法定代理は原則として許されず、当事者において意思能力を有する限り、自らこれを行うことを要するものとされている（『設題解説戸籍実務の処理Ⅱ』第二章の第一の問23、『改訂設題解説戸籍実務の処理Ⅷ』第二章問5参照）。しかし、例外として、養子縁組、協議上の離縁又は民法第七九一条の子の氏変更のように民法に特別の規定があるものについては、本人が、一五歳未満である場合には、法定代理人が代わって届出をすることができるものとされている（民七九七条・八一一条二項・七九一条三項、記載例3（二八七頁～二九二頁）参照）。

二　ところで、戸籍法にのみ規定されている転籍（分籍、氏の変更、就籍等）の届出のように実質的な身分法上の効果を伴わない創設的届出も広義の身分法上の行為と解されることから、無能力者であっても意思能力がある限りは、本人自らこの届出をすべきであり、また、これにつき法定代理人の同意を要しない（大判大正一五・六・一七民集四六八頁、昭和二三・四・一五民事甲三七三号回答）〔注〕。しかし、本人が意思能力を欠くときは、特別の規定はないが、その法定代理人からの届出が許されるものと解されている（大正七・一〇・四民一〇八二号回答、昭和二三・一〇・一五民事甲六六〇回答）。これは、転籍（分籍、氏の変更、就籍等）の届出行為が、重大な実質的身分効果を伴うものでないばかりでなく、法定代理人からの届出の途を開いておく実際上の必要があるからとされている（青木義人・大森政輔『全訂戸籍法』二二三頁）。

三　転籍の届出について、事件本人に意思能力がある場合、法定代理人から届出をされてもその効力が生ずることはなく、届出に基づく戸籍の記載は訂正すべきものとされている（昭和二〇・一一・七民事甲五二五号回答）。

この意思能力の有無は、未成年者については年齢によるものとされ、大体満一五歳に達すれば意思能力を有するものとして取り扱い（昭和二三・一〇・一五民事甲六六〇号回答）、届書に記載されるその者の出生の年月日（戸二九条三号）が判断資料となる。

また、届出人が成年被後見人である場合は、平成一一年法律第一五二号による成年後見登記制度の創設に伴い、戸籍法第三二条第二項の「禁治産者が届出をする場合における意思能力を有することを証すべき診断書の添付義務」の規定が削除された。そのため、戸籍の記載により本人が成年被後見人であるかどうかについては確認ができないこと等が考慮され、今後は届出人の態度等に特に不審な点がない限り、通常の届出の処理をすれば足りるものとされた（戸籍七〇〇号二六頁）。また、成年被後見人が市町村役場の窓口に出頭することは少なく、市町村役場において意思能力の有無を確認することが困難である場合などは、管轄法務局に受理照会をすることになるとされている（戸籍八九〇号六六頁参照）。

〔注〕　身分法上の未成年者の意思能力の有無については、民法第七九一条第三項（一五歳未満の子の氏の変更）・七九七条（一五歳未満の養子）・九六一条（一五歳に達した者の遺言）等の規定を参酌して、満一五歳以上の者は、通常意思能力を有するものとして取り扱われている（昭和二三・一〇・一五民事甲六六〇回答）。

問5　**転籍届が他の市町村で受理され、従前の本籍地（原籍地）にその届書が送付される間に他の事件の届出を受理し戸籍の記載をした場合には、どのように処理すべきか。**

答　原籍地の市町村長は、受理した届書を転籍地の市町村長に送付し、かつ、その届出によってした戸籍の記載を職権で消除する。転籍地の市町村長は、原籍地から送付された右の届書によって戸籍に記載をすることになる。

解説

一　本籍地の変更後に戸籍届書類を受理したときの取扱いについては、戸籍法施行規則第四一条に規定されている。例えば、戸籍の筆頭者及びその配偶者が所在地において転籍の届出をし、同地に新戸籍が編製されたが、その届書が原籍地に送付される間に、本籍の変更を知らないその他の在籍者が従前の本籍を記載して婚姻等の届出をし、原籍地において戸籍の記載がなされることが予想されるが、右の規定は、そのような場合の取扱いを定めたものである。

二　右のような状態が生ずることは、制度上避け得ないことではあるが、戸籍は、国民の身分関係を登録・公証することを目的とする公文書であり、その記載は、常に事実と合致したものでなければならないから、迅速な訂正処理が要請される。しかし、このような場合における戸籍の記載の食い違いは、市町村長の処理の過誤によって生じたものでもないし、また、届出人の責めに帰すべきものでもない。そこで、転籍届等により本籍地が変更した後に〔注〕、原籍地の市町村長がその他の届出等を受理したときは、新本籍地の市町村長にこれを送付するとともに、その届出等によってした戸籍の記載は、市町村長限りの職権により消除して、戸籍にその事由（参考記載例二一七）を記載するものとされている。また、新本籍地の市町村長は、原籍地から送付された右の届書によって戸籍の記載をして、双方の戸籍記載の食い違いを是正することになる（戸規四一条）。

〔**注**〕　戸籍法施行規則第四一条にいう「本籍地の変更」とは、転籍のみをいうのではなく、分籍、婚姻、縁組等により他の市町村にその者が本籍を変更した場合のすべてを含むとされている（大正三・一一・一九民一六〇八号回答）。なお、同条の規定に基づく戸籍訂正の具体例及び処理の方法等については、木村三男編著『設題解説戸籍実務の処理XVI』一三一頁以下参照。

第二　特殊な場合の転籍

問6　いわゆる北方地域に転籍する届出は、受理されるか。

答　歯舞群島だけでなく、国後、択捉、色丹島への転籍届も認められる。

解説

一　北方地域

通常、千島と呼ばれている諸島の中には、我が国固有の領土に属する歯舞群島、色丹、国後及び択捉の諸島と、明治八年に日本と帝政ロシアとの間に締結された「樺太千島交換条約」によって新たに日本領土に編入されたが、昭和二七年四月二八日平和条約の発効によって日本の領土から分離された地域とがある。

そして、昭和五七年八月三一日に公布され、翌昭和五八年四月一日に施行された「北方領土問題等の解決の促進のための特別措置に関する法律」(昭和五七年法律八五号、以下「特別措置法」という。)においては、「「北方地域」とは、歯舞群島、色丹島、国後島及び択捉島をいう。」と規定され、属する地域が明確にされた(同法二条一項)。

二　北方地域における戸籍事務取扱いの経緯

1　北方地域のうち、歯舞群島は、北海道の花咲郡歯舞村に属していた離島であるが、昭和三四年四月一日に根室市に編入合併したため、現在は根室市に属しており、戸籍簿等も同市に保管されているから、従前から歯舞群島への転籍届があった場合は、これを受理して差し支えない取扱いであった。

2　これに対して、国後、択捉、色丹島については、もともと日本固有の領土であって、前述の平和条約によって日本の領土から分離された千島には包含されないと解されているが、現実には日本の統治権が及んでいないし、戸籍事務を取り扱う事務所も存在しなかったことから、同諸島への転籍届があってもこれを受理することはできないとされていた（昭和四四・四・九民事甲五七四号回答）〔注〕。

〔注〕　国後、択捉、色丹の諸島については、前述のように日本固有の領土であるから、平和条約発効の時までこれらの地域に在籍する者は、条約発効後も引き続いて同地域に本籍を有することになるから、これらの者が本土に本籍を移すには、就籍の手続によるのではなく、従前どおり転籍の届出によるのが相当であるとされる（昭和三六・一一・一四民事甲二七五六号通達、昭和三六・一二・一二民事甲三〇九五号回答）。

三　特別措置法施行後の取扱い

北方地域三島が日本固有の領土であるならば、理論的には、そこに本籍を置くことができるはずであるのに、同地域への転籍届は受理できないとされていたのは、日本の領土でありながら、戸籍事務を管掌する市町村長が存在しないためという技術的理由によるものであった。

しかし、特別措置法の施行（昭和五八年四月一日）により、その戸籍事務の管掌者として、法務大臣は、同法第一一条第一項の規定に基づいて同法第二条に定める北方領土の隣接地域の市又は町の長のうちから根室市長を指名し（昭和五八・三・一法務省告示六三号）、戸籍の事務は同市において行うことになったので、北方三島に本籍を設けることができることとなった。したがって、現在はこれらの各島に転籍することが可能である。

なお、北方地域の各村間及びこれら各村と根室市間の転籍については、管外転籍として処理することとされている（平成二三・一・一二五民一―一八〇号回答）。この場合における戸籍の記載は、次の振合いによることとなる。

1　転籍後の戸籍（色丹村）

転　籍	【転籍日】平成２９年４月１日 【従前本籍】北海道根室市○○番地

2　転籍前の戸籍（根室市）

転　籍	【転籍日】平成２９年４月１日 【新本籍】北海道色丹郡色丹村○○番地

問7　樺太及び千島に本籍を有していた者の内地への転籍は、平和条約発効の前後を通じて、どのような取扱いがなされてきたか。

答　樺太及び千島（**問6**のいわゆる北方地域を除く。）に本籍を有していた者については、昭和二七年四月二八日平和条約発効までは内地への転籍を認めていたが、平和条約発効後は、同地域在籍者は、本籍を有しない者として、本土市町村に戸籍を設けるには就籍の手続をなすべきものとされ、現在に至っている。

解　説

一　平和条約発効までの取扱い

樺太及び千島は、昭和二〇年八月一五日太平洋戦争の終結に伴って我が国の領土から分離され、旧ソ連軍の占領下に置かれることになった。同地域の戸籍簿及び関係諸帳簿のすべても同軍が支配することとなったので、同地域在籍者に関する戸籍事務は、事実上処理不能となった。

そのため、昭和二七年四月二八日に平和条約が発効するまでの間は、同地域在籍者の本土市町村への転籍を認めるとともに、婚姻や子の出生等に関する各種の届出に対しては本籍地変更の追完又は申出をさせるなどして、新たに戸籍を編製する手続がとられてきた（昭和二二・九・二七民事甲一〇六〇号回答、昭和二四・二・四民事甲三八七六号回答、昭和二六・七・三民事甲一三三〇号通達）。なお、この場合、各種の届出に際して戸籍謄本等を添付することができない場合には、他の身分事項を証する書面を添付するか、又は届書にその旨を記載して届け出ることが認められ、市町村長は監督局の指示を得てその受否を決定することとされていた（昭和二四・七・一八民事甲一五八三号通達等）。

二　平和条約発効後の取扱い

昭和二七年四月二八日平和条約の発効後は、樺太及び千島（**問6**のいわゆる北方地域を除く。）が正式に我が国の領土から分離された結果として、同日までに本土市町村に本籍を移転していなかった者は、本籍を失い無籍の状態となった。したがって、これらの者については、日本内地への転籍を認める余地がなくなったので、平和条約発効の日以後は、本籍を有しない者として、内地に就籍の手続（戸一一〇条）をすることによって本土市町村に戸籍を設けるべきものとされ（昭和二七・四・一九民事甲四三八号通達、昭和二七・七・二八民事甲一〇九九号回答）、引き続いて今日に至っている。

問８　太平洋戦争の終末期から昭和四七年の沖縄の本土復帰に至るまでの間、沖縄と本土間の転籍は、どのように取り扱われていたか。

答　沖縄の本土復帰前において、本土在籍者が沖縄へ転籍するには、事前に琉球列島米国民政府の許可を要するものとされ、また、沖縄在籍者が本土へ転籍する場合において、転籍戸籍は、転籍地市町村のほかに、沖縄関係戸籍事務所にも編製（仮戸籍）されるなど特殊の事務処理が行われた。復帰後は、すべて内地の市町村におけると同様に処理されることとなった。

解説

一　本土復帰までの取扱い

沖縄は、日本固有の領土であるが、太平洋戦争の終末期以降昭和四七年五月一五日に本土復帰に至るまでの間においては、日本政府の行政権の行使が事実上停止されていた。したがって、本土に在籍する者が沖縄へ転籍して沖縄の現地に転籍戸籍が編製されるには、事前に琉球列島米国民政府の許可を要するものとされていた。この取扱いは、本土に在籍する成年者が養子縁組や沖縄に在籍する女性との婚姻によって沖縄の戸籍に入籍し又は沖縄に新戸籍を編製する場合、あるいは本土在籍者が分籍によって沖縄に新戸籍を編製する場合も同様とされていた（一九五四・七・二三米国民政府指令第六号、昭和二九・一一・一二民事甲二三六四号通達、昭和三二・六・一六民事甲一二一七号通達等）。

そして、当時は、沖縄現地の市町村長及びそこに備え付けられている戸籍は、我が国の戸籍法上の戸籍事務管掌者及び戸籍とはいえなかったため、沖縄在籍者に関する戸籍事務については、沖縄関係戸籍事務所〔注〕の長が処理すべきものとされていた（昭和二三年政令第三〇六号「沖縄関係事務整理に伴う戸籍、恩給等の特別措置に関する政令」、昭和二三・九・二四民事甲三一二二号通達）。そのため、沖縄在籍者が本土へ転籍する場合には、転籍戸籍が本土の転籍地市町村のほかに右の沖縄関係戸籍事務所にも編製（仮戸籍）される（昭和三三・六・一六民事甲一二一七号通達、昭和三六・二・七民事甲二九三号通達等）などの事務処理が行われていた（木村・神崎『改訂戸籍届書の審査と受理』五三三頁）。

〔注〕福岡法務局の支局たる沖縄関係戸籍事務所は、沖縄に本籍を有する者に関する戸籍事務を取扱い、法律上は沖縄在籍者が本土内又は沖縄現地に居住するか否かを問わず、沖縄在籍者全員について、戸籍の届出の受理、仮戸籍の調製、記入又は戸籍の編製・記載等のすべての事務を同事務所において処理するのが建前とされていた。しかし、実際には沖縄現地においても戸籍事務の処理がされていたため、同事務所で取り扱っていた事務の範囲は、本土在住の沖縄在籍者とその者の関係者に関するものであった。例えば、本土に居住して戸籍の届出のため、あるいは就職、進学等で戸籍謄本を必要とする者などから、仮戸籍の調製申告があった場合に、仮戸籍の調製やそれに基づく戸籍事務の処理がなされていたのが実情であった（田代有嗣ほか『日本の戸籍制度』九六頁）。

二　本土復帰後の取扱い

昭和四七年五月一五日に沖縄が本土に復帰したことに伴い、沖縄及び同地の市町村は、地方自治法にいう県、市、町、村となり、沖縄関係戸籍事務所を存置する必要はなくなったので廃止されるに至った（昭和四七・五・一三法務省令第三九号）。したがって、本土復帰後における沖縄在籍者に関する戸籍事務は、すべて本土の市町村におけると同様に処理されることになったので（昭和四七・五・一五民事甲一七八三号・一七九三号通達、同日付け民事甲一七九四号指示、同日付け民事二発八八四号依命通知参照)、転籍の届出についても、一に述べたような制限はなくなり、相互に自由に転籍することができることになった。

第三　転籍による戸籍の変動

問9　転籍の届出があったときは、常に新戸籍が編製されるのか。

答　他の市町村に本籍を移転する場合は、転籍先の市町村において新たに戸籍が編製されるが、同一市町村内に本籍を移す場合は、本籍欄を更正し、戸籍をつづり替えるだけで、新たな戸籍は編製されない。

解説

一　転籍とは、戸籍の所在場所である本籍を移転・変更することをいい、転籍届が有効になされた場合には、その戸籍に在籍するすべての者の本籍が変更することになる。しかし、この転籍には、同一市町村内に本籍を移転するいわゆる管内転籍と、他の市町村に本籍を移す管外転籍の二種類があり、戸籍の処理も右の届出の違いによってそれぞれ異なった方法でなされることになる。

二　すなわち、管内転籍の場合は、新たな戸籍の編製を要しない（昭和三〇・一・一七民事甲一一七号回答三、昭和四一・九・一民事甲二五〇二号回答参照）が、当該戸籍の戸籍事項欄に転籍事項（法定記載例一九九）を記載するとともに（戸規三四条三号）、本籍欄を更正した上（戸規附録第六号戸籍の記載のひな形参照）戸籍の編てつ替えをする必要がある。この編てつ替えをする場合に、戸籍が本籍を表示する地番若しくは街区符号の番号順につづっている市町村では、新戸籍の該当地番等の位置につづり替えることになるが、戸籍の筆頭者の氏の五十音順につづっている市町村では、つづり替えを要しない場合もあり得る（戸規三条）。

これに対し、管外転籍の場合は、原籍地から転籍地へ戸籍原本を送付することなく、転籍先の市町村では新戸籍を編製し（戸六条参照）、原籍地の市町村では従前の戸籍につき除籍の手続をとった上で、除籍簿へつづり替えることになる（戸一二条）。

問10　他の市町村に転籍した場合、従前の戸籍に記載されている事項はすべて転籍戸籍に移記することになるか。

答　管外転籍の場合は、転籍先において新戸籍が編製されるが、その戸籍には、届書に添付の従前戸籍の謄本に基づき氏の変更に関する事項のほか、身分に関する重要事項を移記することになる。

解説　他の市町村への転籍により戸籍が編製される場合は、単に戸籍の所在場所である本籍が移転・変更するのみで、転籍の前後を通じて戸籍の同一性に変わりがないのであるから、従前の戸籍に記載された事項はすべて転籍先の新たな戸籍に移記するのが建前であろう。従前は、身分事項欄には原則として転籍前の戸籍に記載のある事項は全部移記する取扱いであったが、これは戸籍実務上煩さであるし、また、関係者にとって不利益となる事項もあること等から、昭和三五年法務省令第四〇号により戸籍法施行規則の一部が改正され（昭和三六・

一・一施行)、次の事項の移記は省略することとされている（戸規三七条)。

1　戸籍法施行規則第三四条第一号、第三号ないし第六号に掲げる事項（戸規三七条一号)。

戸籍事項欄の記載は、氏の変更に関する事項（戸規三四条二号）以外は、移記を省略することになる。戸籍法附則第三条第一項ただし書の改製による改製事由の移記も要しないとされている（昭和三六・一・二七民事甲二六六号通達)。

2　筆頭者以外で除籍された者に関する事項（戸規三七条三号)。

3　筆頭者で除籍された者の身分事項欄に記載された事項（戸規三七条四号)。

筆頭者で除籍された者の身分事項欄以外の事項すなわち、下部全欄の記載についても移記を省略してしまうと、戸籍面で次順位に記載されている者が外観上筆頭者のように見え、筆頭者氏名欄の記載と矛盾することになるので、これを移記することとされている（昭和三八・五・九民事甲一三二七号回答)。もっとも、この場合は、筆頭者は既に除籍されているので、従前戸籍と同じように、移記した名欄には朱線を交差し、除籍された者であることを明らかにしておく必要がある〔注〕。

4　その他新戸籍編製の場合に移記を要しない事項（戸規三七条五号)。

新戸籍編製の場合における移記事項である戸籍法施行規則第三九条第一項第一号ないし第九号に掲げる事項は移記すべきであるが、これら以外の事項は、すべて移記を省略することになる。したがって、認知者である父についての認知事項、養親についての縁組事項はもとより、既に解消した縁組・婚姻事項も移記されない。

〔注〕　除籍された筆頭者の身分事項欄に記載された事項以外の下部全欄の記載（名欄—朱線交差のまま—、父母欄、父母との続柄欄、養父母欄、生年月日欄の各記載）を移記する（昭和三三・一・三〇民事甲二一〇号通達)。な

お、コンピュータ戸籍の場合も、養父母欄を含めて同様に移記するのが相当であろう（大阪戸籍だより一二四号一〇頁）。

問11　転籍戸籍の戸籍事項欄に移記すべき「氏の変更に関する事項」とは、何か。また、民法第七九一条の氏の変更を含むか。

答　転籍戸籍の戸籍事項欄に移記すべき氏の変更に関する事項とは、戸籍法第一〇七条に規定する改氏の事項を指し、民法第七九一条の氏変更を含まない。

解説

一　管外転籍に際し、転籍前の戸籍の戸籍事項欄に記載された事項（戸規三四条）のうち「氏の変更に関する事項」（同条二号）は、転籍戸籍にこれを記載しなければならないが、その他の事項は移記を要しないものとされている（戸規三七条一号）。この氏変更に関する事項を転籍戸籍に移記しなければならないとされる理由は、氏は名とともに戸籍を特定する上で重要な役割をもっており、転籍戸籍と転籍前の戸籍の同一性を確認するなど、その関連を明らかにする必要があるからとされている。

二　ところで、ここにいう「氏の変更に関する事項」とは、民法第七九一条の子の氏の変更を指すのではなく、戸籍法第一〇七条に規定する改氏に関する事項を指すものであるが、離縁等の際に称していた氏を称する旨の届出（戸七三条の二・六九条の二）又は離婚等の際に称していた氏を称する旨の届出（戸七七条の二・七五条の二）に基づく戸籍事項欄の記載（法定記載例五〇・五三・五六・九三・九六・九九）についても移記を要するものとされていることに注意を要する。すなわち、縁組の日から七年を経過した後に離縁又は縁組の取消しによって縁組前の氏に復した者は、離縁又は縁組取消しの日から三か月以内に戸籍法に定める届出をすることによって、離縁又は縁組取消しの際に称していた氏を称することができるものとされている（民八一六条二項・八〇八条二項）。また、離婚又は婚姻の取消しによって婚姻前の氏に復した夫又は妻は、右の離縁等の場合と同様の要件によって、離婚又は婚姻取消しの際に称していた氏を称することができるものとされるが（民七六七条二項・七四九条）、これらの場合における戸籍の届出は、実質的には、戸籍法第一〇七条の規定による氏変更の届出と同じ性質を持つものと解されているからである。

問12　管外転籍の場合、転籍戸籍に移記すべき事項の記載方法は、従前の戸籍のとおりに記載すればよいか。

答　転籍による戸籍記載の移記は、転籍届書に添付の戸籍謄本を資料として転籍戸籍に移記を要する事項について記載をすることになるが、その中で従前戸籍の記載が改められるべきであるのに改められていないものについては、これを是正して記載すべきである。

解説

転籍による戸籍記載の移記の方法は、届書に添付された戸籍謄本を資料として、転籍戸籍に移記を要する事項（問10参照）について従前の戸籍の記載のとおりに記載するのを原則とされる。しかし、従前戸籍の記載を改め、又は修正して記載すべきものについては、その事項により、市町村長限りの職権で、あるいは移記の原因である届書に基づいて、これを是正して記載すべきものとされている（大正七・五・一一民五九七号回答、昭和二五・四・一八民事甲一〇〇九号回答）。

転籍戸籍に移記するに際して従前の戸籍の記載を是正して記載すべきものとしては、例えば、次のような場合がある。

1　当該転籍戸籍への移記に際して、その移記以前にされた移記に際し誤記又は遺漏等がある場合に、前々戸籍等で明らかなときは、これに基づいて正しい記載をすべきものとされている（大正七・一一・一一民事一七二六号回答）。ただし、当初の戸籍に誤記、遺漏がある場合は、戸籍訂正の手続により訂正すべきことはいうまでもない（大正七・五・一一民事五九七号回答）。

2　移記に当たり従前の戸籍に記載された事項につき、移記前、例えば出生事項で「…東京都千代田区平河町一丁目四番地で出生…」と記載されているものは、昭和四五年法務省令第八号による戸籍記載例の改正により、出生の場所は最小行政区画までにとどめる取扱いとなったので、「…東京都千代田区で出生…」と新記載例に引き直して記載し、新記載例のないもの、例えば、婿養子縁組婚姻のような場合には、文字のみを当用漢字

（現在は常用漢字）及び平仮名に改めて記載すべきものとされている（昭和二三・一・一三民事甲一七号通達）。なお、旧法当時の庶子出生事項について、その後に父・母の婚姻があったものについては、嫡出子出生の例に引き直して移記することが特に認められている（昭和二四・一一・五民事甲二五六三号通達）。

3　移記の際に特に記載の省略が認められるものとして、次のような場合がある。

①訂正、更正による抹消部分（明治三一・一二・五民刑一二七四号回答）、②訂正事由（昭和二三・八・一二民事甲二一五三号回答）、③戸籍法施行規則第三二条第二項の代理資格の記載部分（大正五・一一・六民事一三六三号回答）、④夫婦で養子となった者の婚姻解消後における縁組事項のうち配偶者とともに縁組した旨の記載部分（昭和五五・三・二六民二―一九一三号通達）等

4　移記の際は、その事由を記載する必要はないが、移記する身分事項の文末には市町村長の認印を押さなければならないし（戸規三二条一項、大正四・七・六民四一六号回答）、職務代理者は代理資格を記載して認印すべきものとされている（同条二項、昭和二四・六・二〇民事甲一三九四号回答）。

問13　市町村の本庁のほかに支所、出張所においても戸籍事務を取り扱っている場合に、その同一市町村内において、ある戸籍事務所の区域から他の区域へ転籍する届出があったときは、新戸籍を編製することになるか。

答　当該戸籍事務所相互に戸籍原本を送付することを要し、新戸籍を編製することは認められない。

解説　市町村の合併等により、その区域が広大であったり、交通が不便である等の事情があるために、住民の利便を図る必要があることから、支所又は出張所を設置して（地自一五五条一項）、その支所又は出張所において戸籍事務を取り扱わせる場合がある〔注〕。このような市町村において、例えば、本庁（又は支所）の区域から支所（又は本庁）の区域へ本籍を移転、変更する届出があったときは、それぞれ戸籍事務所相互に戸籍原本を送付すべきことになる。この場合の取扱いは、たとえ十数市町村が合併し、戸籍事務を取り扱う区域が相当広範囲であっても、その都度相互に戸籍原本を送付することを要するものとされている。したがって、他市町村間のいわゆる管外転籍の場合のように転籍先において新戸籍を編製する取扱いは認められていない（昭和四一・九・一民事甲二五〇二号回答参照）。

〔注〕　市町村の支所又は出張所において戸籍事務を取り扱うこととするときは、従前は事前に監督局の長の認容を得ることとされていたが、戸籍事務に関する許認可の簡素化を図る趣旨から、昭和五四年一一月二一日民二第五七八二号通達により、事前報告に改められた（戸籍事務取扱準則制定標準第一〇条参照）。

第四　転籍の届出及び戸籍の処理

一　届出の諸要件

問14　転籍届の届出期間及び届出地については、どのように定められているか。

答　転籍届は、創設的届出であるから届出期間の定めはない。また、届出は、一般原則による届出地のほか、特に転籍地でも届け出ることが認められている。

解説

一　転籍届は、届出によって効力を生ずるいわゆる創設的届出であるから、届出期間の定めはない。つまり、届出をするか否かは届出人となるべき戸籍の筆頭者及びその配偶者の任意であり、その者が転籍を希望するときに届出をすればよいわけである。

二　転籍の届出は、届出地の一般原則である戸籍法第二五条の規定により、届出事件の本人である筆頭者及びその配偶者の本籍地又は届出人（**問15**参照）の所在地ですることもできるが、このほかに、他の市町村への転籍の場合には、その転籍地でもすることができる（戸一〇九条）。特に転籍地で届出をすることが認められるのは、このように届出地を拡張しても戸籍事務に支障を来すこともないから、届出人の便宜を図ったものと解されている（青木義人・大森政輔『全訂戸籍法』四四八頁）。

問15　転籍届の届出人となるべき者は、だれか。

答　転籍の届出人となるべき者は、戸籍の筆頭者及びその配偶者のみである。

解説　一　転籍の届出をすることができるのは、戸籍の筆頭に記載された者とその配偶者である。夫婦双方で届け出るべき場合においても、もし、その一方が行方不明、あるいは意思能力を欠くなどの事由で届出をすることができないときは、他方が単独で届出人となることができるものとされている（昭和二三・二・二〇民事甲八七号回答）。この場合には、届書にその旨を明らかにすべきである。なお、これらの者が除籍されている場合には、他の同籍者等からの届出は認められていないので、その戸籍については転籍の途はないことになる（問3参照）。

二　転籍の届出人に関する戸籍先例として、次のようなものがある。

(1)　戸籍の筆頭者及びその配偶者が二人ある場合（筆頭者と離婚した前婚の配偶者が離婚の取消しにより入籍している）の転籍の届出人として、筆頭者及びその配偶者二人の連署を要するものとされている。この場合の転籍戸籍の配偶者の記載は、その入籍の順序による（昭和二五・一・七東京・八王子支局管内戸協北多摩支部戸協決）。

(2)　戸籍の筆頭者及びその配偶者の生死が明らかでない場合でも、その戸籍に同籍する長男からの転籍届は受理することはできない（昭和二五・五・一八山口・徳山支局管内戸協決）。

(3)　戸籍の筆頭者及びその配偶者が在籍する戸籍において、筆頭者のみからの届出による転籍届を誤って受理し、夫婦の転籍戸籍を編製した後に、夫婦双方から追完届がなされた場合は、その転籍を届出時に遡って有効なものとして取り扱って差し支えない（昭和二六・二・一二民事甲二三八号回答）。

(4)　戸籍の筆頭者が死亡し、その生存配偶者が外国人と再婚している場合でも、転籍の届出をすることができる（昭和二八・一〇・二九民事甲二〇〇八号回答）。なお、昭和五九年の戸籍法の一部改正（昭和五九年法律四五号）により、外国人と婚姻した者については、既にその者を筆頭者とする戸籍がある場合を除き、新戸籍を編製することとされたが（戸一六条三項）、改正法施行（昭和六〇・一・一）前に婚姻の届出があったものについては、改正前の取扱い（新戸籍編製をしないとする取扱い）により処理することとされた。したがって、右先例のような転籍届は、従前の取扱いにより新戸籍が編製されていない場合のみである。

問16　同一市町村内における転籍の場合も戸籍法第一〇八条第二項の規定に基づく戸籍謄本の添付を要するか。また、転籍届に戸籍謄本を添付すべき場合において、謄本に代えて抄本を添付することで足りるか。

答　同一市町村内における転籍の場合には、戸籍謄本の添付を要しない。なお、管外転籍においては、戸籍謄本を添付すべきであって、これを抄本で代えることは許されない。

解説

一　一般に、戸籍に記載した事項の移記をすべき市町村長が従前の戸籍の本籍地市町村長であるときは、移記事項は当然に明らかなのだから、届書の記載を待つまでもなく、直ちに従前の戸籍によって移記すれば足りることになる（昭和二三・四・二〇民事甲二〇八号回答⑾）。まして、管内転籍の場合には、新戸籍の編製を要せず、当該戸籍の戸籍事項欄に転籍事項を記載するとともに、本籍欄を更正した上戸籍の編てつ替えをするか（問9参照）、同一市町村内の他の戸籍事務所の区域に転籍する場合は、戸籍原本を転籍先に送付して右の処理をするにとどまるから（問13参照）、届書に戸籍謄本を添付する必要がないことはいうまでもない。

二　ところが、管外転籍のように転籍届により新たに戸籍を編製する場合において、その転籍による新戸籍に従前の戸籍に記載した事項を移記するときは、本来、転籍届に基づいてこれをすることになる。すなわち、移記も戸籍の記載にほかならないから、戸籍法第一五条との関係において、戸籍記載の基本は、同条の届出等移記を要するに至った新戸籍編製の原因である転籍の届出に基づくものである。したがって、転籍により戸籍を編製する場合に移記すべき事項は、その届書に明らかにするのが建前である（戸三五条、大正四・一一・一九民二〇七号回答）。しかし、移記は、新たな戸籍の記載ではなく、従前の記載を書き移すにすぎないし、右の移記の正確を期する上からも建前はその限度において緩和すべきものと解され（青木義人・大森政輔『全訂戸籍法』一一八頁）、届書に移記事項を逐一記載することに代えて、従前の戸籍の謄本を届書に添付することを義務づけているものである。

このように転籍による戸籍記載の移記は、転籍届に基づいてすることになるが（戸一五条）、移記の資料としては前述のとおり届書に添付される戸籍の謄本に基づいて行うことになる。転籍の届出をすることができるのは戸籍の筆頭者及びその配偶者のみであるが、その届出の効力は、他の在籍者全員に及ぶものであるから、転籍戸籍には、これらの者全員が移記されなければならない。したがって、他の市町村に転籍する届出には、従前の戸籍の原本の内容をそのまま謄写した「謄本」を添付すべきであって、抄本をもってこれに代えることはできない。

問17　転籍の届出により編製する戸籍の新本籍は、どのように表示しなければならないか。

答　本籍は、行政区画、土地の名称及び地番号（又は街区符号）で表示することを要する。

解説

一　本籍は、筆頭者の氏名とともに「戸籍の表示」（戸九条）として、その戸籍を特定するために必要であり、また、戸籍事務管掌者の決定、戸籍の編てつ順序（戸規三条）等を決定する上で重要な役割をもっているものである。

本籍は、「〇県〇郡〇町大字〇〇番地」のように行政区画、土地の名称及び地番号で記載するものとされ（大正四・一一・一二民一八〇〇号回答）、その土地の名称、地番号は土地登記簿の記載によることになる（大正四・一〇・二五民一六七四号回答）。また、昭和五一年法務省令第四八号により戸籍法施行規則の一部が改正された際に、右の地番号に代えて「〇県〇市〇町〇番」のように住居表示に関する法律（昭和三七法律一一九号）による街区符号〔注〕を用いることもできることとされた（戸規三条、昭和五一・一二・一施行）。したがって、住居表示の実施されている区域では、本籍の表示として地番号又は住居表示台帳の記載による街区符号のどちらを用いても差し支えない。

〔注〕　街区符号とは、「町又は字の区域を道路、鉄道若しくは軌道の路線その他の恒久的な施設又は河川、水路等によって区画した場合におけるその区画された地域（街区）につけられる符号」を指すものであって、その街区内にある建物その他の工作物につけられる住居表示のための番号（住居番号）とは異なる。これを具体的に例示すれば、次のとおりであり、本籍の表示に用い得るのは街区符号である「二番」までであって、住居番号である「八号」を付することはできない。

東京都千代田区　平河町一丁目　二番　八号
（行政区画）（土地の名称）（街区符号）（住居番号）

二　本籍の表示に関する戸籍実務上の処理について次のような先例がある。
①土地登記簿に記載された地番に枝番があるときは、これと同じように「○番地一」、「○番地イ号」等と記載する（大正四・七・二二民一二〇九号回答）、②地番が大字を基準に附されて、小字を省略しても支障がないときは、それを省略して差し支えない（昭和三八・五・一四民事甲一三五九号回答）、③地番号を有しない地に本籍を定めることは本来好ましくないが、必ずしもこれを禁ずべきではなく、この場合には、地番号の記載の遺漏ではないことを明らかにするため「○市○町官有無番地」とか「…大字○○海岸埋立無番地」等と記載する（大正八・一〇・一民事四二五三号回答、昭和四二・九・二六民事甲二六五〇号回答）。④字、地番の設定されていない公有水面の埋立地に転籍（又は婚姻）等により新戸籍を定めることは差し支えないが、字、地番が設定されたときは速やかに届出人にその申出をするよう勧奨すべきものとされる（昭和三九・一〇・一民事甲三三四二号回答）。⑤本籍は、前述のとおりどこの戸籍事務管掌者の管轄に属するか等を決定する上で重要な意義を有するものであるから、「干拓地」のようにいまだ行政区画の決定していない土地に新本籍を定める旨の転籍等の届出は受理することはできない（昭和二

五・一二・二七民事甲三三五二号回答)。⑥土地区画整理により町名、地番号に変更を生じた地域に本籍を有する者から、本籍欄の更正前に、旧町名、地番号を記載して管外転籍の届出があった場合に、ア　転籍前の本籍地の市町村に届出人が出頭して届け出たときは、届書の記載を変更後の町名、地番号に補正させた上で受理するのが相当であり、また、イ　町名、地番号の変更前の戸籍謄本を添付した転籍届を転籍地で受理し、その送付を受けた原籍地では、そのまま受理し戸籍消除して差し支えないとされている。なお、イの場合には、その除籍抄本を添付して転籍地の市町村長に対し、当該転籍届の受理前に町名、地番号の変更があった旨を通知する。転籍地の市町村長は右の通知に基づいて転籍戸籍の転籍事項中従前の本籍の表示を訂正すべきである(昭和三五・二・一六民事甲三七八号回答)。⑦地番号によって表示した本籍を街区符号によって表示する本籍に改める場合は、すべて転籍として取り扱うものとされている(昭和五一・一一・五民二—五六四一号通達三の2)。

問18　転籍届の届出人となるべき者から、不受理の申出がなされた場合、その取扱いをすることができるか。

答　転籍の届出については、不受理申出をすることができないものとされている。

解　説

一　従前の取扱い

不受理申出の対象となる届出について、従前（平成一九年の戸籍法の一部改正前）は、協議離婚についてだけでなく、相手方のある創設的届出、例えば、認知、養子縁組、協議離縁、婚姻に関してはもとより、相手方のない創設的届出（例えば、姻族関係終了届、復氏届、分籍届等）についても同様に取り扱って差し支えないとされていた（昭和三九・二・二二民事甲四〇〇七号回答、昭和五一・一・二三民二―九〇〇号通達前文）。転籍届も相手方のある届出ではないが、届出によって効力を生ずるいわゆる創設的届出の性質を有するものであるから、同様に不受理申出の対象となるものとされていた。

二　不受理申出の法制化後の取扱い

その後、平成一九年法律第三五号による戸籍法の一部改正（平成二〇・五・一施行）により、同法第二七条の二の規定が新設され、不受理申出につき法制化された（同条三項）。この規定によると、不受理申出の対象は、「届出によって効力を生ずべき認知、縁組、離縁、婚姻又は離婚の届出」（同条一項）に限られている。したがって、上記以外の届出である転籍の届出については、不受理申出をすることはできなくなったものと解される（戸籍八一五号六八頁）。

問19　転籍地の市町村長が受理した転籍届に添付された戸籍謄本に在籍者の記載遺漏があったため、転籍戸籍に遺漏者が生じていることを発見した場合は、どのように処理したらよいか。

答　転籍戸籍にのみ記載遺漏が生じている場合は、正しい記載のある戸籍謄本を添付して追完届をさせ、これに基づいて戸籍の記載をする。

解説

一　他の市町村に本籍を移転する、いわゆる管外転籍の届出をする場合には、その届出を現在の本籍地（原籍地）又は届出人の所在地（戸二五条）若しくは転籍地（戸一〇九条）のいずれにする場合でも、現在戸籍の謄本を届書に添付しなければならない（戸一〇八条二項）。これは、転籍地の市町村において新たに戸籍を編製する際に、従前の戸籍内容を知るとともに、その新戸籍（転籍戸籍）に移記すべき事項（戸規三七条・三九条）の資料として必要があるからである。

二　このように、転籍届に添付される戸籍謄本は、転籍地において新たに編製される転籍戸籍の記載の基礎資料となるものであるから、もしその戸籍謄本の記載に誤記又は遺漏があるときは、転籍戸籍の記載にもそごを生ずることになる。例えば、原籍地において、二葉以上にわたる戸籍の謄本を複写機により作成する際に、第二葉以下の謄写を遺漏して作成交付し、届出人もそれに気が付かないで転籍届書にこれを添付して届け出たような場合には、転籍戸籍にも当然に記載の遺漏を生ずることになる。

三　そこで、転籍の届出が転籍地になされた場合には、これを受理した転籍地の市町村長は、当該転籍戸籍を編製・記載した後、その謄本を添付した転籍届書を原籍地に送付すべきものとされている（大正九・一・二〇民事五七〇五号回答）。つまり、その送付を受けた原籍地の市町村長は、先の戸籍謄本の交付後、転籍地で転籍届が受理されるる日までの間に入除籍者の有無等戸籍の変動がなかったかどうか等について戸籍の原本と照合調査を行うとともに、もし原本の記載と相違しているときは、直ちに転籍地の市町村長にその旨を通知して追完又は戸籍訂正等所要の手続をさせることとしている。

四　設問のように、いわゆる管外転籍の届出が、同籍者の記載の謄写を遺漏した戸籍謄本を添付して転籍地になされ、これが受理されて転籍戸籍が編製されたため遺漏者が生じた場合のほかに、例えば、届出人が戸籍謄本の交付を受けてから転籍地に転籍の届出をするまでの間に、婚姻又は縁組により除籍されていた、かつての同籍者が離婚又は離縁により復籍したようなときも、同様に転籍戸籍に遺漏者が生ずることになる。

五　ところで、右のような場合は、転籍戸籍にのみ記載遺漏者が生じているのであるから、転籍届を受理した転籍地の市町村長は、届書に不備があったものとして、届出人に対し正しい記載のある戸籍謄本を添付した追完届をさせ、これに基づいて戸籍の記載をすることになる。

ちなみに、届出の追完は、基本の転籍の届書とは別個の届出の形式によってすることとされており（戸四五条・四四条、大正四・六・二六民五一九号回答）、不備のある届書そのものに直接手を加えて補記又は訂正をすべきでなく、不備の届書はあくまでもそのままにしておいて、別の追完の届出によってこれをすべきものである。つまり、追完は、基本の届書の受理後に追完届の形式によって届書の不備の部分を補正する手続であるから、原則的には届書の受理後、戸籍の記載前に認められるべきものであるが、戸籍の記載後にも認められるいくつかの例外的な場合があり（『設題解説戸籍実務の処理Ⅱ』第二章・第三の問９参照）、設問の事例もその一つの場合である（昭和二五・七・一九民事甲一九五三号回答)。

六　右のとおり、追完届も一つの届出であるから、原則として届出に関する一般の規定が適用され、書面又は口頭(戸三七条)によってしなければならない。届書には、①届出事件を「追完届」と表示し、②届出の年月日、届出人の出生年月日・住所、戸籍の表示等を記載した上、届出人がこれに署名し、印を押さなければならない(戸二九条)。そのほか、基本の届出事件の表示、事件本人の氏名、受理年月日及び追完の事由として、例えば、「上記の転籍届書に添付した戸籍謄本に事件本人(甲野信夫)の記載が遺漏していたため、転籍戸籍に信夫の記載が遺漏した」旨と、追完する事項として「転籍戸籍に事件本人甲野信夫の記載をする」旨をそれぞれ記載する必要がある。なお、この追完届書に添付する戸籍謄本は、先に記載遺漏となっていた者が正しく記載されているものでなければならない。

この場合の戸籍の記載は、次の例によってすることになる(木村三男監修『改訂第2版注解コンピュータ記載例対照戸籍記載例集』三二八頁)。

(紙戸籍の記載例)

1　転籍戸籍中戸籍事項欄〔注〕

「平成弐拾四年九月九日転籍追完届出㊞」

2　転籍戸籍中遺漏者の身分事項欄

(必要事項を移記した次の行に)

「平成弐拾四年九月九日転籍追完届出記載㊞」

(コンピュータシステムによる証明書記載例)

1　転籍戸籍中戸籍事項欄〔注〕

転　籍	【転籍日】平成２３年１１月２０日 【従前本籍】千葉市中央区千葉港５番地
追　完	【追完日】平成２４年９月９日

2　転籍戸籍中遺漏者の身分事項欄

出　生	【出生日】昭和６０年５月１０日 【出生地】千葉市中央区 【届出日】昭和６０年５月２０日 【届出人】父
記　録	【記録日】平成２４年９月９日 【記録事由】転籍追完の届出

〔注〕　転籍に関する戸籍の記載は、在籍者全員に関する事項であるから、戸籍事項欄にも追完があった旨を記載することになる（昭和二五・七・一九民事甲一九五三号回答参照）。

問20　転籍地で転籍の届出を受理し、原籍地へ届書を送付したが、途中で紛失し未着のため、転籍前の戸籍について除籍の手続がとられていないことが判明した場合、どのように処理したらよいか。
また、原籍地において、受理地から転籍届書の送付を受け受附帳に記載されているが、その戸籍に除籍の記載処理がなされていない場合は、どうか。

答　原籍地に転籍届書が送付途中で紛失し未着となっているときは、原籍地市町村長に過誤はないから、受理地の市町村長又はその管轄局において届書を保管中であれば、受理市町村長からその届書謄本の送付を受けて、これを一般の届書が送付された場合と同様に戸籍の記載処理をする。また、原籍地において、転籍地（受理地）からその届書の送付を受け、受附帳に記載しているにもかかわらず、戸籍の記載を遺漏しているときは、原籍地市町村長の過誤に起因するものとなるから、届書を保管中であれば、届書謄本を作成し、管轄局の長の許可を得て所要の訂正をする。

解説

一　原籍地に転籍届書が送付未着の場合

転籍の届出は、戸籍法第二五条の一般原則による届出地、すなわち、本籍地又は所在地のほか、特に同法第一〇九条の規定より転籍先の地の市町村長にも届け出ることが認められている。転籍地の市町村長に転籍の届出がなされ、これを受理した場合は、転籍先の市町村では新戸籍編製の手続に準じて転籍による戸籍を編製し（戸六条参照）、届書の一通（転籍地で編製したいわゆる転籍戸籍の謄本を添付する。**問19**参照）を原籍地の市町村長に送付する。そして、原籍地の市町村では、従前の戸籍について除籍の手続をとったのち、除籍簿への編てつ替えをすることになる（戸一二条）。

ところが、転籍地で届出を受理し、従前の本籍地へ届書を発送したが、途中で紛失し未着となっている場合は、転籍地と原籍地の両方に同一の戸籍が存在する、いわゆる複本籍の状態が生ずることになるが、これは届書の未着に起因するものであり、原籍地の市町村長に過誤はない。そこで、原籍地の市町村長は、従前の戸籍につき次の方法で戸籍の記載をした後、同戸籍について除籍印を押して（戸規四二条・七三条七項・附録第八号様式・第二六号様式）、実際に除籍をした年度の除籍簿に編てつ替えを行う等の処理をすることになる。すなわち、

1　転籍地の市町村又はその管轄局に当該届書が保管中であるときは、転籍地の市町村長から届書謄本の送付を受けて、その届書謄本を一般の届書が送付された場合と同様の処理をする。

2　届書が既に廃棄済みのときは、転籍地の市町村長から戸籍謄本の送付を受け、その謄本に基づいて市町村長限りの職権で戸籍記載書を作成し、戸籍の記載をする。この場合に、右の戸籍中戸籍事項欄には、「平成弐拾参年参月八日大阪市北区老松町二丁目六番地に転籍届出平成弐拾九年六月拾日同区長から戸籍謄本送付消除㊞」（傍線部分の「戸籍謄本」の文字は省略しても差し支えない。）の振合いで記載をする。なお、コンピュータシステムによる証明書記載例は、次のとおりである（木村三男監修『改訂第2版注解コンピュータ記載例対照戸籍記載例集』三二九頁）。

転　　　籍	【転籍日】平成２３年３月８日 【新本籍】大阪市北区老松町二丁目６番地 【送付を受けた日】平成２９年６月１０日 【受理者】大阪市北区長

二　原籍地で除籍の記載処理を遺漏している場合

原籍地において、転籍届の受理地の市町村長からその届書の送付を受けてこれを受理し、受附帳に記載しているにもかかわらず、当該戸籍について除籍の記載処理を遺漏しているときは、その戸籍記載の遺漏について原籍地の市町村長に過誤がある。したがって、届書が保管中であれば、同市町村長は届書の謄本を作成し、管轄局の長の許可を得た上、所要の訂正をする。また、届書が廃棄された後であっても、受附帳の記載によって転籍の届出及び送付のあったことが確認できるから、その写しを作成して戸籍記載許可の申請をすることになる。なお、この場合において、昭和四七年五月二日民事甲第一七六六号通達の趣旨により、あらかじめ管轄局の長の通達によって市町村長限りの職権訂正（記載）の対象として差し支えないとする取扱いが包括的に認められているときは、右の個別許可の申請手続は要しない。

問21　戸籍の筆頭者及びその配偶者以外の者からした転籍届が誤って受理され、戸籍の記載がなされた場合、その転籍は有効か。

答　届出人となることができない者からなされた転籍届が誤って受理され、戸籍の記載がされても、その転籍は無効であるから、届出人は、戸籍訂正許可の裁判を得てする訂正申請に基づいて関係戸籍の訂正処理をすべきである。

ただし、正当な届出人から追完の届出が認められる。

解説

一　転籍届は、いわゆる創設的届出であるから、転籍届の届出人であるべき戸籍の筆頭者及びその配偶者の意思によることなく、それ以外の者から届出がなされ、戸籍の記載がされても、その転籍は無効である。したがって、その後に市町村長がこれを発見したときは、届出人に対し錯誤通知（戸二四条一項本文）をし、届出人又は届出事件の本人から戸籍のある地の家庭裁判所（家事二二六条三号・別表第一の一二四項）に対し、転籍無効による戸籍訂正許可（戸一一四条）の審判を申し立てて、この確定審判に基づき戸籍訂正申請をすべきことになる（明治四三・四・一八民刑八六号回答）。

ただし、正当な届出人からの追完の届出が認められ（昭和二六・二・一二民事甲二三八号回答）、一般に意思能力を有すると認められている一五歳以上の未成年につきその法定代理人が届け出たときも、本人から追完の届出をすることにより有効な転籍とすることができる（昭和三一・一・一四民事甲六三号回答）。

二　届出人又は届出事件の本人が、転籍の無効による戸籍訂正許可の確定審判を得て、戸籍訂正申請をしたときは、転籍先の戸籍を抹消の上転籍前の戸籍を回復することになるが、その具体的な訂正処理の要領は、次のとおりである（木村三男監修『改訂第2版注解コンピュータ記載例対照戸籍記載例集』五七四頁）。

1　紙戸籍の記載例

(1)　転籍により除かれた戸籍

転籍によって除籍簿に編てつされている転籍前の戸籍中その戸籍事項欄に、「転籍無効につき平成弐拾九年九月弐拾日戸籍訂正許可の裁判確定同年拾月拾五日丙原次郎申請同月拾七日新潟市中央区長から送付転籍の記載消除㊞」の振合いで記載をした後、転籍事項に朱線を交差して消除する。除籍簿からの編てつ替えを要しない。

(2)　回復する戸籍

転籍前の戸籍を回復して、その戸籍事項欄に、「転籍無効につき平成弐拾九年九月弐拾日戸籍訂正許可の裁判確定同年拾月拾五日丙原次郎申請同月拾七日新潟市中央長から送付回復㊞」の振合いで記載をする。

(3)　転籍後の戸籍

届出人となることができない者からの転籍届を誤って受理し編製された現戸籍の戸籍事項欄に、「転籍無効につき平成弐拾九年九月弐拾日戸籍訂正許可の裁判確定同年拾月拾五日丙原次郎申請消除㊞」の振合いで記載をした後、転籍事項に朱線を交差して消除するとともに、同戸籍に除籍印を押して除籍簿に編てつする。

2　コンピュータシステムによる証明書記載例

(1)　転籍により除かれた戸籍

消　除	【消除日】平成２９年１０月１７日 【消除事項】転籍事項 【消除事由】転籍無効につき戸籍訂正許可の裁判確定 【裁判確定日】平成２９年９月２０日 【申請日】平成２９年１０月１５日 【申請人】丙原次郎 【送付を受けた日】平成２９年１０月１７日 【受理者】新潟市中央区長 【従前の記録】 　　【転籍日】平成２７年９月１０日 　　【新本籍】新潟市中央区西大畑町５１９１番地 　　【送付を受けた日】平成２７年９月１４日 　　【受理者】新潟市中央区長

(2)　回復する戸籍

戸籍回復	【回復日】平成２９年１０月１７日 【回復事由】転籍無効につき戸籍訂正許可の裁判確定 【裁判確定日】平成２９年９月２０日 【申請日】平成２９年１０月１５日 【申請人】丙原次郎 【送付を受けた日】平成２９年１０月１７日 【受理者】新潟市中央区長

(3)　転籍後の戸籍

戸籍回復	【消除日】平成２９年１０月１５日 【消除事項】転籍事項 【消除事由】転籍無効につき戸籍訂正許可の裁判確定 【裁判確定日】平成２９年９月２０日 【申請日】平成２９年１０月１５日 【申請人】丙原次郎 【従前の記録】 　【転籍日】平成２７年９月１０日 　【従前本籍】東京都千代田区平河町一丁目４番地

二　届書の審査

問22　転籍届が窓口に提出された場合、審査のポイントは何か。

答　後述（解説）のとおりである。

解　説

一　届出人は、戸籍の筆頭者及びその配偶者であることを要する

転籍の届出は、戸籍の筆頭者及びその配偶者のみがすることができ（戸一〇八条一項）、それ以外の者（同籍者）からの届出は認められない。転籍届についてはまずこの適否について審査の上受否を決定しなければならない（問3・問4・問15）。

二　新本籍の表示は、土地登記簿による土地の名称及び地番号又は住居表示台帳により街区符号と一致することを要する

転籍届による新本籍をどこに定めるかは届出人の自由であるが、新本籍地の表示である土地の名称及び地番号又は街区符号等は、土地登記簿又は住居表示台帳の記載によってこれを記載すべきものである（戸規三条、住居表示に関する法律六条・九条等）。したがって、届出人がこれらの公簿の記載とは異なった独自の表示をして届け出たり、また、市町村の行政上の便宜のために付された通称名等を記載して届け出ることも許されない（昭和七・八・二六民事甲八五八号回答）。転籍届の「新しい本籍」の表示、特に土地の名称、地番号又は街区符号等の適否について原則として土地台帳等と照合し、これが適正であることを確認した上で受理すべきである（問17参照）。もし、その市町村内に該当地のない名称、地番号が新本籍として表示された転籍の届出があったときは、これを不受理とするか（昭和二四・九・二六和歌山・有田郡戸協決）、あるいは届出人に補正を求めた上で受否を決定する必要がある。

なお、地番号をもって表示されている本籍について、街区符号による表示に変更する場合は、すべて転籍として取り扱うこととされている（昭和五一・一一・五民二―五六四一号通達）。

三　転籍地から原籍地に送付する転籍届書には、転籍地で新たに編製した戸籍の謄本の添付を要する

管外転籍の場合には、添付書類として当該戸籍の謄本の添付を要する（戸一〇八条二項）。これは、転籍による戸籍編製の際の移記資料とするためであるから、管内転籍の場合は不要である（問13参照）。ところで、先例によれば、原籍地で転籍届を受理する場合には、転籍地に送付すべきもの一通を添付すれば足りるし（大正三・一二・二八民九九九号回答）、これとは逆に転籍地において転籍届を受理したときは、添付された戸籍謄本に基づき新戸籍を編製した後、その謄本を添付して届書を原籍地に送付するものとされている（大正九・一・二〇民事五七〇五号回答）。つまり、原籍地又は転籍地のいずれに転籍届を提出する場合でも、添付する戸籍謄本は一通のみで差し支えないことになる（大正一一・六・一二民事甲二〇三八号回答）。

ここで注意を要するのは、原籍地で転籍届を受理し、転籍地に対し届書を送付する際には、転籍地において新戸籍の編製上必要であるため当該戸籍の謄本を添付すべきことはいうまでもないが（戸一〇八条二項）、転籍地で届出を受理した場合においても、転籍戸籍を新たに編製した後は、その戸籍謄本を必ず届書に添付して原籍地に送付すべきこととされている点である。この取扱いをする趣旨は、原籍地の市町村長が転籍地から送付された当該戸籍の謄本につきその原本の記載と照合して、その記載が正確に行われたか否かを確認することによって、戸籍の記載の正確性を担保しようとするものである。

したがって、他の市町村への転籍届がその転籍地になされ、当該戸籍の謄本を添付した届書が原籍地に送付された場合には、その送付を受けた原籍地の市町村長は、戸籍謄本の交付後転籍地で転籍届が受理される日までの間に、戸籍の変動、特に入・除籍者の有無、あるいは、戸籍謄本の改ざん（例えば、転籍戸籍に自分の望む不実の名や生年月日を記載させる目的で、添付べき戸籍謄本を改ざんする例がある。）がなされていないか等について、戸籍の原本と照合し確認する必要がある。もし、原本と相違しているとき、例えば、入・除籍者等があった場合は、転籍地の市町村長に対し速やかにその旨通知して同市町村が追完又は戸籍訂正等所要の是正手続を進められるよう留意すべきである（木村三男・神崎輝明『改訂　戸籍届書の審査と受理』五三七頁以下）。

四　届出人以外の同籍者の氏名及び住所の記載を要する

転籍届における事件本人は、届出人だけでなく転籍戸籍の在籍者全員と解される（昭和三〇・二・二二民事甲三四九号回答）ことから、その届書には、同籍者全員の氏名及び住所を記載すべきものとされている（戸二九条四号、大正五・一一・六民一三六三号回答、昭和三〇・二・二二民事甲三四九号回答）。この記載は、いうまでもなく在籍者全員の住民票の本籍欄の記載の更正処理又はそのための住所地市町村長に対する通知（住基九条二項）をする上でも必要な記載であるから、同一市町村内に転籍する場合であっても、届書にこの記載を省略する取扱いは認められない（昭和三九・二・二六民事甲三八六号回答）。

したがって、転籍届を受理するに当たっては、右の記載の有無及びその適否についても審査することを要する。

三　転籍に関する届出事例及び戸籍記載等の処理例

1　同一市町村内での転籍届を単身の筆頭者が本籍地に届け出た場合（二七五頁～二七八頁参照）

この例は、単身者である戸籍の筆頭者が本籍地市町村内の他の場所に本籍を変更する転籍の届出を、本籍地市町村長にした場合である（**問3**）。

2　配偶者の一方が所在不明により意思表示ができないため他の一方から夫婦双方の名義で新本籍地に転籍の届出をした場合（二七九頁～二八六頁参照）

この例は、妻の所在が不明で、意味を表示することができないため、夫が夫婦双方の名義で、新本籍地の市町村長に転籍の届出をした場合である（**問3**）。

3　一五歳未満の筆頭者が他の市町村に転籍する届出をその未成年後見人が転籍地にした場合（二八七頁～二九二頁参照）

この例は、戸籍の筆頭者が一五歳未満であるため、その者の未成年後見人が未成年被後見人の本籍を他の市町村に転籍する届出を新本籍地の市町村長にした場合である（**問4**）。

4　戸籍の筆頭に記載されている者の生存配偶者が住所地の市町村（非本籍地）に転籍する届出を現在の本籍地にした場合（二九三頁～三〇〇頁参照）

この例は、戸籍の筆頭者が死亡後に、その生存配偶者である妻が、住所地の市町村（非本籍地）に転籍する届出を、現在の本籍地の市町村長にした場合である（**問3参照**）。

1　同一市町村内での転籍届を単身の筆頭者が本籍地に届け出た場合

【届書の記載】

〔図1〕

転　籍　届

平成30年２月６日　届出

東京都千代田区 長 殿

受理　平成30年２月６日 第　128　号			発送　平成　年　月　日		
送付　平成　年　月　日 第　号			長印		
書類調査 印	戸籍記載 印	記載調査 印	附票 印	住民票 印	通知

本籍	東京都千代田区平河町２丁目　4　番地 ~~番~~	
	（よみかた）こう　の　よしたろう	
	筆頭者の氏名　甲　野　義太郎	
新しい本籍	東京都千代田区西神田２丁目　3　番地 ~~番~~	

おなじ戸籍にある人	（よみかた）よしたろう	（住所…住民登録をしているところ）	（世帯主の氏名）
	筆頭者（名）義太郎	東京都千代田区西神田２丁目　3　~~番地~~ 番　1　号	甲野義太郎
	配偶者	番地 番　号	
		番地 番　号	
		番地 番　号	
		番地 番　号	
その他			

届出人署名押印	筆頭者　甲　野　義太郎 ㊞	配偶者　印
生年月日	昭和61年11月12日	年　月　日

届出人		
（転籍する人が十五歳未満のときに書いてください。届出人となる未成年後見人が３人以上のときは、ここに書くことができない未成年後見人について、その他欄又は別紙（様式任意。届出人全員の契印が必要）に書いてください。）		
資格	親権者（□父　□養父）　□未成年後見人	親権者（□母　□養母）　□未成年後見人
住所	番地 番　号	番地 番　号
本籍	番地 番　筆頭者の氏名	番地 番　筆頭者の氏名
署名押印	印	印
生年月日	年　月　日	年　月　日

（注）１　届出人は、筆頭者とその配偶者であるのが通常であるから、このような場合は届出人の表示を要しない。また、筆頭者が単身の場合も同様である。

２　届出人のうちの他の一方が双方名義で届け出したり、あるいは法定代理人が届け出した場合には、届出人の表示の記載を要する（戸規三〇②）

３　本例の場合は、転籍後の本籍の表示については、土地の名称及び地番号又は街区符号の番号を記載すれば足り、都道府県郡市区町村名の記載は要しない（昭和五四・八・二一民二―四三九〇号通達）。

【戸籍受附帳の記載】

〔図２〕

受附番号	受理送付の別	受附月日（事件発生月日）	件名	届出事件本人の氏名（届出人の資格氏名）	本籍又は国籍	備考
一二八	受理	二月六日	転籍	甲野義太郎	平河町二丁目四番地	新本籍 西神田二丁目三番地

（注）　備考欄には、新本籍の場所を記載する。

【戸籍の記載】

〔図３－１〕

本籍	東京都千代田区平河町一丁目四番地 西神田二丁目三番地
氏名	甲野義太郎

（編製事項省略）

平成参拾年弐月六日西神田二丁目三番地に転籍届出㊞〔法定一九九〕

（出生事項・婚姻事項省略）

父	甲野幸雄
母	松子
	長男
夫	義太郎
出生	昭和六拾壱年拾壱月拾弐日

（注）　本事例は、筆頭者が外国人と婚姻している場合の事例である。

〔図３－２〕
(コンピュータシステムによる証明書記載例)

(1の1)　全 部 事 項 証 明

本　　籍 氏　　名	東京都千代田区西神田二丁目３番地 甲野　義太郎
戸籍事項 戸籍編製 転　　籍〔法定199〕	 (編製事項省略) 【転籍日】平成３０年２月６日 【従前の記録】 【本籍】東京都千代田区平河町二丁目４番地
戸籍に記録されている者	【名】義太郎 【生年月日】昭和６１年１１月１２日　　【配偶者区分】夫 【父】甲野幸雄 【母】甲野松子 【続柄】長男
身分事項 出　　生	 (出生事項省略)
婚　　姻	(婚姻事項省略)
	以下余白

発行番号

2　配偶者の一方が所在不明により意思表示ができないため他の一方から夫婦双方の名義で新本籍地に転籍の届出をした場合

【届書の記載】

〔図4〕

転　籍　届	受理　平成30年1月20日 第　29　号	発送　平成30年1月20日
平成30年1月20日　届出	送付　平成30年1月22日 第　51　号	東京都千代田区長 印
東京都千代田区長殿	書類調査 印 ／ 戸籍記載 印 ／ 記載調査 印 ／ 附票 印 ／ 住民票 印 ／ 通知	

本籍	千葉市中央区千葉港　5 番地（番）	
	（よみかた）こう　の　よしたろう 筆頭者の氏名　甲野　義太郎	
新しい本籍	東京都千代田区平河町1丁目　4 番地（番）	

おなじ戸籍にある人	（よみかた）	（住所…住民登録をしているところ）	（世帯主の氏名）
	よしたろう 筆頭者（名）義太郎	東京都千代田区平河町2丁目　3番（番地）　5号	甲野義太郎
	うめ　こ 配偶者　梅子	同上　番地　番　号	同上
		番地　番　号	
		番地　番　号	
		番地　番　号	

その他	筆頭者の妻甲野梅子は行方不明のため夫が夫婦双方の名義で届出をする。 添付書類　戸籍謄本　梅子　平成2年12月11日生	
届出人署名押印生年月日	筆頭者　甲野　義太郎 印 昭和61年11月12日	配偶者　印 年　月　日

届　出　人

（転籍する人が十五歳未満のときに書いてください。届出人となる未成年後見人が3人以上のときは、ここに書くことができない未成年後見人について、その他欄又は別紙（様式任意。届出人全員の契印が必要）に書いてください。）

資格	親権者（□父　□養父）□未成年後見人	親権者（□母　□養母）□未成年後見人
住所	番地　番　号	番地　番　号
本籍	番地　番　筆頭者の氏名	番地　番　筆頭者の氏名
署名押印	印	印
生年月日	年　月　日	年　月　日

【戸籍受附帳の記載】

〔図5〕

一　転籍地

受附番号	受理送付の別	受附月日（事件発生月日）	件名	届出事件本人の氏名（届出人の資格氏名）	本籍又は国籍	備考
二九	受理	一月二〇日	転籍	甲野義太郎 梅子	平河町一丁目四番地	妻行方不明につき夫が夫婦名義で届出 従前本籍 千葉市中央区千葉港五番地 一月二〇日発送

（注）備考欄に、従前本籍及び届書発送日を記載する。

なお、「本籍又は国籍」欄に原本籍を記載し、備考欄に新本籍を記載する取扱いでも差し支えない。

二　原籍地

受附番号	受理送付の別	受附月日（事件発生月日）	件名	届出事件本人の氏名（届出人の資格氏名）	本籍又は国籍	備考
五一	送付	一月二二日	転籍	甲野義太郎 梅子	千葉港五番地	妻行方不明につき夫が夫婦名義で届出 新本籍 東京都千代田区平河町一丁目四番地

（注）備考欄に、新本籍を記載する。

【戸籍の記載】

〔図6－1〕

転籍後の戸籍

本籍　東京都千代田区平河町一丁目四番地

氏名　甲野　義太郎

平成参拾年壱月弐拾日千葉市中央区千葉港五番地から転籍夫が夫婦名義で届出㊞

（出生事項・婚姻事項省略）

父　甲野一郎
母　花子
長男

夫　義太郎

出生　昭和六拾壱年拾壱月拾弐日

（出生事項・婚姻事項省略）

父	母	妻	生出
乙川光男	竹子	梅子	平成弐年拾弐月拾壱日
二女			

父	母		生出

〔図6－2〕

転籍前の戸籍

除籍

本籍	千葉市中央区千葉港五番地
氏名	甲野義太郎

（編製事項省略）

平成参拾年壱月弐拾日東京都千代田区平河町一丁目四番地に転籍夫が夫婦名義で届出同月弐拾弐日同区長から送付消除㊞

（出生事項・婚姻事項省略）

父	甲野一郎
母	花子
長男	
夫	義太郎
出生	昭和六拾壱年拾壱月拾弐日

（注）事項末尾の「消除」は「本戸籍消除」の意味である。

（出生事項・婚姻事項省略）

父	母		妻	出生
乙川光男	竹子	二女	梅子	平成弐年拾弐月拾壱日

父	母		出生

〔図６－３〕

転籍後の戸籍（コンピュータシステムによる証明書記載例）

（1の1）　全部事項証明

本　　籍 氏　　名	東京都千代田区平河町一丁目４番地 甲野　義太郎
戸籍事項 　転　　籍	 【転籍日】平成３０年1月２０日 【従前本籍】千葉市中央区千葉港５番地 【届出人】夫 【特記事項】夫婦名義で届出
戸籍に記録されている者	 【名】義太郎 【生年月日】昭和６１年１１月１２日　　【配偶者区分】夫 【父】甲野一郎 【母】甲野花子 【続柄】長男
身分事項 　出　　生 　婚　　姻	 （出生事項省略） （婚姻事項省略）
戸籍に記録されている者	 【名】梅子 【生年月日】平成２年１２月１１日　　【配偶者区分】妻 【父】乙川光男 【母】乙川竹子 【続柄】二女
身分事項 　出　　生 　婚　　姻	 （出生事項省略） （婚姻事項省略）
	以下余白

発行番号

〔図6－4〕

転籍前の戸籍（コンピュータシステムによる証明書記載例）

<table>
<tr><td>除　　　籍</td><td>（1の1）　全部事項証明</td></tr>
<tr><td>本　　　籍
氏　　　名</td><td>千葉市中央区千葉港５番地
甲野　義太郎</td></tr>
<tr><td>戸籍事項
　戸籍編製
　転　　籍</td><td>
（編製事項省略）
【転籍日】平成３０年1月２０日
【新本籍】東京都千代田区平河町一丁目４番地
【届出人】夫
【送付を受けた日】平成３０年1月２２日
【受理者】東京都千代田区長
【特記事項】夫婦名義で届出</td></tr>
<tr><td>戸籍に記録されている者</td><td>【名】義太郎

【生年月日】昭和６１年１１月１２日　　【配偶者区分】夫
【父】甲野一郎
【母】甲野花子
【続柄】長男</td></tr>
<tr><td>身分事項
　出　　生

　婚　　姻</td><td>
（出生事項省略）

（婚姻事項省略）</td></tr>
<tr><td>戸籍に記録されている者</td><td>【名】梅子

【生年月日】平成２年１２月１１日　　【配偶者区分】妻
【父】乙川光男
【母】乙川竹子
【続柄】二女</td></tr>
<tr><td>身分事項
　出　　生

　婚　　姻</td><td>
（出生事項省略）

（婚姻事項省略）</td></tr>
<tr><td></td><td>以下余白</td></tr>
</table>

発行番号

3　一五歳未満の筆頭者が他の市町村に転籍する届出をその未成年後見人が転籍地にした場合

【届書の記載】

〔図7〕

転　籍　届 平成30年2月20日　届出 東京都千代田区 長 殿	受理　平成30年2月20日 第　52　号 送付　平成30年2月25日 第　46　号	発送　平成30年2月20日 東京都千代田区 長 印

書類調査	戸籍記載	記載調査	附票	住民票	通知
印	印	印	印	印	

本籍	東京都目黒区目黒1丁目　8　番地 ~~番~~ （よみかた）　こうの　じろう 筆頭者の氏名　甲 野 二 郎		
新しい本籍	東京都千代田区平河町1丁目　4　番地 ~~番~~		
おなじ戸籍にある人	（よみかた）じろう 筆頭者（名）　二　郎	（住所…住民登録をしているところ） 東京都千代田区平河町2丁目　3　~~番地~~ 番　5　号	（世帯主の氏名） 山田太郎
	配偶者	番地 番　号	
		番地 番　号	
		番地 番　号	
		番地 番　号	
その他			
届出人署名押印生年月日	筆頭者　印 年　月　日	配偶者　印 年　月　日	

届出人 （転籍する人が十五歳未満のときに書いてください。届出人となる未成年後見人が3人以上のときは、ここに書くことができない未成年後見人について、その他欄又は別紙（様式任意。届出人全員の契印が必要）に書いてください。）		
資格	親権者（□父　□養父）☑未成年後見人	親権者（□母　□養母）□未成年後見人
住所	東京都千代田区平河町2丁目 3　~~番地~~ 番　5　号	番地 番　号
本籍	東京都千代田区平河町1丁目 4　番地 ~~番~~　筆頭者の氏名　山田太郎	番地 番　筆頭者の氏名
署名押印	山 田 太 郎　印	印
生年月日	昭和42年8月8日	年　月　日

【戸籍受附帳の記載】

〔図8〕

一 転籍地

受附番号	受理送付の別	受附月日（事件発生月日）	件名	届出事件本人の氏名（届出人の資格氏名）	本籍又は国籍	備考
五二	受理	二月二〇日	転籍	甲野二郎（未成年後見人 山田太郎）	平河町一丁目四番地	従前の本籍 目黒区目黒一丁目八番地 二月二〇日発送

（注） 備考欄に、従前本籍及び届書発送日を記載する。
なお、「本籍又は国籍」欄に原本籍を記載し、備考欄に新本籍を記載する取扱いでも差し支えない。

二 原籍地

受附番号	受理送付の別	受附月日（事件発生月日）	件名	届出事件本人の氏名（届出人の資格氏名）	本籍又は国籍	備考
四六	送付	二月二五日	転籍	甲野二郎（未成年後見人 山田太郎）	目黒一丁目八番地	新本籍 千代田区平河町一丁目四番地

（注） 備考欄に、新本籍を記載する。

【戸籍の記載】

転籍後の戸籍

〔図9－1〕

本籍	東京都千代田区平河町一丁目四番地
氏名	甲野二郎

平成参拾年弐月弐拾日東京都目黒区目黒一丁目八番地から転籍未成年後見人山田太郎届出㊞

（身分事項省略）

父	甲野義太郎
母	梅子
	二男
名	二郎
出生	平成弐拾四年五月五日

〔図9－2〕

転籍前の戸籍

除籍

本籍　東京都目黒区目黒一丁目八番地

氏名　甲野二郎

（編製事項省略）

平成参拾年弐月弐拾日東京都千代田区平河町一丁目四番地に転籍未成年後見人山田太郎届出同月弐拾五日同区長から送付消除㊞

（身分事項省略）

父　甲野義太郎
母　梅子
二男

二郎

出生　平成弐拾四年五月五日

〔**図９－３**〕
転籍後の戸籍（コンピュータシステムによる証明書記載例）

（1の1）　全部事項証明

本　　籍	東京都千代田区平河町一丁目４番地
氏　　名	甲野　二郎
戸籍事項 転　　籍	【転籍日】平成３０年2月２０日 【従前本籍】東京都目黒区目黒一丁目８番地 【届出人】未成年後見人　山田太郎
戸籍に記録されている者	【名】二郎 【生年月日】平成２４年5月5日 【父】甲野義太郎 【母】甲野梅子 【続柄】二男
身分事項 出　　生	(出生事項省略)
未成年者の後見	(未成年後見事項省略)
	以下余白

発行番号

〔図９－４〕
転籍前の戸籍（コンピュータシステムによる証明書記載例）

除　　籍	（1の1）	全部事項証明
本　　籍 氏　　名	東京都目黒区目黒一丁目８番地 甲野　二郎	
戸籍事項 　戸籍編製 　転　　籍	 （編製事項省略） 【転籍日】平成３０年２月２０日 【新本籍】東京都千代田区平河町一丁目４番地 【届出人】未成年後見人　山田太郎 【送付を受けた日】平成３０年２月２５日 【受理者】東京都千代田区長	
戸籍に記録されている者	 【名】二郎 【生年月日】平成２４年５月５日 【父】甲野義太郎 【母】甲野梅子 【続柄】二男	
身分事項 　出　　生	 （出生事項省略）	
養子離縁	（離縁事項省略）	
未成年者の後見	（未成年後見事項省略）	
	以下余白	

発行番号

4　戸籍の筆頭に記載されている者の生存配偶者が住所地の市町村（非本籍地）に転籍する届出を現在の本籍地にした場合

【届書の記載】

〔図10〕

転　　籍　　届

平成29年７月14日　届出

千葉市中央区 長 殿

受理　平成29年７月14日 第　1356　号			発送　平成29年７月14日			
送付　平成29年７月17日 第　1555　号			千葉市中央区 長 印			
書類調査	戸籍記載	記載調査	附　票	住民票	通　知	

本籍	千葉市中央区千葉港　5　番地 ~~番~~ （よみかた）　こう　の　よしたろう 筆頭者の氏名　甲　野　義太郎		
新しい本籍	東京都千代田区平河町二丁目　4　番地 ~~番~~		
おなじ戸籍にある人	（よみかた）よしたろう 筆頭者（名） 亡　義太郎	（住所…住民登録をしているところ） 番地 番　号	（世帯主の氏名）
	配偶者 梅《うめ》子《こ》	東京都千代田区平河町二丁目　4　~~番地~~ 番　10　号	
		番地 番　号	
		番地 番　号	
		番地 番　号	
その他	筆頭者甲野義太郎死亡のため、生存配偶者から届出する。		
届出人署名押印 生年月日	筆頭者　印 年　月　日	配偶者　甲　野　梅　子　㊞ 昭和　33　年　11　月　25　日	

届　出　人

（転籍する人が十五歳未満のときに書いてください。届出人となる未成年後見人が３人以上のときは、ここに書くことができない未成年後見人について、その他欄又は別紙（様式任意。届出人全員の契印が必要）に書いてください。）

資格	親権者（□父　□養父）　□未成年後見人	親権者（□母　□養母）　□未成年後見人
住所	番地 番　号	番地 番　号
本籍	番地 番　筆頭者の氏名	番地 番　筆頭者の氏名
署名押印	印	印
生年月日	年　月　日	年　月　日

【戸籍受附帳の記載】

〔図11〕

一　原籍地

受附番号	受理送付の別	受附月日（事件発生月日）	件名	届出事件本人の氏名（届出人の資格氏名）	本籍又は国籍	備考
一三五六	受理	七月一四日	転籍	甲野梅子	千葉港五番地	新本籍 東京都千代田区平河町二丁目四番地 筆頭者　亡甲野義太郎 七月一四日送付

（注）備考欄に、新本籍、亡筆頭者の氏名及び届書発送日を記載する。

二　転籍地

受附番号	受理送付の別	受附月日（事件発生月日）	件名	届出事件本人の氏名（届出人の資格氏名）	本籍又は国籍	備考
一五五五	送付	七月一七日	転籍	甲野梅子	平河町二丁目四番地	従前本籍 千葉市中央区千葉港五番地 筆頭者　亡甲野義太郎

（注）備考欄に、従前本籍、亡筆頭者の氏名及び届書発送日を記載する。

【戸籍の記載】

転籍後の戸籍

〔図12－1〕

本籍	東京都千代田区平河町二丁目四番地
氏名	甲野　義太郎

平成弐拾九年七月拾四日千葉市中央区千葉港五番地から転籍届出同月拾七日同区長から送付㊞

父	母	続柄	名	出生
甲野幸雄	松子	長男	義太郎（×印で抹消）	昭和弐拾八年八月弐拾参日

（注）　亡筆頭者の身分事項欄の記載は移記を要しない。

（出生事項省略）

父	乙野忠治
母	春子
	二女
	梅子
出生	昭和参拾参年拾壱月弐拾五日

父	
母	
出生	

〔図12-2〕

転籍前の戸籍

除籍

本籍　千葉市中央区千葉港五番地

氏名　甲野義太郎

（編製事項省略）

平成弐拾九年七月拾四日東京都千代田区平河町
二丁目四番地に転籍届出消除㊞

（出生事項省略）

（婚姻事項省略）

（死亡事項省略）

父　甲野幸雄
母　松子
長男

夫　義太郎

出生　昭和弐拾八年八月弐拾参日

（出生事項省略）
（婚姻事項省略）
（配偶者死亡事項省略）

父	乙野忠治
母	春子
続柄	二女
妻	梅子
生出	昭和参拾参年拾壱月弐拾五日

父	
母	
生出	

〔**図12－３**〕

転籍後の戸籍（コンピュータシステムによる証明書記載例）

（1の1）　全部事項証明

本　　籍 氏　　名	東京都千代田区平河町二丁目４番地 甲野　義太郎
戸籍事項 転　　籍	【転籍日】平成２９年７月１４日 【従前本籍】千葉市中央区千葉港５番地 【送付を受けた日】平成２９年７月１７日 【受理者】千葉市中央区長
戸籍に記録されている者 除　　籍	【名】義太郎 【生年月日】昭和２８年８月２３日 【父】甲野幸雄 【母】甲野松子 【続柄】長男
戸籍に記録されている者	【名】梅子 【生年月日】昭和３３年１１月２５日 【父】乙野忠治 【母】乙野春子 【続柄】二女
身分事項 出　　生	（出生事項省略）
	以下余白

発行番号

〔**図12－4**〕
転籍前の戸籍（コンピュータシステムによる証明書記載例）

除　　籍	（1の1）　全部事項証明
本　　籍 氏　　名	千葉市中央区千葉港５番地 甲野　義太郎
戸籍事項 戸籍編製 転　　籍	 （編製事項省略） 【転籍日】平成２９年７月１４日 【新本籍】東京都千代田区平河町二丁目４番地
戸籍に記録されている者 除　　籍	【名】義太郎 【生年月日】昭和２８年８月２３日 【父】甲野幸雄 【母】甲野松子 【続柄】長男
身分事項 出　　生	 （出生事項省略）
婚　　姻	（婚姻事項省略）
死　　亡	（死亡事項省略）
戸籍に記録されている者	【名】梅子 【生年月日】昭和３３年１１月２５日 【父】乙野忠治 【母】乙野春子 【続柄】二女
身分事項 出　　生	 （出生事項省略）
婚　　姻	（婚姻事項省略）
配偶者の死亡	（配偶者死亡事項省略）
	以下余白

発行番号

第三章　就　籍

第一　就籍一般

問1　就籍とは、何か。

答　日本国籍を有していながら、いまだ戸籍に記載されていない者について、その記載をするための手続、すなわち、新たに戸籍を設けることをいう。

解説　日本の戸籍制度は、日本国民のすべてが戸籍に記載されるのが建前とされ、通常、出生、棄児発見、認知による国籍取得、帰化などの事由によって戸籍に記載される（国二条・三条・四条、戸四九条・五七条等）。つまり、国籍法の規定によって日本国籍を有する者は、すべて本籍を有し戸籍法の適用を受けるべきものであるから（属人的効力）、当然に戸籍に記載されることになる。

しかし、①出生の届出義務者がなく、その届出がなされていない者、②本籍を有することが明らかでない者（**問3**参照）、③親子関係不存在確認の裁判による戸籍訂正の結果、戸籍を消除されるに至ったが、出生の届出がなされていない者、④日本の領土であった樺太及び千島（国後、択捉、歯舞、色丹のいわゆる北方地域を除く。）に本籍を定めていたが、平和条約の発効（昭和二七・四・二八）によって日本の領土でなくなった結果本籍を有しなくなった者（問7参照）等がある。就籍とは、このように、出生により日本国籍を取得した者（国二条）について、出生の届出をすべき者がないため、補充的に戸籍の記載をする手続である点で、出生届に代わるものであり、家庭裁判所の事前の許可が要るだけで、実質的には、本人からする出生届ということができる（青木義人ほか『戸籍セミナー(1)』二六頁）。

問2　就籍の届出は創設的なものか、又は報告的なものか。

答　報告的届出の性質を有する。しかし、就籍の届出によって就籍者の本籍が新たに設定される点においては、創設的届出の性格をも有する。

解説　就籍の届出をするには、その前提として家庭裁判所の許可（戸一一〇条）、又は日本国籍存在確認、親子関係存在確認の判決等戸籍に記載されるべき者であることが明らかとなる身分関係に関する確定判決（戸一一一条）を要する。

就籍届の性質については、右の就籍の許可審判又は確定判決によって就籍の効果が生ずるものと解して報告的届出とする見解もあり、あるいは、就籍する本籍の選定は、当事者の届出によって効力を生ずるものと解し、創設的届出とする見解もある。しかし、就籍の本来の目的が、日本国籍を有しながら出生の届出がなされない等の事由で戸籍に登載されていない者を新たに記載することであり、その戸籍の記載は、許可の審判又は確定判決を前提として、これに基づく届出によってなされるものである。そして、戸籍に記載されるべき者が無籍の状態にあることは、戸籍制度の趣旨に反するものであるから、出生の届出義務者が死亡している、又は所在不明である等の事由により戸籍に記載されていない者は就籍の手続をなすべき義務を負うと解すべきであるとされる。また、就籍届は、子の氏の変更許可審判に基づく父又は母の氏を称する入籍届（民七九一条一項、戸九八条一項）や氏名変更の届出（戸一〇七条・一〇七条の二）等の場合と異なり、戸籍法は就籍届について届出義務者と届出期間を定め、本籍を有しない者は許可の審判又は判決確定の日から一〇日以内に届出をすべき義務が生ずるものとされていることから（戸一一〇条・一一一条）、就籍届は報告的届出であるといえる（木村三男『戸籍届書の審査と受理Ⅱ』二八九頁参照）。

なお、就籍すべき本籍は、審判において指定され、審判の確定によって当然にその指定された本籍に就籍の効力が生ずるとする戸籍先例（昭和二九・四・一四民事甲七五二号回答）があるが、就籍の届出は、就籍の許可審判又は確定判決によって直ちにその効力が生ずるわけではなく、届出に基づいて戸籍に記載されることが就籍であるから、その前提として、本籍は当事者が届出において定めるべきであり、この限りにおいて就籍届は創設的性質を兼有するとする有力な見解がある（青木義人・大森政輔『全訂戸籍法』四五〇頁）〔注〕。

〔注〕就籍者については、家庭裁判所の許可による場合は審判書記載の、また、確定判決による場合は、その届出の際に任意に定めた本籍及び氏をもって新戸籍を編製するものとされている（戸籍実務研究会編『初任者のための戸籍実務の手引き（改訂新版第六訂）』三〇五頁）。

第二　就籍の要件

問3　就籍が認められるのは、どのような者か。

答　日本国籍を有しながら本籍を有しない者で、かつ、その者が生存していることを要する。

解説

一　日本国籍を有する者であること

就籍は、日本国籍を有する者についてのみ認められ（第一の**問1**参照）、日本国籍を有しない者（外国人及び無国籍者）について認められないのは当然である（大正一一・五・一六民事三二三六号回答）。したがって、外国人や無国籍者に対する就籍許可のように審判が誤ってなされたことが添付書類によって明らかな場合には、その届出は受理すべきでないとされる（昭和三〇・二・一五民事甲二八九号通達）。仮に、そのような就籍の許可と届出に基づいて戸籍が編製されても、そのために事件本人の日本国籍が回復されたり、帰化によって日本国籍を取得したのと同じ効果が生ずることもないから、当該戸籍は戸籍訂正手続によって消除されるべきものである（昭和三一・三・六民事甲三八九号回答）。就籍については、日本国籍の有無は、国籍法の規定により判断すべきであり、また、後述の本籍の有無等につき十分に調査をする必要があることから、家庭裁判所の許可を得ることとされている（戸一一〇条）。

二　本籍を有しない者であること

就籍が認められるためには「本籍がない者（無籍者）」であることを要するが、「本籍が明らかでない者（本籍不明者）」についても就籍が認められる（大正一〇・四・四民事一三六一号回答）。

無籍者とは、本来、戸籍法の施行地域内に本籍を有すべき者、すなわち、⑴日本国籍を有しながら、出生届未了のうちにその届出義務者が死亡し、又は行方不明となり、他に出生届をすることができる者がなく、しかも出生に関する資料が得られないため、職権による戸籍記載手続（戸四四条三項・二四条二項）をとることもできない者〔注〕、及び⑵従前、樺太及び千島（国後、択捉、色丹及び歯舞のいわゆる北方地域を除く。）に本籍を有していた者で、昭和二七年四月二八日の平和条約発効前に内地に転籍しなかった者（第二章問6参照）とがある。また、出生の届出に基づいて戸籍に記載されたが、後に戸籍上の父母との親子関係不存在確認の裁判が確定し、その裁判に基づく戸籍訂正によって消除された者について、改めて出生届又は職権による戸籍記載をすることができない者等も無籍者に入ると解される（木村三男『戸籍届書類の審査と受理Ⅱ』二七八頁）。なお、出生届の届出義務者は現存するが、何らかの事由でその届出をしない場合に、市町村長が出生の事実及びその出生子の父母等を知り得る資料を得たときは、戸籍法第四四条の規定に基づいて、管轄局の長の許可を得て職権記載をすることができるとされている（昭和二五・九・二二民事甲二五三七号回答）。また、本籍不明者とは、戸籍法の施行地域内に本籍を有すること（日本国民）は確かであるが、それが具体的に明らかでない者をいい、例えば、届出事件の当事者が自己の本籍の所在を忘失したり、本人が本籍を知らない場合等がある。しかし、無籍と本籍不明とは実質的にこれを区別するのは困難と考えられている（昭和三一・五・二民事甲八三八号通達参照）。

三　生存している者であること

既に死亡した者については、原則として就籍は許されない（**問4**参照）。

〔**注**〕　近年のいわゆる無戸籍者の問題を受け、無籍者を戸籍に記載するための手続を周知する通知が発出されている（平成二六・七・三一民一―八一八号通知）。この通知では、民法第七七二条の規定により母の元夫の嫡出子と推定される無籍者を戸籍に記載するための手続について、①法務局等において母子関係を認定できる場合には、無籍者の母に対して届出の催告を行い（戸四四条一項・二項）、それでも、届出がされない場合又は催告ができない場合は、法務局等の長の許可を得て、職権により母の元夫の戸籍に記載する（戸四四条三項・二四条二項）、②法務局等において母子関係が認定できなかった場合は、親子関係存在確認の手続をとり、その裁判が確定した場合は、就籍届により無籍者を元夫の戸籍に記載する（戸一一一条）、③親子関係存在確認の手続によっても母子関係が認められない場合は、家庭裁判所における就籍許可の手続をとり、申立てを認容する裁判がされた場合には、就籍の届出（戸一一〇条）により戸籍に記載することとしている。

問４　死亡した者について就籍は許されるか。

答　既に死亡している者については、就籍は許されない。

解説

一　死亡者の就籍の可否

就籍とは、現に無籍である者のために本籍を設定することであるが、死亡者にはもともと本籍がなく、戸籍の在籍者でも死亡により戸籍から除かれるのであるから（戸一二三条）、死亡後にその戸籍の記載に異動を生ずることや、死亡者について新たに戸籍の記載がなされることはあり得ない。死亡後に戸籍の記載に異動を生ずることもあるが、これは生前既に発生し又は遡及的に発生した原因に基づくものであって、生前に記載されるべきであったものが届出の遅滞その他の事由で記載処理の時期が死亡後になったに過ぎない場合である。したがって、死亡者のために本籍の設定を目的とする就籍を認める余地はなく、既に死亡している者については就籍の許可審判の申立ては許されるべきでないとしている（昭和二五・八・一九家庭甲二五九号最高裁家庭局長回答参照）。

二　死亡者と就籍許可との関係

死亡した者について、家庭裁判所の就籍許可審判があった場合、その届出を受理すべきか否かについて、戸籍実務においては受理すべきでないとしている（昭和二八・四・二五民事甲六九八号回答、昭和三一・三・六民事二発九一号回答、昭和四〇・七・七民事甲一四九〇号回答）〔注〕。なお、就籍許可の審判を得た者がその届出前に死亡した場合は、前述のように生存中に就籍許可の審判を得たものであるから、戸籍法第四四条第三項の規定によって、市町村長が職権により就籍に関する戸籍の記載をすべきものとされている（昭和二九・四・一四民事甲七五二号回答、なお問5参照）。

死亡した者に関する就籍の事例として

1　無籍の戸主が死亡し、直系卑属又は相続人となるべき者があるときは、市町村長は監督区裁判所の許可を得て死亡戸主について就籍による新戸籍を編製した上、相続の届出を受理することができる（大正一五・六・三民事甲四三七二号回答）。

2　本籍不明の男が有籍の女と婚姻し、夫が就籍未了のまま死亡した後、遺妻から亡夫の就籍許可の申立てがなされ、これにより家庭裁判所の就籍許可の審判があれば遺妻から就籍届をすることができる（昭和二五・九・四民事甲二四一六号回答）。

とするものであるが、1の場合は大正三年戸籍法第一六二条の解釈の問題であり、2の場合は後の先例（前述の戸籍実務上の取扱いに関する三つの回答参照）により変更されているものと解されている。したがって、右の二つの事例をもって死亡者について就籍が許されるべきものと解することはできない（山中優一「就籍についての一考察」戸籍五二一号二〇頁参照）。

〔注〕「死亡者の就籍は、除籍されるべき者の就籍であるから、戸籍事務の統一を害し、更には実益のない場合もあろうが、しかし、家庭裁判所が具体的事件処理において相当とし、それが関係者の便宜利益であり、かつ権利であると認めて許可したものである以上、仮に違法であるとしても、重大な弊害のない以上は、その裁判に拘束されるべきである」とする見解もある（村崎満「家庭裁判所と戸籍（法令審査権の問題として）」『家族法と戸籍の諸問題』九九頁）。

問5　就籍許可の審判を得た者がその届出前に死亡した場合、戸籍の処理はどのようにすべきか。

答　既に死亡した者についての就籍届は、原則として受理できないが、就籍許可の審判後、その届出前に本人が死亡した場合は、市町村長が職権で就籍に関する戸籍の記載をする。

解説　死亡者は戸籍から除かれて（戸二三条）、本籍を有しないものとなるのであるから、本籍の設定を目的とする就籍を認める実益がない。したがって、既に死亡した者については、原則としては就籍は許されないし（昭和二五・八・一九家庭甲二五九号最高裁家庭局長回答参照）、就籍許可申立事件の審判手続中に当該本人である申立人が死亡すれば、その者について本籍が存在しない状態は解消し、当該申立事件は目的を失って当然に終了するというべきであるから、同事件について家事審判規則第一五条（現行家事四五条）に定める手続受継の余地はないことになる（平成五・一二・二八大阪高裁決定）。したがって、仮に死亡者に対して就籍許可の裁判がなされても、この裁判に基づく就籍届は受理すべきでないとされる（昭和三一・三・六民事二発九一号回答、昭和四〇・七・七民事甲一四九〇号回答）。ただし、許可審判後その届出前に事件本人が死亡した場合には、生存中に就籍許可の審判を得たものであり、死亡者の就籍とはいえないから、市町村長が管轄局の長の許可を得て職権で就籍による新戸籍を編製すべきものとされる（戸四四条三項・二四条二項、昭和二九・四・一四民事甲七五二号回答、記載例3（三六八頁～三七一頁）参照）。

問6　本籍を有しない者が戸籍に記載される手続において、出生届による場合と就籍届による場合の違いは、何か。また、棄児発見調書による場合と就籍届による場合の違いは、何か。

答　日本国籍を有していながら本籍のない者については、出生届の届出義務者があるときには出生の届出によるべきであるが、これによることができない場合には就籍届によるべきである。また、棄児発見調書によって戸籍に記載される対象となるのは、その棄児が乳幼児の場合であるから、意思能力を有する年齢に達している者については就籍の手続によるべきである。

解説

一　出生届と就籍届

出生届も就籍届もともに、日本の国籍を有していながら戸籍に記載のない者を新たにこれに記載する点で共通の目的を持つが、いずれもその適用範囲を限定していないことから、本籍を有しない者は、両者のいずれの届出によって戸籍に記載すべきかが問題となる。戸籍先例は、出生届の届出義務者があるときには、出生後何年経過していても出生の届出によらせ、届出義務者がいても届出をしない場合又は届出義務者がいない場合には就籍の届出によるべきものとしている（明治三一・一〇・三一民刑一三八一号回答、昭和二九・一一・一五民事甲二九七号回答）。なお、就籍届によって戸籍が編製された後に母が判明したが死亡しているため同居者から出生の届出があった場合は、この届出を受理して就籍戸籍に出生事項及び母欄の記載をし、もし氏が異なっているときは戸籍訂正をするものとされる（昭和三七・四・六民事甲一〇〇四号回答）。

二　棄児発見手続と就籍届

棄児発見手続（戸五七条）も就籍届と同様に本籍のない者が戸籍に記載される場合である。戸籍法上棄児として扱われるのは、親に遺棄された乳幼児〔注〕（昭和二九・二・一五民事甲二九七号回答）に限らず、迷子、身元不明の孤児等が、父母又は身元が判明しない状況にある場合であり（大正四・六・二三民三六一号回答）、例えば、産院で出生した子について出生届未済のまま母が行方不明となったような場合は、出産に立ち会った医師等届出義務者が存在するので、棄児として取り扱うべきではないとされる（昭和三九・五・四民事甲一六一七号回答）。つまり、棄児発見手続による戸籍の記載は例外的な措置であり、これによる戸籍記載は本人にとって好ましいものではないから、他の手続によることができる場合は、できるだけこれを避けるべきものとされている（昭和三九・五・四民事甲一六一七号回答）。そして、戸籍先例が棄児として認めているのは、乳幼児で遺棄された者（昭和二九・二・一五民事甲二九七号回答）、迷子で身元が不明の場合等であり（大正四・六・二三民三六一号回答）、少なくとも意思能力を有する年齢に達している者については、本人の将来に対する影響等を考慮し、就籍の手続によるのが相当とされる（昭和二五・一一・九民事甲二九一〇号回答）。なお、何歳までを棄児発見、何歳以上は就籍の手続によるという明確な基準はないから、個々の具体的事案によって実情に即した取扱いをすべきものとされている（成毛鐵二『体系戸籍の実務とその理論②各論』三〇〇七頁」）。

〔注〕　参照・児童福祉法（昭和二二年法律一六四号）では、満一歳に満たない者を乳児とし、満一歳から小学校就学の始期に達するまでの者を幼児としている（同法四条一項一号・二号）。

問7　樺太又は千島に本籍を有していた者が平和条約発効までの間に本土に本籍を移していなかった場合、いま新たに戸籍が編製されるにはどのような手続を要するか。

答　本籍を有しない者として就籍の手続をする必要がある。

解説

一　元樺太・千島在籍者の就籍

樺太及び千島については、昭和二七年四月二八日平和条約の発効により我が国はその領土権を放棄したが（同条約2条(c)項）、条約では領土権の放棄に伴う樺太及び千島の住民の国籍の帰属について何らの規定をしていない。そこで、樺太に本籍を有していた者は、内地人と同じ身分だったので（共通法一条二項）、平和条約の発効によって日本国籍を喪失しないのは当然のことである（民事法務協会『新版実務戸籍法』四一七頁）。しかし、これらの地域に本籍を有していた者は、平和条約によって同地域が日本の領土外となった結果、そこに本籍を設定し続けることはできなくなった。つまり、同条約が発効するまでの間に本土に本籍を移していなかった者〔注〕は、本籍を失い、無籍の状態になるに至ったので、平和条約発効後は、日本国籍を保有する者の戸籍法上の手続として、（「本籍を有しない者」として）本土に就籍の手続をする必要があるものとされた（昭和二七・四・一九民事甲四三八号通達、昭和二七・七・二八民事甲一〇九九号回答、記載例4（三七二頁〜三七五頁）参照）。

なお、いわゆる北方地域と呼ばれる歯舞群島、国後、択捉及び色丹の諸島は日本固有の領土であるから、これらの地域に本籍を有する者は、平和条約発効後も引き続いて同地域に本籍を有することになる（第二章**問6**参照）。したがって、これらの者が本土に本籍を移すには、就籍の手続によるのではなく、転籍の届出によることとされている（昭和三六・一二・一二民事甲三〇九五号回答）。

〔注〕　樺太及び千島に本籍を有していた者については、平和条約発効までの間、特別の措置として本土への転籍等により戸籍を編製する取扱いが認められていた（昭和二四・七・一八民事甲一五八三号通達等）。

二　元樺太・千島在籍者の就籍の取扱い

樺太又は千島に本籍を有していた者が、平和条約発効後にする就籍の届出は、実質的には転籍に近いことから、次のような取扱いが認められる。すなわち、(1)夫婦及びこれと氏を同じくする子が同時に就籍する場合には、就籍者各人から届け出ることを要するが一の届書に列記して差し支えない。届書には、従前の戸籍の謄・抄本その他身分事項を証する書類を添付させ、これに基づいて就籍者の各身分事項欄の記載をする（昭和二七・六・五民事甲七八二号通達、昭和二七・六・一六民事甲八二九号通達）。(2)夫婦の一方が行方不明の場合に、他方のみの申立てにより夫婦双方について就籍の許可を得て届出があったときは、夫婦につき新戸籍を編製して差し支えない（昭和二八・一二・二五民事甲二五〇五号回答）。(3)夫婦の一方のみの就籍後に、行方不明の他方の就籍の届出があったときは、戸籍訂正の手続により本来の夫婦同籍の戸籍記載をする（昭和二七・七・一八民事甲一〇五三号回答）。(4)就籍前に届出がされ保管中の届書は、届出人からの申出書に基づいて処理する（昭和二六・七・三民事甲一三三〇号通達、昭和二七・五・三一民事甲七六七号回答）等の取扱いが認められている。

第三　就籍許可審判又は確定判決による就籍

一　就籍許可審判

問8　就籍許可審判の申立ては、だれからどこの裁判所にすべきか。

答　本籍を有しない者本人、意思能力のない未成年者についてはその法定代理人、成年者で意思能力がないときは成年後見人から、就籍しようとする地の家庭裁判所に申立てをする。

解説

一　申立人

就籍許可審判の申立ては、就籍しようとする本人、すなわち無籍者又は本籍不明者からすることができる。その者が意思能力のない未成年者であるときは、その法定代理人（親権者又は未成年後見人）（記載例1（三六〇頁～三六三頁）参照）又は親権代行者（児福三三条の二第一項・三三条の三第二項・四七条一項・二項、**問22**参照、記載例2（三六四頁～三六七頁）参照）から、それぞれ申立てをすることができる（家事一七条、民訴三一条、昭和二二・四・三〇民事甲三六三号回答）。その未成年者が意思能力を有するとき（おおむね満一五歳以上が標準とされている。）は、本人から申し立てるべきであるが、法定代理人から申立てがなされ、家庭裁判所において就籍の許可審判をした場合、その審判は有効であるから、右審判に基づいて本人から就籍の届出がなされたときは、これを受理すべきであるとされる（昭和二九・一一・一五民事甲二九七号回答）。

また、一五歳未満の未成年者からの申立てによって許可の審判がなされ、その本人から就籍の届出がされた場合は、家庭裁判所において申立人本人が意思能力を有するものと認めて就籍許可の審判をしたものと解すべきであるから、これを受理して差し支えないとしている（昭和三一・一二・三民事甲二二九六号回答）。

就籍しようとする本人が成年被後見人であって、意思能力を有しないときは、成年後見人が本人に代わって申し立てることになる（家事一七条、民訴三一条）〔注〕。

二　管轄裁判所

就籍の許可に関する審判事件は、就籍しようとする地の家庭裁判所の管轄とされている（家事二二六条一号）。

〔注〕　家事事件手続法第一一八条によれば、家事審判事件においては、成年被後見人は、ある特定の審判事件については、意思能力を有する限り、自ら手続行為をすることができるとされているが、同条の規定は、同法第二二七条において、戸籍法に規定する審判事件（別表第一の一二二項から一二五項までの事項についての審判事件）の申立てをすることができる者について準用するものとしている。これにより、就籍許可の申立事件については、未成年者又は成年被後見人であっても、意思能力を有する限り、自ら許可の申立てをすることができることとなる。ちなみに、その立法趣旨は、戸籍法に規定する審判事件は、身分行為と関係する事項を扱うものであるため、できる限り本人の意思を尊重すべきであるとの考え方に基づくものと解される（金子修『逐条解説家事事件手続法』六九二頁参照、同『一問一答家事事件手続法』（Q三六）六九頁参照）。

問9　就籍の許可審判が効力を生ずるのは、いつか。また、家庭裁判所における調停の成立によって就籍の効力が生ずるか。

答　許可審判は申立人に対する告知によって確定し、就籍の効力を生ずる。就籍の許可事件は、審判によってのみ処理される事件であるから、調停の成立によって就籍の効力を生ずることはない。

解説　就籍をしようとする者は、その前提として家庭裁判所の許可を要するから、許可の審判を得ていない就籍の届出は受理すべきでなく、これを誤って受理したとしても届出は無効である。この就籍の許可事件は家事事件手続法別表第一に掲げる事項として、審判によってのみ処理される事件であり（家事二二六条・別表第一の一二三項）、調停の手続によることはできないため、仮に調停調書の中に就籍に関する条項が記載されても、就籍の効力を生ずることはない。

なお、就籍許可審判の申立てに対する却下の審判に対しては、申立人から即時抗告をすることができるが（家事二三一条三号）、許可の審判に対しては即時抗告は許されないから、就籍許可の審判は申立人に告知することによってその効力を生ずる（家事七四条二項本文）。

問10　就籍の届出の際に添付された許可の審判書が行政区画にない字名地番をもって本籍を定めたものである場合は、受理できるか。

答　就籍の許可審判に明白な誤りがある場合には、その審判について更正の審判を得させた上、就籍の届出を受理すべきである。

解説

一　就籍すべき本籍は、家庭裁判所の許可審判において指定され、審判の確定によって当然にその指定された本籍に就籍の効力が生ずるものとされ（昭和二九・四・一四民事甲七五二号回答）、戸籍の処理も就籍者については、家庭裁判所の許可による場合（戸一一〇条）は、審判書に記載された本籍をもって新戸籍を編製するものとされている（戸籍実務研究会編『初任者のための戸籍実務の手引き（改訂新版第六訂）』三〇五頁）。なお、就籍の許可審判又は国籍存在確認の裁判により直ちに就籍の効果が生ずるわけではなく、届出に基づき戸籍に記載されることが就籍であるから、その前提として、本籍は当事者が届出において定めるべきであるとする有力な見解がある（青木義人・大森政輔『全訂戸籍法』四五〇頁）。この点、戸籍実務においては、確定判決によって就籍の届出をする場合（戸一一一条）は、その届出の際に届出人が任意に定める本籍をもって新戸籍を編製するが、戸籍法第一一〇条の規定に基づき家庭裁判所の許可審判による場合は、前述のとおり審判によって本籍が定まるものとし、別異の取扱いをしている（戸籍実務研究会編・前掲書三〇五頁参照）。

二　就籍許可の審判においては、どのような戸籍を作るべきかが明らかにされなければならないから、審判の主文には本人の本籍、父母の氏名、出生年月日、氏名が書かれることになる。本籍としては、婚姻した父母又は母があれば、父又は母の本籍が書かれるだろうし、父又は母が分からず、したがって子の入るべき戸籍も分からないときは、本人の生活の本拠のある場所が書かれるのが、およその裁判実務の取扱いとされている（野田愛子「就籍事件に関する二、三の問題」『家族法と戸籍の諸問題』一九五頁）。

ところで、設問の事案は、就籍届の際に添付された就籍許可の審判書に書かれた本籍が、行政区画にない字名地番である場合には、その届出を受理することができるかどうかの問題である。前述のように就籍が就籍許可の審判による場合は、審判の指定する場所を本籍として就籍の届出をする取扱いであるから、審判書に書かれる本籍は、市町村の区域内の特定の場所を、その正当な土地の名称及び土地登記簿表題部の地番号（住居表示を実施している区域においては、地番号のほかに、いわゆる街区符号の番号を用いて本籍を表示することも認められる。）によって表示されなければならない。しかし、それが市町村の行政上の便宜のために付される通称名等、行政区画にない字名地番をもって本籍を表示した審判に基づいて就籍の届出がなされても、これをもって新戸籍を編製することはできない（昭和七・八・二六民事甲八五八号回答参照）。このような行政区画にない字名地番をもって本籍を表示した審判は、明白な誤りがあると認められるから、家事事件手続法第七七条の規定により、右の審判をした家庭裁判所において申立て又は職権で更正することを要し、就籍の届出は更正決定を得た上で受理するのが正当であろう（大島光治『家事審判とこれに関連する戸籍実務についての実証的研究』法務研究報告書四二集四号二二二頁参照）。

なお、就籍許可の審判書に誤りがあるため、事実と相違する就籍届がなされたときは、届出人に右審判の更正の審判を得させた上、就籍の届出を受理するのが相当であるが、設問のような場合は、便宜、就籍届書のみを補正（通称に対応する正当な地名及び地番を記載）させて、これを受理して差し支えないとされたものがある（昭和二八・

一〇・七民事甲一八三六号回答）〔注〕。

〔注〕　本先例の事案については、市町村長が届出人に対し、その審判の変更（家審七条、非訟一九条（現行家事七八条））を求め、変更の後に届出をするように指示したのに対し、届出人がこれに応じない場合である。非訟事件手続法第一九条（現行家事七八条）の規定による取消し及び変更は裁判所が職権により発するのであって、当事者にその取消し又は変更の申立てを許したものではないから、家庭裁判所がその変更に応じない場合には、誤りのある審判を変更する途はないが、いかに訂正すべきか照会がなされたものである。

問11　意思能力を有しない未成年者に代わって就籍の許可審判の申立てをすべき親権者も本籍を有しない場合に、その法定代理権をどのようにして証明するか。

答　現に親権を行う父又は母から申立てをする場合であれば、後見人を選任するまでもなく、右親権者からその申立てをすることができるものと解される。

解説

就籍をしようとする者が未成年者で意思能力も有しないときは、本人に代わってその法定代理人が許可審判の申立てをすることになる（**問8**参照）。もし、その法定代理人も本籍を有しない場合に、法定代理権を証明する書証がないときは、常に後見人の選任が必要かどうかの問題がある。戸籍先例では、現に親権を行う父又は母から申立てをする場合であれば、就籍の許可の審判の申立書に当該親子関係を証する戸籍謄本等の書類の添付ができないときでも、法律上の親子関係の存否及び法定代理権を有するか否かの認定については家庭裁判所の調査審理活動に期待することができるから、右の親権者からその申立てをすることができるものと解されている（昭和二七・六・一六民事甲八二九号通達、木村三男『戸籍届書の審査と受理Ⅱ』二八六頁）。

問12　就籍許可審判の手続中に申立人が死亡した場合、同人と外国人妻の間の子がこれを引き継いで、当該審判を進めてもらうことができるか。

答　就籍許可の申立事件において申立人である当事者が死亡した場合には、家事審判の手続は直ちに終了するものと解される。

解説

一　家事事件における受継

設問は、就籍許可申立事件について、申立人である当事者が死亡した場合における、いわゆる手続の受継に関する問題である。

家事審判の手続においては、当事者が死亡、資格の喪失その他の事由によって家事審判の手続を続行することができない場合でも、一般的には、家事事件の手続が中断するものとはしていない〔注一〕。この場合、「法令により手続を続行する資格のある者」（例えば、遺産分割の審判事件において申立人が死亡した場合の相続人のように、その地位を当然承継する者）があれば、その者が手続を受け継ぐこととなる（家事四四条〔注二〕）。なお、後見開始の審判のように、当事者たる地位が一身専属的で当然承継が想定されない事件〔注三〕は、「法令により手続を続行する資格のある者」が存在しないこととなるが、「当該家事審判の申立てをすることができる者」（法令によって当該家事審判の申立権者とされている者）がある場合〔注四〕は、その手続を受け継ぐことができるとされている（家事四五条）。しかし、当該家事審判の申立てをすることができる者がいない場合には、家事審判の手続は直ちに終了することになる（金子修『逐条解説家事事件手続法』一五〇頁）。

二　就籍許可の申立手続の受継

就籍許可の申立事件において、就籍をしようとする当事者が死亡した場合は、その当事者たる地位は一身専属的なものであるから、当然承継する者（家事四四条）は存在せず、また、申立てができる者は当事者のみに限られるため（戸一一〇条一項）、他の申立権者（家事四五条）もいないこととなるから、手続を受継することはできないこととなる。

これに関する審判例として、中国残留日本人孤児が、日本に永住する目的で渡日して、家庭裁判所に就籍許可の申立てをしていたところ、その審判中に本人が死亡したため、その子が、旧家事審判規則第一五条（現在の家事四五条に相当）の規定に基づき、当該就籍許可審判申立手続の受継を申し立てた事例がある（大阪高決平成五・一二・二八家月四七巻一号一二九頁）。その申立ての理由として、①中国残留日本人孤児の帰国問題は、深刻な人道問題であり、就籍は当該孤児の問題であるだけでなく、日本に就籍を希望する家族の問題でもあること、②就籍を許可されれば、その子も自動的に日本への就籍が可能となるものであるから、死亡により手続が終了することになると、子の就籍もなされないことになり著しく不利益を被ることになること、③既に死亡している者については就籍の申立てが許されないとする取扱い（昭和二五・八・一九最高裁家庭甲二五九号回答、昭和二八・四・二五民事甲六九八号回答等）は、生存者本人が就籍許可申立てをし、その許可審判がなされる以前に死亡した本件の場合には適用されないものと解すべきであること等が挙げられている。

これに対し、裁判所は「就籍は、日本国籍を有しながら戸籍に記載されていない者について、出生の届出義務者がいない場合に、それに代わる当該本人の届出により本籍を設ける手続であり、その届出の前提として家庭裁判所の許可を要するものとした制度であるから、就籍許可申立事件の審判手続中に当該本人であるその申立人が死亡すれば、同人について本籍が存在しない状態は消滅し、同事件は目的を失って当然に終了するというべきである。そうであれば、同事件について家事審判規則一五条（現行の家事四五条に相当）に定める手続受継の余地はないといわなければならない。」と判示して、本件申立てを却下した。この裁判所の判断は、既に死亡している者については就籍の申立てが許されないとする前述の先例や、仮に死亡者に対して就籍許可の審判がなされても、この審判に基づく就籍届は受理すべきでないとする先例（昭和三一・三・六民事二発九一号回答、昭和四〇・七・七民事甲一四九〇号回答）と共通の根拠に立っているものといえる。本審判例は、旧家事審判法下の事案であるが、現在の家事事件手続法においても同様と解される。

〔注一〕　民事訴訟においては、当事者の死亡等により訴訟手続は中断するとされている（民訴一二四条一項）。家事事件の手続が中断しないとされている理由は、家事事件には当事者が関与しなくとも進めることができる手続

（例えば、裁判所が職権で事実の調査として関係者から事情の聴取をすること等）があり、当事者の死亡等により手続が中断するものとすると、家事事件の簡易迅速な処理の要請に反することになるからであるとされている（金子修『逐条解説家事事件手続法』一四九頁、同『一問一答家事事件手続法』九五頁参照）。

〔注二〕　家事事件手続法第四四条は、家事事件手続法の制定の際に新設された規定である。本条が設けられた理由として、「旧法下（注・旧家事審判法下）においては、申立人が手続を続行することができない場合について他の申立権者による受継の規定があったが（旧規則第一五条。新法においては第四五条に相当）、この規定に、他の申立権者による受継のほか、死亡し、または資格を喪失した申立人の権利ないし地位を実体法上承継した者による受継が含まれるか否かについては説が分かれていたので、新法においてはこの点を明確にした。」とされている（金子・前掲逐条解説一五一頁）。

〔注三〕　当事者たる地位が一身専属的である事件とは、例えば、子の氏変更（民七九一条）、名の変更（戸一〇七条の二）、就籍（戸一一〇条一項）等の各許可審判、後見開始の審判（民七条）、保佐開始の審判（民一一条）、補助開始の審判（民一五条）、性別の取扱いの変更の審判（性同一性障害特例法三条一項）等が挙げられる。

〔注四〕　例えば、後見開始の審判事件につき、成年被後見人となるべき者の配偶者が申立てをした後、審判がなされる前に当該配偶者が死亡した場合は、当該配偶者としての申立人たる地位を相続する者はいないが、他の申立権者（四親等内の親族、保佐人、補助人など）が手続をしたいと望めば、手続を受継することができる（金子・前掲逐条解説一五五頁）。

問13　いわゆる中国残留日本人孤児の就籍許可事件で国籍法上問題となるのは、どのような点か。

答　就籍許可の申立人が出生等によって日本国籍を取得し、その後に日本国籍を喪失していないことである。

解説

一　中国残留日本人の就籍

いわゆる中国残留日本人孤児の訪日調査等による肉親捜しの結果、その身元が戸籍によって判明したが、未帰還者に関する特別措置法（昭和三四年法律第七号）による戦時死亡宣告（同法二条）又は普通失踪宣告（民三〇条）の手続により消除されている場合には、戦時死亡宣告取消し、失踪宣告取消しあるいは戸籍訂正許可等の手続によってその戸籍を回復することになる。しかし、その身元が戸籍によって判明しなかった場合には、その者が出生等によって当然に日本国籍を取得したものであって、かつ、その後において日本国籍を喪失していないこと及び本籍を有しないことの二つの要件が満たされれば、就籍を許可する審判がなされることになる（戸一一〇条、家事二二六条二号・二三一条三号・別表第一の一二三項）。

二　中国残留日本人の就籍許可審判例

ところで、中国残留日本人孤児の多くは、終戦前あるいは終戦直後に出生しており、しかも出生以外の事由によって日本国籍の取得が問題となることはほとんど考えられないから、その国籍の取得については、旧国籍法（明治三二年法律第六六号、昭和二五・七・一現行国籍法の施行により廃止）が適用されることになる。

旧国籍法施行当時に、子が出生によって日本国籍を取得するのは、⑴出生の時に法律上の父が日本人であるとき

（旧国一条）、⑵父が知れないか国籍を有しない場合には、母が日本人であるとき（旧国三条）、⑶父母が共に知れないか国籍を有しない場合に、日本で出生したとき（旧国四条）のいずれかの場合に限られる。しかし、中国残留日本人孤児は、幼少時に親と別れ肉親に対する記憶があいまいである上、その父母、兄弟等を明らかにする資料が乏しいのが通例であるから、その者が出生によって日本国籍を取得したことの基礎となる事実を証明することは極めて困難な場合が多い。

就籍許可の審判例では、申立人が中国人養父母に預けられた状況及び申立人の中国における処遇の状況等の間接的な事実から総合的に判断することによって、申立人の父母は日本人であり、仮にその父が法律上の父でないとしても、旧国籍法第三条により申立人は出生によって日本国籍を取得したものと認定され、あるいは申立人の法律上の父が不明であっても旧国籍法第三条により申立人は出生によって日本国籍を取得したものと認定されている事案が多いようである〔注〕。

三　中国残留日本人の中国国籍取得の有無をめぐる問題

ところで、仮に出生によって日本国籍を取得したことが認定されるとしても、中国残留日本人孤児が、中国では中国の国籍を有する者として処遇されている場合が多い。そこで、次に問題となるのは、本人が自己の志望によって中国の国籍を取得したか否かである。つまり、我が国の国籍法では、自己の志望によって外国の国籍を取得した日本国民は当然に日本の国籍を失うものとされているからである（旧国二〇条、現国一一条）。

この点に関する審判例は、⑴申立人が中国人として扱われているのは、中国人養父母らが養育していたことによるものであり、申立人が自己の意思に基づいて中国国籍を取得しようとしたことはないなどとして、日本国籍の存在を認定している（〔注〕の⑶・⑷、⑺・⑻）。すなわち、中国では、中華人民共和国国籍法の制定（一九八〇年九月一〇日）以前においても、中国国籍の取得を希望する外国人からの申請による取得が認められ、その申請によって同国籍を取得した者には「中華人民共和国許可入籍証書」が発給されていた。しかし、申立人はこれまで右の許可入籍証書を取得したことがないから、自らの意思により同国籍取得の申請をしたことは認められない（〔注〕の(6)）などとして、いずれも中国国籍の取得は自己の志望によるものではないと認定しているものである。

以上のように、中国残留日本人孤児の就籍許可事件に共通する国籍法上の問題点については、専ら事実の認定の問題といえる。

なお、就籍が認められるためには、「本籍がない者（無籍者）」であることを要するが、身元が判明していない者の場合も「本籍が明らかでない者（本籍不明者）」として戸籍法第一一〇条にいう「本籍を有しない」場合に該当すると解されている（大正一〇・四・四民事一三六一号回答、**問3**参照）。

〔**注**〕就籍許可の審判において認定された間接的な事実として、次のような事例がある。

1　申立人が中国人養父母に預けられた状況

(1)　養父母から提出された書面に養父が日本人難民所にいた日本人の子供をもらい受けたという記載があり、申立人は預けられた当初は中国語がわからず、養父等から言葉を教えられたこと（東京家審昭和五三・三・三一家月三一巻一号八二頁）

(2)　申立人を養父母に預けた女性は、日本語を話しモンペ姿で、夫は軍人でソヴィエト軍に捕えられ消息不明であると話したこと（東京家審昭和五九・一二・二五判時一一四四号一〇六頁）

(3)　養母らは、申立人を預けた男性は昭和二〇年ころまで日本人開拓団農場で生活していた日本人であると考えていたこと、申立人は日本式の着物を着ていたこと、申立人の右上腕に六個の種痘痕があること（東京家審昭

和六〇・一・一八家月三七巻一号一四一頁）

(4) 日本人難民集団とともに避難行を続けていた女性が養父母に申立人を預けたこと（横浜家審昭和六〇・一一・一八家月三八巻三号七三頁）

2 中国における申立人の処遇の状況

(5) 申立人は、幼少時又は小学校在学中、「日本鬼子」などといわれていじめられたこと（東京家審昭和五七・五・三一家月三五巻三号九六頁、〔注〕の(1)・(3)・(8)）

(6) 申立人は、中華人民共和国黒龍江省牡丹江市公証処発行の孤児証明書を所持しているが、その証明書には日本血統の孤児である旨の記載があること（東京家審昭和六一・三・三一家月三九巻二号一六〇頁、〔注〕の(2)・(3)・(5)）

(7) 黒龍江省牡丹江市公安局外事科は、申立人を中国残留日本人孤児と認定し、中国政府も同様の認定をしていること（横浜家審昭和六〇・一一・二九家月三八巻三号七八頁）

(8) 中国政府は、申立人が外国国籍を取得することを条件に中国国籍を離脱することを認めるなど申立人が日本人父母の血統を有するような処遇をしていること（東京家審昭和六〇・七・二九家月三七巻一二号四九頁）

二　確定判決

問14　確定判決によって就籍の届出をすべき場合とは、どのような場合か。

答　親子関係存在確認の裁判が確定したが、届出義務者が出生届をしない場合とか、国籍存在確認の裁判が確定したことによって戸籍の編製をすべきことが明らかになった場合などである。

解説

就籍の手続は、通常、家庭裁判所の許可を得て就籍の届出によってなされるが（戸一一〇条）、特殊な場合に確定判決によって就籍の届出をすべき場合がある（戸一一一条）。もっとも、ここにいう確定判決とは、就籍を命ずる判決を意味するものではなく、戸籍に記載されるべき者であることが明らかとなる身分関係に関する判決を指称するものと解されている（青木義人・大森政輔『全訂戸籍法』四五二頁）。

確定判決によって就籍する例は極めて少ないと思われるが（平成二五年度中の全国における戸籍届出事件総数約四三二万件のうち就籍の届出事件数は、就籍許可によるものと確定判決によるものとを合算しても一六〇件である。「平成二五年度戸籍事務概況」戸籍九〇七号二〇頁）、例えば、本籍を有する夫婦と出生届未了の子との間に親子関係存在確認の裁判が確定したが、届出義務者が出生届をしない場合や、本籍を有する母と出生届未了の嫡出でない子との間に母子関係存在確認の裁判が確定したが、届出義務者が出生届をしない場合、あるいは国を被告とする日本国籍存在確認の裁判が確定した場合〔**注**〕等がある（記載例5（三七六頁～三七九頁）参照）。なお、この確定判決には、これと同一の効力を生ずる審判（家事二七七条・二八一条）も含まれることはいうまでもない。

右のような確定判決によって就籍の届出をすべき場合には、判決確定の日から一〇日以内に就籍者本人、本人が一五歳未満であるときは未成年後見人又は親権代行者（昭和二二・四・三〇民事甲三六三号回答、民八三八条、児福三三条の二・三三条の八・四七条）が、また、成年被後見人で意思能力がないときは成年後見人がそれぞれ判決謄本とその確定証明書を添えて届出をすることになる。届書の記載事項及び戸籍の記載は、許可審判による場合に準ずるが、届書の「その他」欄に「　年　月　日日本国籍存在確認の裁判確定」等の旨を記載して届出をし、就籍者の戸籍中身分事項欄の記載は、「平成参拾年参月拾日国籍存在確認の裁判確定同月拾八日就籍届出同月弐拾参日東京都千代田区長から送付㊞」等の振合いによることとなる。なお、コンピュータシステムによる証明書記載例は、次のとおりである（木村三男監修『改訂第2版注解コンピュータ記載例対照戸籍記載例集』三三〇頁）。

就　籍	【国籍存在確認の裁判確定日】平成３０年３月１０日 【就籍届出日】平成３０年３月１８日 【送付を受けた日】平成３０年３月２３日 【受理者】東京都千代田区長

〔注〕家庭裁判所において、就籍許可の申立人が日本国民であることが確認できないとの理由で申立が却下された場合でも、日本国籍存在確認の訴えを提起して、請求が認容されれば、これに基づいて戸籍法第一一一条による就籍の届出をすることができることは当然である（昭和三一・七・一四民事二発三八一号回答）。

第四　戸籍の処理

問15　**嫡出でない子についての就籍許可の審判書謄本に父の氏名が記載されている場合、戸籍の父欄にその記載をすることができるか。また、審判書に父母の氏名の記載がない場合、戸籍の記載はどのようにするか。**

答　審判書謄本に父の氏名が記載されていても、認知に関する具体的な事実が明らかでない限り、戸籍に父の氏名を記載することはできない。また、審判書に父母の氏名が記載されていないときは、父母欄は空欄とする。

解　説

一　嫡出でない子の就籍と父に関する戸籍の記載

就籍許可の審判書謄本に就籍者の父母の氏名が記載されているが、父母それぞれ氏が異なっていて、就籍者は父と同氏で表示されているような場合に（父母の本籍は不明）おいて、審判書謄本に理由の記載がないため認知に関する具体的事実が明らかでないときは、どのように戸籍の記載処理をすべきであろうか。右のように、嫡出でない子についての就籍許可の審判書謄本に父の氏名が記載されていても、その審判によって法律上の父子関係が形成されることはないから、就籍の届出人が認知を証する書面を添付しない限り、戸籍に父の氏名を記載することはできないし（昭和四〇・一二・一七民事甲三四六二号回答）〔**注一**〕、認知の事実を当該裁判所において調査確認したものとみて、そのまま戸籍の処理をすることもまた相当でない。この場合には、届出人に認知に関する事実を疎明する補正資料として、認知届の謄本、あるいはそれに代わるものとして理由を記載した審判書謄本等の追完を求め、その追完ができないときは、就籍届の父母欄中父の氏名を消除させた上で受理するのが相当とされる（昭和三七・三・三〇第六二回法務省・裁判所・法務局戸籍事務連絡協議会結論）。そして、母の氏名は審判書謄本の記載どおり表示し、審判に示された氏を子の氏とし（昭和二六・一二・五民事甲一七七三号回答参照）、続柄を「長男」又は「長女」と記載して新戸籍を編製することになる（平成二二・三・二四民一―七三一号通知）。

二　就籍者につき父母不詳とある場合の取扱い

就籍届に添付された許可審判書の謄本に父母の氏名及び続柄の記載のない場合、あるいは「不詳」とある場合には〔注二〕、届出人から父母不詳、続柄不詳として届出がなされたときは、これを受理し、戸籍の記載は父母欄は空欄とし、続柄欄は「長男」又は「長女」と記載することになる（昭和二五・一一・二一～二二長崎局管内佐世保地区戸協決、昭和二五・一二・二〇静岡局管内静岡地区戸協第三支部決、昭和二六・八・二九大分局管内第三回戸協決、平成二二・三・二四民一―七三一号通知）。

〔注一〕　就籍許可の審判中、父母の氏名及び父母との続柄が表示されていても、父について認知の事実が明らかでない場合は、父の部分について審判の変更を求めさせて受理する。なお、審判に母の氏名が明らかにされているが、本籍が不明の場合は、母の氏名（子の氏と異なる）を記載して就籍者につき新戸籍を編製して差し支えないとするものである。

〔注二〕　就籍許可の審判主文に「推定五十七年」及び「父母不詳」とある場合に、届書にその出生「月日」及び「父何某母何某」と記載して届出があったときは、当該父母の氏名は届書の記載を削除させて受理し、戸籍には、出生の年を許可審判の日から起算（逆算）し、これに相応する年号に引き直して記載するほか、「月日」については届書のとおり記載するものとされた例がある（昭和三七・七・二〇民事甲二〇四二号回答）。

問16　就籍する者の父母不詳等のため父母との続柄を認定することができない場合、戸籍に父母との続柄欄をどのように記載するか。

答　本問における就籍する者の性別が男の場合は「長男」、女の場合は「長女」と記載する。

解説

一　嫡出でない子の戸籍における父母との続柄欄の記載について

嫡出子の続柄については、父母と同じくする嫡出子のみにつき、同一戸籍内にあると否とを問わず、その出生の順序に従って「長男、二男」、「長女、二女」と記載される（昭和二二・一〇・一四民事甲一二六三号通達、昭和二二・一二・四民事甲一五七六号回答）。これに対し、嫡出でない子については、従来、男女の別によって「男」、「女」とのみ記載する取扱いがされてきた。

しかし、右の戸籍記載の取扱いとの関連において、嫡出でない子を嫡出子と区別する記載がプライバシー権等を侵害する違法な行為であるとし、国等に区別記載の差止め及び損害賠償等を求めた訴訟事件において、裁判所は、結論的には原告らの請求を退けたものの、判決文の中で、「嫡出子と非嫡出子の区別記載の必要性は認められるものの、国民のプライバシー保護の観点から、その記載方法はプライバシーの侵害が必要最小限になるような方法を選択し、非嫡出子であることが強調されることがないようにすべきであるところ、現行の父母との続柄の記載は、戸籍制度の目的との関連で必要性の程度を超えており、プライバシー権を害しているものといわざるを得ない。」旨を指摘した（東京地判平成一六・三・二訟月五一巻三号五四九頁）。

この判決の指摘や父母との続柄の記載を改めたいとする国民からの要望などを踏まえて、前記従前の取扱いは変更され、嫡出でない子の戸籍における父母との続柄の記載は、父の認知の有無にかかわらず、母との関係のみによって認定し、母が分娩した嫡出でない子の出生の順により「長男、二男」、「長女、二女」等と記載する取扱いに改められた（平成一六・一一・一民一―三〇〇八号通達（以下「三〇〇八号通達」という。））。

二　就籍する者の父母との続柄の記載

就籍の届出があった場合における父母との続柄の記載に際し、就籍する者について父母不詳等により父母との続柄を認定することができない場合がある。例えば、就籍許可審判の主文に、申立人の「父母不詳　女」とあるときの戸籍の記載については、父母の氏名欄は空欄とし（昭和三七・七・二〇民事甲二〇四二号回答参照）、父母との続柄欄は、「長女」とすることとされている（平成二二・三・二四民一―七三一号通知（以下「七三一号通知」という。）記2）。

なお、右の父母との続柄欄の記載に関する通知は、父未定の子の出生届、棄児発見の申出の場合においても同様の取扱いをすることとされている（前掲七三一号通知記一・三）。

三　戸籍の父母との続柄の記載の更正

1　就籍する者（父未定の子又は棄児も同じ）の戸籍の父母との続柄について、従前（前記平成一六年民一―三〇〇八号通達前）の取扱いによる「男」又は「女」の記載を、「長男」又は「長女」の記載に更正する申出があった場合は、市区町村長限りで更正することとされている（前掲七三一号通知4）。この更正申出の方法は、前掲三〇〇八号通達2（既に戸籍に記載されている嫡出でない子の父母との続柄の取扱い）に準じて行うこととされており、その申出方法は、次のとおりである。

(1) 申出人は事件本人……一五歳未満のときは法定代理人。

(2) 申出の対象となる戸籍……申出のあった事件本人の現在の戸籍のみ（除籍、改製原戸籍の記載についての更正はできない）。

(3) 申出の方法等……申出は、申出人の自らの意思で行うことを書面上明らかにする（原則として、書面（申出書）によるべきであるが、口頭で行うことも可能である（戸三七条参照））。

(4) 申出地……事件本人の本籍地の市区町村長に対して行う（更正の申出（書面又は口頭）は、市区町村長の職権発動を促すものであるため、事件本人の本籍地の市区町村長に対してされる必要がある。）。

(5) 更正事由等の戸籍記載……更正は、事件本人の身分事項欄に次の例により更正事由を記載した上で、父母との続柄欄における「男（女）」の記載を「長男（長女）」、「二男（二女）」等と記載して行う。

ア　事件本人が一五歳未満の場合

①　紙戸籍の場合

「未成年後見人乙野英助の申出により平成弐拾八年九月四日父母との続柄の記載更正㊞」

②　コンピュータ戸籍の場合

更　正	【更正日】平成２８年９月４日 【更正事項】父母との続柄 【更正事由】未成年後見人乙野英助の申出 【従前の記録】 　【父母との続柄】男（女）

イ　事件本人が一五歳以上の場合

①　紙戸籍の場合

「申出により平成弐拾八年九月四日父母との続柄の記載更正㊞」

②　コンピュータ戸籍の場合

更　正	【更正日】平成２８年９月４日 【更正事項】父母との続柄 【更正事由】申出 【従前の記録】 　【父母との続柄】男（女）

なお、「父母との身分関係を記載した申述書の添付」（前掲三〇〇八号通達２(3)ウ）は要しないとされている。

２　申出により父母との続柄欄の記載が更正された場合に、申出人から当該更正に係る事項の記載のない戸籍（除籍及び改製原戸籍を含む。）の再製の申出があったときは、滅失のおそれがある戸籍の再製の手続（戸規九条）に準じて再製をすることができる（前掲三〇〇八号通達４、七三一号通知５）。

問17　戸籍上の父母との間に親子関係不存在確認の裁判が確定し、これに基づく戸籍訂正により従前の戸籍から消除され無籍となった子が戸籍に記載されるには、どのような手続によるのか。

答　一般的には、出生の届出義務者がいる場合には、その者からの出生の届出により入籍すべき実親の戸籍に記載するが、出生の届出をする者がいない場合は、就籍の手続によるほか、子の実親及び入籍すべき戸籍が裁判上明らかなような場合は、市町村長の職権により入籍の記載をすることも可能である。なお、当初の出生の届出人が届出義務を有していた場合は、戸籍法第一一三条による戸籍訂正手続により所要の訂正をし、子の入籍すべき戸籍に移記することができる。

解説

戸籍上の父母との間に親子関係不存在確認の裁判が確定し、これに基づく戸籍訂正によって消除され、無籍となった子について、これを戸籍に記載するには、本来の出生届義務者がいる場合には、その者からの出生の届出による（戸四九条・五二条）が、出生の届出義務者がいない場合には、就籍の手続によることも可能であり、また、右の確定判決の理由中に実親との親子関係の存在及び子の入籍すべき戸籍が明らかにされているときは、戸籍法第四四条第三項前段の規定により市町村長が職権で戸籍の記載をすることも可能と解される。

なお、右の親子関係不存在確認の確定判決に基づく戸籍訂正申請によって、子が従前の戸籍から消除された後に、出生の届出をすべき実親のいることが判明したが、その実親が出生の届出をしない場合に子を戸籍に記載するには、戸籍訂正（戸一一三条）、就籍（戸一一〇条）あるいは職権記載（戸四四条・二四条）のいずれによるべきかの問題がある。この点については、結局、当初の出生の届出人が届出義務・資格を有していなかった場合と、有していた場合とで結論が異なることになる（昭和四六・三・一六第一〇七回法務省・裁判所・法務局戸籍事務連絡協議会結論参照）。

1　当初の出生届出人が届出義務・資格を有していなかった場合　本来の届出義務者がある場合には、その者から改めて出生の届出をすることにより実親の戸籍に入籍することになる。なお、この場合において就籍が許可されるか否かは問題であるが、これをどのように解したとしても、家庭裁判所における就籍許可の審判があれば、これに基づく届出は受理する。

2　当初の出生の届出人が届出義務・資格を有していた場合　当初の出生届出人が同居者であったなど届出義務を有していた場合には、戸籍法第一一三条の手続により、先に消除された戸籍を回復し、実親（多くの場合は母）の氏名と父母との続柄を記載し、出生事項中の出生届出人の資格（場合により更に氏名）を訂正した上、出生当時に実母が属した戸籍に移記する。

問18　就籍許可の審判に基づいて就籍した者が、後日、外国人であることが判明した場合、どのような方法で戸籍の記載を是正すべきか。

答　就籍許可の審判をした家庭裁判所において、就籍許可取消しの審判がなされたときは、これを戸籍法第一一三条に規定する戸籍訂正許可の審判に準じて戸籍訂正申請により当該戸籍を消除する。

また、官公署において戸籍の記載に不適法又は真実に反するものと認め、就籍者本人の本籍地の市町村長に対し戸籍法第二四条第三項の規定により通知があったときは、同条第一項及び第二項所定の訂正手続により処理する。

解説

一　就籍許可審判の取消しによる訂正

就籍許可の審判により就籍した後に、その者が外国人であることが判明したとき（本籍が判明し他の戸籍に在籍するときも同じ。）は、就籍の基礎となった許可審判を存続させておくことは適当でない。この場合、就籍許可の審判をした家庭裁判所において右の審判を不当と認めるときは、家事事件手続法第七八条（旧非訟事件手続法第一九条第一項）の規定に基づいて、審判の取消しを職権により行うことが考えられる（藤島武雄・中村平八郎『改訂家事調停・審判事件の申立と実務』二八四頁）。この審判がなされたときは、これを戸籍法第一一三条に規定する戸籍訂正許可の審判に準じて本人からの戸籍訂正申請によって、当該戸籍を消除する（昭和二七・八・一三民事甲七三号回答、昭和二七・一二・一二民事甲七九七号回答）。

二　就籍が違法な場合の戸籍訂正

日本国籍を有しない者が日本人として戸籍に記載されている場合、それはその記載がされるに至った経緯の如何を問わず、不適法又は真実に反するものであるから、戸籍法に規定された訂正の方法により改めるべきである。これに関する先例として、就籍許可の審判に基づく就籍の届出によって戸籍が編製された者について、後に外国人登録法違反被告事件の確定によって、同人が外国人であることが明らかになった事案につき、検察官から事件本人の本籍地市町村長に対し、戸籍法第二四条第三項の規定に基づいて、同人が外国人登録法違反事件の確定により外国人であることが判明したので、その関係戸籍は訂正（消除）すべきである旨の通知がなされたときは、当該市町村長は同条第一項及び第二項により処理して差し支えないとしている（昭和三五・六・一七民事甲一五一三号回答）。

したがって、市町村長は、まず届出人又は届出事件の本人に対しその旨を通知して（戸規四七条・同附録一八号書式）訂正申請を促すことになる（戸二四条一項）。しかし、届出人又は届出事件の本人が死亡・行方不明等の事由でこれに通知することができない場合、又はその通知をしても戸籍訂正の申請をする者がない場合には、市町村長は管轄局の長の許可を得て、就籍によって編製した戸籍を職権で消除することができる（昭和三六・三・一六第五七回法務省・裁判所・法務局戸籍事務連絡協議会決議参照）。

問19　就籍すべき本籍及び称すべき氏等は、どのようにして定まるか。

答　就籍は、本籍を有しない者について本籍を定める手続であるから、届書にその本籍を記載しなければならないが、通常、家庭裁判所の就籍許可の審判による場合には、当該審判書に本籍が記載されるから、これにより、また、確定判決による場合は、届出の際に任意に定めた本籍を記載する。父母、又は母が明らかでその戸籍があるときは原則として父母、又は母の氏を称しその戸籍に入籍するが、子が成年に達しているときは、その意思により、父母、又は母の戸籍に入らず新たに本籍を定めて就籍することもできる。なお、氏については、就籍が家庭裁判所の許可による場合は審判書記載の氏を、確定判決による場合は届出の際に任意に定めた氏を称する。

解説

一　就籍届の性質と就籍すべき本籍

就籍は、就籍許可の審判又は判決の確定の時から具体的に届出の義務が生ずる、いわゆる報告的性質を持つ届出である。就籍すべき本籍については、審判において指定し、その確定によって当然に指定された本籍に就籍の効力が生ずるとする先例がある（昭和二九・四・一四民事甲七五二号回答）が、届出に基づいて戸籍に記載されることが就籍であるから、就籍する本籍は、本来、当事者が届出において定めるべきものであり、この限りにおいて就籍届は創設的性質を兼有するとする有力な見解がある（青木義人・大森政輔『全訂戸籍法』四五〇頁、**問2**参照）。

就籍者の父母、又は母が明らかな場合には、就籍者が嫡出子であるときは父母の氏を称し、嫡出でない子であるときは母の氏を称してそれぞれその戸籍に就籍すべきである。また、この場合に、父母又は母が死亡しているときは、その死亡当時に父母又は母が在籍した戸籍に就籍すべきことになる（昭和三九・二・二六民事甲三七九号回答）。なお、その父母又は母の戸籍が既に除かれているときは、これを回復した上、その回復戸籍に就籍するものとされる（昭和二六・一二・五民事甲一七七三号回答）。しかし、就籍者が成年に達しているときは、その意思により、父母又は母の戸籍に入らないで、新たに本籍を設定して就籍することも認められる（昭和三六・八・五民事甲一九一五号回答、昭和三九・一二・八民事甲三九一九号回答）。

就籍者の父母又は母が不明の場合は、本籍を設定し新戸籍を編製することになる（戸二二条）。

もっとも、通常、家庭裁判所の就籍許可の審判による場合には、審判書に定められるべき本籍が記載されているから、これによることとなる（戸籍実務研究会編『初任者のための戸籍実務の手引き（改訂新版第六訂）』三〇五頁）。

二　称すべき氏

人の称すべき氏は、出生と同時に定まり、嫡出子は父母の氏を称し、嫡出でない子は母の氏を称するものとされる（民七九〇条）。これは、戸籍に記載されるか否かにかかわらず、出生により当然にその氏を取得するものであるから、無籍者であっても生来的に氏を保有しているといえる。したがって、就籍者は、出生により取得した氏で就籍するのが原則であるから、父母又は母が明らかなときは、嫡出子は父母の氏を、嫡出でない子は母の氏をそれぞれ称して就籍しなければならない。しかし、就籍者の父母又は母が不明であるため、出生によって取得した氏が明らかでないときは、本来、その者が自由に氏を選定することができるものと解される（大正一一・四・一五民事八九三号回答参照）。実務の取扱いにおいては、本籍の場合と同様に、就籍が家庭裁判所の許可による場合は審判書記載の氏を、確定判決による場合はその届出の際に任意に定めた氏をもってそれぞれ新戸籍を編製することとされている（前掲「手引き」参照）。

問20　無籍者、本籍不明者につき、就籍の手続をすることなく婚姻又は養子縁組により相手方の戸籍に入籍している場合において、離婚又は離縁の届出があったときは、どのように戸籍の処理をするのか。

答　離婚（離縁）届に基づき離婚（離縁）事項の記載をして直ちに婚姻（縁組）後の戸籍から除籍するとともに、本人に対しその旨を通知し、就籍又は戸籍訂正の手続によって正当な戸籍の記載をするように促すこととされている。

解説

一　無籍者・本籍不明者の婚姻等の届出による取扱い（従前の取扱い）

当事者が無籍者又は本籍不明者として記載された婚姻（養子縁組）届については、その者が日本国籍を有すること及び婚姻（養子縁組）の要件を具備していることを認めるに足りる資料を提出しない限り受理しないのが実務上の取扱いとされている（昭和二九・一一・二〇民事甲二四三二号通達）〔注一〕〔注二〕。ところが、右の通達前においては、婚姻の当事者の一方が無籍者又は本籍不明者である旨の記載がある婚姻届書の提出を受けた場合には、その届出を受理して戸籍の記載がなされ、後にその者が就籍の手続をしないまま、あるいは婚姻前の戸籍の表示を明確にすることができないまま離婚届をしたときは、無籍者と本籍不明者とで異なる戸籍処理がなされていた。すなわち、無籍者として婚姻をした者については、別に就籍の手続をさせた上で婚姻後の戸籍から除籍し、また、本籍不明者として婚姻をした者については、離婚届によりその者につき新戸籍を編製して婚姻後の戸籍から除籍する取扱いになっていた（昭和二二・八・二七民事甲八四一号回答）。

二　同前（取扱いの変更）

しかしながら、無籍と本籍不明とは実質的にこれを区別することは困難であり、しかも、離婚により婚姻前の氏に復すべき者を、就籍の手続により戸籍が編製されるまで引き続き婚姻後の戸籍にとどめておく取扱いは適当でない。そこで、婚姻の当時に無籍であった者と本籍が不明であった者との取扱いを区別することなく、次のように取り扱うべきものとされている（昭和三一・五・二民事甲八三八号通達）。

1　無籍者又は本籍不明者として婚姻した者が、婚姻前の戸籍の表示を明確にすることができないままで離婚をするときは、新戸籍を編製することなく、その離婚届に基づき離婚事項を記載して、婚姻後の戸籍から除籍する。

2　右通達前に無籍者として婚姻をし、その後婚姻前の戸籍の表示を明確にすることができないまま離婚をした者については、市町村長においてその該当の有無を調査し、現在なお、就籍の手続をしていないときは、市町村長限りの職権により婚姻後の戸籍中その者の身分事項欄に「　年　月　日除籍㊞」の振合いの記載をして除籍する。

3　右1の場合には離婚届を受理する際に、また、2の場合には除籍の手続をした後に、婚姻後の戸籍から直ちに除籍される旨又は除籍をした旨をその者に通知し、就籍又は戸籍訂正の手続によって正当な戸籍の記載がされるよう促すものとする。

4⑴　右通達前に無籍者として婚姻し、その後離婚したにもかかわらず就籍の手続をしないで更に婚姻等により前婚の戸籍から他の戸籍に入籍している者の戸籍及び本籍不明者として婚姻し、その後離婚をしたために新たに編製されている者の戸籍については、いずれも格別の措置を要しない。

(2)　また、無籍者又は本籍不明者であっても、その者が婚姻の際に自己の氏を称して婚姻したため、離婚の際にその者が戸籍の筆頭に記載されている場合には、婚姻後の戸籍から除籍することなく、離婚事項の記載をするにとどめておくこととする。

本籍不明者として婚姻した者が離婚し、その後その者の本籍が判明した場合は、本籍分明届（戸二六条）により直ちにその婚姻事項及び離婚事項を訂正すべきものとされている。また、無籍者として婚姻した者が離婚し、その後その者が就籍した場合には、その就籍届書に戸籍法第三五条の規定により所要の記載をさせ、その者の従前の戸籍に次の振合いによる記載をするとともに、同戸籍中就籍戸籍と相違する部分の記載について所要の訂正をするのが相当とされている（昭和三一・七・一二民事甲一五五七号回答）。

「平成参拾年五月拾日東京都千代田区平河町一丁目四番地に佐藤氏を称して（佐藤友子として）就籍届出同月拾七日同区長から送付㊞」の振合いで従前の婚方戸籍中離婚により除籍された就籍者の身分事項欄に記載する。

この場合のコンピュータシステムによる証明書記載例は、次のとおりである（木村三男監修『改訂第2版注解コンピュータ記載例対照戸籍記載例集』三三三頁）。

離婚	【離婚日】平成29年4月25日 【配偶者氏名】甲野義太郎 【除籍日】平成29年4月25日
就籍	【届出日】平成30年5月10日 【送付を受けた日】平成30年5月17日 【受理者】東京都千代田区長 【特記事項】東京都千代田区平河町一丁目4番地に佐藤氏を称して（佐藤友子として）就籍

なお、無籍者として婚姻をし、その後離婚したが就籍手続をしないまま更に婚姻により前婚の戸籍から他の戸籍に入籍している者については、後婚の戸籍中その婚姻事項は前婚方から入籍した形で記載される。そのため前婚方の戸籍の表示を実方戸籍の表示と読み誤るおそれがあることから、無籍と訂正しておく必要があるのではないかとの疑問に対しては、前掲の昭和三一年五月二日民事甲第八三八号通達第四項の趣旨により、格別の訂正を要しないとされている（前掲回答）。なお、右の者の後婚が離婚となったときは、新戸籍を編製することなく、その離婚届に基づいて離婚事項の記載をして直ちに後婚の戸籍から除籍するとともに、その者に対し就籍又は戸籍訂正の手続によって正当な戸籍の記載をするよう勧める必要がある〔注三〕。

以上の取扱いは、無籍又は本籍不明の者として養子縁組をした後に、縁組前の戸籍の表示を明確にすることができないままで離縁をしたときについても同様である。

〔注一〕なお、無籍者又は本籍不明者の婚姻届が受理されても、その者が就籍等の手続により有籍者とならない限り、婚姻によって戸籍を編製し、又は有籍者たる配偶者の戸籍に入籍することはないとされているため（昭和三五・二・二民事甲二三三号回答、戸籍一三九号三二頁）、現在は、このような問題は生じない。

〔注二〕　昨今のいわゆる無戸籍者の問題を受け、無籍者を事件本人の一方とする婚姻の届出の取扱いを周知する通知が発出されている（平成二六・七・三一民一―八一九号通知）。

〔注三〕　昭和二二年に本籍不明の甲男が、有籍の乙女と妻の戸籍に入る婚姻届により入籍した後、昭和二九年に分籍により夫婦につき新戸籍が編製されている場合において、婚姻事項中の「本籍不明」の記載を消除するために就籍の手続をとることができるかの照会に対し、甲男は婚姻により現在本籍を有する者であるから、同人について就籍の手続をとることは相当でない旨回答されている（昭和三七・一一・二七民事甲三三九六号回答）。

第五　就籍の届出及び戸籍の処理

一　届出の諸要件

問21　就籍届の届出期間及び届出地については、どのように定められているか。

答　就籍の許可審判の場合はその告知の日から、また、確定判決の場合は判決確定の日からそれぞれ一〇日以内に、戸籍法第二五条の届出地の一般原則による届出地のほか就籍地の市町村長に届け出るべきこととされている。

解説

一　届出期間

就籍の届出が家庭裁判所の許可審判に基づいてなされる場合は、審判の告知の日から一〇日以内に届出をしなければならない（戸一一〇条）。これは、就籍許可の審判に対しては即時抗告をすることができず審判の告知（言渡し、書記官による交付送達等によって告知される。）によってその効力が生じるからである（家事七四条二項・二二六条二号・二三一条、戸四三条一項）。

確定判決による就籍届の場合は、判決確定の日から一〇日以内に届出をしなければならない（戸一一一条）。なお、右の場合に、仮に当該裁判が送達又は交付前に確定したときは、届出期間は、その送達又は交付の日から起算することになる（戸四三条二項）。裁判は、通常上訴期間の経過によって確定する。ただ、上告審での判決があった場合は、その言渡しにより直ちに確定するため、裁判の送達又は交付前に届出期間の進行が開始するとされるのは届出義務者にとって酷であるからである。

二　届出地

就籍届は、戸籍法第二五条の一般原則による届出地、すなわち就籍届の届出人の所在地のほか、就籍地でも届出をすることが認められる（戸一一二条）。このように届出地を拡張しても戸籍事務に格別支障を生じないから、分籍（戸一〇一条）、転籍（戸一〇九条）の届出の場合と同様に、届出人の便宜を図ったものである。

問22　就籍届の届出義務者は、だれか。

答　就籍する本人が届出義務者である。

解説　就籍届の届出義務者は、就籍する本人であり、もし本人が未成年者であるときは、未成年後見人又は親権代行者（児福三三条の二・三三条の八・四七条一項・二項〔注〕）が届出義務者となり、本人が成年被後見人であるときは、成年後見人が届出義務者となる。しかし、この場合でも意思能力のある本人からの届出は受理される（戸三一条一項）。

就籍許可の審判があった後、その届出前に就籍する本人が死亡した場合には、市町村長は戸籍法第四四条の規定に基づき、職権で就籍に関する戸籍の記載をすべきものとされている（昭和二九・四・一四民事甲七五二号回答。なお、**問5**参照）。

右の取扱いは、確定判決による就籍の場合も同様である。

〔**注**〕児童福祉法に定められている親権代行者は、次のとおりである。

①「児童福祉施設の長」は、入所中の児童で親権を行う者又は未成年後見人のないものに対し、親権を行う者又は未成年後見人があるに至るまでの間、親権を行う（児福四七条一項）。

②「児童相談所長」は、一時保護を加えた児童で親権を行う者又は未成年後見人のないものに対して、親権を行う者又は未成年後見人があるに至るまでの間、親権を行う（児福三三条の二）。

③「児童相談所長」は、親権を行う者のない児童（児童以外の満二〇歳に満たない者も含む。以下同じ。）につき、その福祉のために必要がある場合には、未成年後見人の選任の請求をしなければならず、当該児童に対しては、親権を行う者又は未成年後見人があるに至るまでの間、親権を行う（児福三三条の八）。

④「児童相談所長」は、小規模住宅型児童養育事業を行う者又は里親に委託中の児童で親権を行う者又は未成年後見人のないものに対し、親権を行う者又は未成年後見人があるに至るまでの間、親権を行う（児福四七条二項）。

問23　海外に在住している者について就籍許可の審判がなされ、日本に在住する申立人の知人から代理人の資格で就籍届がなされた場合、受理できるか。

答　就籍をする者が海外に在住する場合であっても、書面による届出は、使者にこれを持参させ又は郵送によって提出することも認められるので、代理人からの届出は受理すべきでない。また、口頭による届出については、疾病その他の事故によって届出人本人が出頭できない事情がない限り、代理人からの届出は認められないので、そのような事情がない場合は受理すべきでない。

解説

一　就籍の届出義務

就籍は、日本国民でありながら、いまだ戸籍に記載されていない者について、その記載をする手続であるが（**問1**参照）、家庭裁判所の就籍許可の審判、あるいは親子関係存在確認の裁判など就籍の基礎となる確定判決があっても、それにより直ちに戸籍に記載されるわけではなく、その許可審判又は確定判決を得た後、就籍の届出をしなければ戸籍には記載されない（戸一一〇条・一一一条）。また、日本国民である限り、必ず戸籍に記載されなければならないし、就籍許可審判において本籍を有しないことが明らかにされた以上、就籍の届出をしなければならない。

就籍の届出については、届出期間も法定されており、報告的届出に属する。しかし、就籍の届出によって、就籍者の本籍及び氏が新たに設定される〔**注**〕点からすれば、就籍届には創設的性質を兼有するといわれている。

〔注〕　就籍者については、家庭裁判所の許可による場合は、審判書に記載された本籍及び氏をもって新戸籍を編製し、確定判決による場合は、その届出の際に任意に定めた本籍及び氏をもって新戸籍を編製する。しかし、この場合、配偶者又は父、母が判明しているときは、原則としてその氏を称し、その戸籍に入籍する（昭和二五・八・一六民事甲二二〇六号回答）ものとされている。

二　戸籍届出の方法

ところで、戸籍の届出については、口頭による届出以外は、必ずしも届出人本人が直接届出地の市町村の窓口に出頭して届出をすることを要しない（明治三一・七・二六民刑五六九号回答）。したがって、書面により届出をする場合、届出人本人が何らかの都合で市町村の窓口に直接届書を持参して提出することができないときは、他人を使者としてこれを持参（提出）させることもできるし、また、郵送によって提出することもでき、それは報告的届出である場合あるいは創設的届出である場合のいずれであっても同様とされている（明治三一・九・二八民刑九七五号回答、大判大正五・一一・六）。なお、戸籍の届出については、原則として委任代理による届出は認められず、口頭による届出の場合に、届出人が疾病その他の事故によって出頭することができないときは、例外的に代理人によって届出をすることが認められるにすぎない（戸三七条三項本文）。

三　結　論

設問のように、海外に在住している者について就籍の許可があった場合に、就籍する者が未成年者又は成年被後見人でない限り就籍者本人が届出義務者となる。前述のように、戸籍の届出については、原則として委任代理による代理人からの届出は認められず、しかも、書面による届出の場合は、使者又は郵送による届書の提出も認められている。したがって、就籍をする者が海外に在住する場合であっても、本人が届書に所要事項を記載し、署名・押印した上、これを使者に託し又は郵送によって届出をすることが可能であるから、就籍者の知人が代理人の資格でする就籍の届出は受理すべきでない。

なお、就籍者が口頭による届出をしようとしたが、本人が病気その他の事故によって出頭できなくなったため、代理人によってその届出をする場合は、委任状を必要とするほか（大正五・六・七民四六五号回答）、市町村長が筆記した書面には、その代理人の氏名、生年月日及び本籍を記載すべきものとされている（大正三・一二・二八民一九九四号回答）。

問24　就籍届書に添付すべき書類は、何か。

答　就籍許可審判による届出の場合は、その審判の謄本であり、確定判決による場合は、判決の謄本とその確定証明書を添付することを要する。

解説　家庭裁判所の許可審判による就籍の届出をする場合は、就籍許可審判の謄本を添付することを要する（戸三八条二項）。なお、この許可の審判に対しては、即時抗告が許されず（家事二三一条）、告知によって直ちに効力を生ずるから（家事七四条二項）、確定証明書の添付は必要としない。

確定判決による就籍の届出の場合は、判決の謄本を添付する必要があり、その判決には上訴が許され（人訴二九条二項、民訴二八一条・二八五条・三一一条・三一三条）、その上訴期間の経過によって確定するから、確定証明書を添付することを要する（戸三八条二項、昭和二三・五・二〇民事甲一〇七四号回答）。

問25　就籍の届書には、どのような事項を記載すべきか。

答　届書の一般的記載事項及び戸籍の記載事項のほかに就籍許可の年月日（又は裁判確定の年月日）を記載する必要がある。

解説

就籍の届出に際し、届書に記載すべき事項としては、戸籍法第二九条に規定する一般的記載事項のほかに、就籍者はその届出により新たに戸籍に記載されるのであるから、戸籍の記載事項（戸一三条、戸規三〇条各号）をすべて明らかにする必要がある。しかし、これらの事項のうち就籍許可の審判書等に明示されていないものがあるとき、又はこれに関し確実な資料がないときは届書に記載をすることができない。この不要又は不明なものについては、届書の「その他」欄にその旨を記載すれば足りるとされている（戸三四条一項、明治三一・一〇・二二民刑九一五号回答）。

また、就籍は、家庭裁判所の許可審判又は確定判決を得て届出をすべきものとされており（戸一一〇条・一一一条）、その許可審判の年月日又は裁判確定の年月日は、戸籍の記載事項とされているから、届書にその旨を記載しなければならない（戸一一〇条・一一一条、問26参照）。

二　届書の審査

問26　就籍届が窓口に提出された場合、審査のポイントは何か。

答　後述（解説）のとおりである。

解　説

一　就籍許可の審判又は確定判決を得ていること

就籍は、家庭裁判所の許可審判（戸一一〇条）又は確定判決（戸一一一条）を前提とするものであるから、これを欠く就籍の届出は受理することができない。就籍の届出をする場合は、就籍許可審判の謄本又は判決の謄本及びその確定証明書を添付することを要する（戸三八条二項）のもそのためである。したがって、就籍届を受理するに当たっては、右の就籍許可の審判又は親子関係存在確認あるいは日本国籍存在確認の確定判決を得ていることを添付の審判書謄本又は判決の謄本及びその確定証明書により審査の上、受否を判断することを要する。

二　届書に「就籍許可の年月日」又は「裁判確定の年月日」が記載されていること

1　就籍の届出に際し届書に記載すべき事項としては、一般的記載事項（戸二九条）のほかに、戸籍に記載すべき事項（戸一三条）及び「就籍許可の年月日」を記載しなければならない（戸一一〇条二項）。この就籍許可の年月日は、戸籍の記載事項（法定記載例二〇〇・二〇一）とされており、当該許可の審判が告知された日である。つまり、就籍を許可する審判は、審判が本人に告知された日に効力を生じ、通常、これは家庭裁判所から就籍地の市町村長に対する就籍許可審判の発効の通知によって明らかにされる（家事規一一九条）。就籍届の受理に当たっては、右の記載の有無及びその適否について審査することを要する。

2　確定判決（又は審判）による就籍届の場合は、「就籍許可の年月日」欄を「年月日親子関係存在確認（又は日本国籍存在確認）の裁判確定」のように補記するか、又は「その他」欄にその旨を記載させて添付の判決謄本及びその確定証明書により照合確認の上処理すべきことになる。

三　届書に就籍すべき「本籍」が記載されていること

就籍は、日本国籍を有していながら、いまだ戸籍に記載されていない者（無籍者）について本籍を定める手続であるから、届書の「就籍するところ（本籍）」欄にその本籍を記載して届け出なければならない。この定めるべき本籍は、通常、家庭裁判所の許可審判による場合は、審判書に記載されるから、これによることになるし、また、確定判決による場合（**問9参照**）は、その届出の際に定める本籍を記載することになる。もっとも、父母又は母が判明しているときは、原則として、その父母又は母の戸籍に入籍すべきであるから、その本籍が記載されているか否かを審査の上、受否を判断しなければならない。

四　就籍者が一五歳未満であるときは、その法定代理人から届け出られていること

就籍の届出は、就籍をする本人からするのが通常である。しかし、その者が一五歳未満である場合には、未成年後見人又は親権代行者から届け出ることになる（戸三一条、児福三三条の二・三三条の八・四七条一項・二項、**問22参照**）。この場合の就籍届は、届出人欄に記載されている届出人の資格及び署名押印によりその適否を審査することを要する。

なお、一五歳未満の無籍者につき児童福祉施設の長又は児童相談所長が親権代行者として就籍の届出をする場合は、届書の届出人欄にはその施設の名称、場所及び職名も記載するが、就籍戸籍の身分事項欄にする記載は単に「平成参拾年八月弐拾弐日就籍許可の裁判確定同月弐拾五日親権を行う山田一郎届出㊞」とすべきものとされる（木村三男『戸籍届書の審査と受理Ⅱ』二九五頁、木村三男監修『改訂第2版注解コンピュータ記載例対照戸籍記載例集』三三二頁）。この場合のコンピュータシステムによる証明書記載例は、次のとおりである。

就　籍	【就籍許可の裁判確定日】平成３０年８月２２日 【届出日】平成３０年８月２５日 【届出人】親権を行う者　山田一郎

三　就籍に関する届出事例及び戸籍記載等の処理例

1　未成年者の就籍届をその未成年後見人が所在地に届け出た場合（三六〇頁～三六三頁参照）

この例は、未成年後見人が未成年被後見人の就籍許可の申立てをし、就籍許可の審判書を添付して所在地の市町村長に届出をした場合である（問8）。

就籍をしようとする者が、意思能力を有しない未成年者で、かつ、法定代理人がいないときは、利害関係人から未成年後見人選任の申立てをし、選任された未成年後見人が就籍許可を得てその届出をすることになる（昭和二四・四・二民事甲七九八号回答）。

2　一五歳未満の無籍者につき児童福祉施設の長から所在地に就籍の届出をした場合（三六四頁～三六七頁参照）

この例は、児童福祉施設に入所中の一五歳未満の無籍者について、親権者及び未成年後見人がいないため、施設の長が親権代行者として就籍許可の申立てをし、その許可の審判書を添付して、所在地の市町村長にその届出をした場合である（問8）。

3　就籍許可の審判後、その届出前に事件本人が死亡したため、市町村長が職権で戸籍の記載をする場合（三六八頁～三七一頁参照）

この例は、就籍許可の審判を得たが、その届出前に事件本人が死亡したため、就籍地の市町村長が管轄局の長の許可を得て、職権で戸籍の記載をする場合である（問5）。

4　樺太又は千島に本籍を有していた者が内地に就籍する届出を所在地にした場合（三七二頁～三七五頁参照）

この例は、樺太又は千島に本籍を有していた者が、平和条約の発効（昭和二七・四・二八）により無籍者とみなされた後に、就籍の許可を得て所在地の市町村長にその届出をした場合である（**問7**）。

5　日本国籍存在確認（又は親子関係存在確認）の確定判決に基づく就籍の届出を所在地にした場合（三七六頁～三七九頁参照）

この例は、国を被告とする日本国籍存在確認の裁判が確定したことによって日本国籍を有することが明らかになり（又は親子関係存在確認の裁判が確定したことによって入籍すべき戸籍が明らかになり）、その確定判決に基づく就籍届を所在地の市町村長に届出をした場合である（**問14**）。

1　未成年者の就籍届をその未成年後見人が所在地に届け出た場合

【届書の記載】

〔図1〕

就　籍　届

平成30年10月20日　届出

東京都板橋区 長 殿

受理　平成30年10月20日 第　786　号			発送　平成30年10月20日			
送付　平成30年10月22日 第　803　号			東京都板橋区 長 印			
書類調査 印	戸籍記載 印	記載調査 印	附　票 印	住民票 印	通　知	

（よみかた）	おつ　かわ	きよし	
就籍する人の氏名	氏 乙　川	名 清	平成 20 年 9 月 15 日生
住所 〔住民登録をしているところ〕	東京都板橋区板橋１丁目　43 ~~番地~~ 番 10 号		
	世帯主の氏名　甲　野　孝　助		
就籍するところ （本　籍）	東京都台東区上野１丁目　8 ~~番地~~ 番		
	筆頭者の氏名　乙　川　清		
就籍許可の年月日	平成 30 年 10 月 15 日		
父母の氏名 父母との続き柄	父		続き柄 長 ☑男
	母		□女
その他	添付書類 就籍許可の審判書謄本		
届出人署名押印	印		

届出人 （就籍する人が十五歳未満のときに書いてください）			
☑未成年後見人　□親権代行者			
住所	東京都板橋区板橋１丁目　43 ~~番地~~ 番 10 号		
本籍	東京都台東区上野１丁目　58 番地 ~~番~~	筆頭者の氏名	甲野孝助
署名	甲　野　孝　助　印	昭和 53 年 6 月 8 日生	

【戸籍受附帳の記載】

〔図2〕

届出地

受附番号	受理送付の別	受附月日（事件発生月日）	件名	届出事件本人の氏名（届出人の資格氏名）	本籍又は国籍	備考
七八六	受理	一〇月二〇日（平三〇・一〇・一五許可の裁判確定）	就籍	乙川　清（未成年後見人甲野孝助）	台東区上野一丁目八番	父・母（不明）平成二〇年九月一五日生　一〇月二〇日発送

就籍地

受附番号	受理送付の別	受附月日（事件発生月日）	件名	届出事件本人の氏名（届出人の資格氏名）	本籍又は国籍	備考
八〇三	送付	一〇月二二日（平三〇・一〇・一五許可の裁判確定）	就籍	乙川　清（未成年後見人甲野孝助）	上野一丁目八番	父・母（不明）平成二〇年九月一五日生

【戸籍の記載】

就籍者の戸籍

〔図3－1〕

本籍	東京都台東区上野一丁目八番
氏名	乙川　清

平成参拾年拾月弐拾弐日編製㊞

（出生事項省略）

（未成年後見人選任事項省略）

平成参拾年拾月拾五日就籍許可の裁判確定同月弐拾日未成年後見人甲野孝助届出同月弐拾弐日東京都板橋区長から送付㊞

父	
母	
	長男
名	清
出生	平成弐拾年九月拾五日

〔**図3－2**〕

就籍者の戸籍（コンピュータシステムによる証明書記載例）

（1の1）　全部事項証明

本　　籍 氏　　名	東京都台東区上野一丁目８番 乙川　清
戸籍事項 　戸籍編製	 【編製日】平成３０年１０月２２日
戸籍に記録されている者	【名】清 【生年月日】昭和２０年９月１５日 【父】 【母】 【続柄】長男
身分事項 　出　　生	 （出生事項省略）
未成年者の後見	（未成年後見人選任事項省略）
就　　籍	【就籍許可の裁判確定日】平成３０年１０月１５日 【届出日】平成３０年１０月２０日 【届出人】未成年後見人　甲野孝助 【送付を受けた日】平成３０年１０月２２日 【受理者】東京都板橋区長
	以下余白

発行番号

2　一五歳未満の無籍者につき児童福祉施設の長から所在地に就籍の届出をした場合

【届書の記載】

〔図4〕

就　籍　届

平成30年8月25日　届出

東京都台東区 長 殿

受理　平成30年8月25日 第　627　号	発送　平成30年8月25日	
送付　平成30年8月27日 第　591　号	東京都台東区 長 印	

書類調査	戸籍記載	記載調査	附　票	住民票	通　知
印	印	印	印	印	

（よみかた）	きた　やま	さぶ　ろう	
就籍する人の氏名	氏　北　山	名　三　郎	平成 22 年 4 月 17 日生
住所（住民登録をしているところ）	東京都台東区上野1丁目　20 ~~番地~~ 番　8 号		
	世帯主の氏名　山　田　一　郎		
就籍するところ（本籍）	東京都北区王子4丁目　2 ~~番地~~ 番		
	筆頭者の氏名　北　山　三　郎		
就籍許可の年月日	平成 30 年 8 月 22 日		
父母の氏名 父母との続き柄	父		続き柄　長　☑男　□女
	母		
その他	親権者及び未成年後見人がいないので施設の長が申立人として届出をする。 添付書類　就籍許可の審判書謄本		
届出人署名押印	印		

届　出　人 （就籍する人が十五歳未満のときに書いてください）			
□未成年後見人　☑親権代行者（児童福祉施設の長）			
住所	東京都台東区上野1丁目　20 ~~番地~~ 番　8 号		
本籍	東京都台東区浅草1丁目　18 番地 ~~番~~	筆頭者の氏名	山田一郎
署名	山　田　一　郎　印	昭和 43 年 6 月 7 日生	

【戸籍受附帳の記載】

〔図5〕

届出地

受附番号	受理送付の別	受附月日（事件発生月日）	件名	届出事件本人の氏名（届出人の資格氏名）	本籍又は国籍	備考
六二七	受理	八月二五日（平三〇・八・二二許可の裁判確定）	就籍	北山三郎（児童福祉施設長 山田一郎）	北区王子四丁目二番	父・母（不明）平成二二年四月一七日生 八月二五日発送

就籍地

受附番号	受理送付の別	受附月日（事件発生月日）	件名	届出事件本人の氏名（届出人の資格氏名）	本籍又は国籍	備考
五九一	送付	八月二七日（平三〇・八・二二許可の裁判確定）	就籍	北山三郎（児童福祉施設長 山田一郎）	王子四丁目二番	父・母（不明）平成二二年四月一七日生

【戸籍の記載】

就籍者の戸籍

〔図6－1〕

本籍　東京都北区王子四丁目二番

氏名　北山三郎

平成参拾年八月弐拾七日編製㊞

（出生事項省略）

平成参拾年八月弐拾弐日就籍許可の裁判確定同月弐拾五日親権を行う山田一郎届出同月弐拾七日東京都台東区長から送付㊞

父

母

長男

三郎

出生　平成弐拾弐年四月拾七日

〔図6－2〕

就籍者の戸籍（コンピュータシステムによる証明書記載例）

（1の1）　全部事項証明

本　　籍 氏　　名	東京都北区王子四丁目２番 北山　三郎
戸籍事項 　戸籍編製	 【編製日】平成３０年８月２７日
戸籍に記録されている者	【名】三郎 【生年月日】昭和２２年４月１７日 【父】 【母】 【続柄】長男
身分事項 　出　　生	 （出生事項省略）
就　　籍	【就籍許可の裁判確定日】平成３０年８月２２日 【届出日】平成３０年８月２５日 【届出人】親権を行う者　山田一郎 【送付を受けた日】平成３０年８月２７日 【受理者】東京都台東区長
	以下余白

発行番号

3　就籍許可の審判後、その届出前に事件本人が死亡したため、市町村長が職権で戸籍の記載をする場合

【戸籍記載許可申請書の記載】

〔図7〕

戸籍 ~~訂正~~ 記載 許可申請

受付		
受	平成 30 年 1 月 30 日	
付	第 187 号	

東　京　法務局長 甲　原　一　郎 殿	戸発第 76 号　平成 30 年 1 月 25 日 申請 東京都北区 長　北 山 和 夫　職印

(1)	事件本人	本　　籍	東京都北区王子２丁目６番地
		筆頭者氏名	小　林　武　夫
(2)		住　　所	
(3)		氏　　名	小　林　武　夫
		生年月日	平成５年３月１０日
(4)	訂正・記載の事由		上記事件本人は、平成29年12月15日就籍許可の審判を得たが、その届出をしないまま同月18日の交通事故により死亡し、就籍の届出をする者がないため
(5)	訂正・記載の趣旨		事件本人について、下記により就籍戸籍を編製する。 本　籍　東京都北区王子２丁目６番地 筆頭者　小林武夫 母　小林昭子　父母との続柄　長男 氏　名　小林武夫　出生の年月日　平成5年3月10日 (記載例) 戸籍事項欄「平成　年　月　日編製㊞」 身分事項欄「平成29年12月15日就籍許可の裁判確定　月　日許可　月　日記載㊞」
(6)	添付書類		就籍許可審判発効通知書の写し 死亡を証する書面

戸籍	
調査	
記載	
記載調査	
送付通知	
住民票	
記載	
通知	
附票	
記載	
通知	

上記申請を許可する。　　　　第　　　号

平成 30 年 1 月 28 日

東　京　法務局長　甲　原　一　郎　職印

(注) 1　本申請には、申請書副本１通を添付する。
2　事件本人が二人以上であるときは、必要に応じ該当欄を区切り記載する。
3　(4)欄には、訂正又は記載を要するに至った錯誤、遺漏又は過誤の事情を簡記する。
4　(5)欄には、訂正又は記載の箇所及び方法を簡明に記載する。

【戸籍受附帳の記載】

〔図8〕

受附番号	一八七
受理送付の別	受理
受附月日（事件発生月日）	一月三〇日（平二九・一二・一五許可の裁判確定）
件名	就籍
届出事件本人の氏名（届出人の資格氏名）	小林武夫
本籍又は国籍	王子二丁目六番地
備考	職権記載 平三〇・一・二八許可 一・三〇処理

【戸籍の記載】

就籍者の戸籍

〔図9－1〕

本籍　東京都北区王子二丁目六番地

氏名　小林武夫

平成参拾年壱月参拾日編製㊞

（出生事項省略）

平成弐拾九年拾弐月拾五日就籍許可の裁判確定平成参拾年壱月弐拾八日許可同月参拾日記載㊞

（注）　右の記載をした上、死亡に基づく死亡事項を記載するが、死亡届出義務者がないときは、就籍による戸籍記載の許可に併せて死亡の戸籍記載の許可を得てその記載をする。なお、この場合、一通の戸籍記載許可申請書（図7）により一件として処理すれば足りる。

父

母　小林昭子

長男

武夫

出生　平成五年参月拾日

〔図９－２〕

就籍者の戸籍（コンピュータシステムによる証明書記載例）

（1の1）　全部事項証明

本　　　籍 氏　　　名	東京都北区王子二丁目６番 小林　武夫
戸籍事項 　戸籍編製	【編製日】平成３０年１月３０日
戸籍に記録されている者	【名】武夫 【生年月日】平成５年３月１０日 【父】 【母】小林昭子 【続柄】長男
身分事項 　出　　生	（出生事項省略）
就　　籍	【就籍許可の裁判確定日】平成２９年１２月１５日 【許可日】平成３０年１月２８日 【記録日】平成３０年１月３０日
	以下余白

発行番号

4　樺太又は千島に本籍を有していた者が内地に就籍する届出を所在地にした場合

【届書の記載】

〔図10〕

就　籍　届

平成30年11月8日　届出

東京都台東区 長 殿

受理　平成30年11月8日 第 875 号		発送　平成30年11月8日
送付　平成30年11月10日 第 915 号		東京都台東区 長 印

書類調査	戸籍記載	記載調査	附　票	住民票	通　知
印	印	印	印	印	

（よみかた）	こう　の	た　ろう	
就籍する人の氏名	氏 甲　野	名 太　朗	昭和 20 年 7 月 7 日生
住所（住民登録をしているところ）	東京都台東区上野1丁目　7 ~~番地~~ 番　3 号		
	世帯主の氏名　甲　野　太　朗		
就籍するところ（本　籍）	東京都墨田区菊川1丁目　17 ~~番地~~ 番		
	筆頭者の氏名　甲　野　太　朗		
就籍許可の年月日	平成 30 年 11 月 1 日		
父母の氏名 父母との続き柄	父　甲　野　深		続き柄 長 ☑男
	母　きよ子		□女
その他	身分事項は従前戸籍の謄本記載のとおり 添付書類 就籍許可の審判書謄本 従前戸籍の謄本		
届出人署名押印	甲　野　太　朗　印		

届　出　人（就籍する人が十五歳未満のときに書いてください）			
□未成年後見人　□親権代行者			
住　所		番地 番　号	
本　籍	番地 番	筆頭者の氏名	
署　名	印	年　月　日生	

【戸籍受附帳の記載】

〔図11〕

届出地

受附番号	受理送付の別	受附月日（事件発生月日）	件名	届出事件本人の氏名（届出人の資格氏名）	本籍又は国籍	備考
八七五	受理	一一月八日（平三〇・一一・一許可の裁判確定）	就籍	甲野太朗	墨田区菊川一丁目一七番	一一月八日発送

就籍地

受附番号	受理送付の別	受附月日（事件発生月日）	件名	届出事件本人の氏名（届出人の資格氏名）	本籍又は国籍	備考
九一五	送付	一一月一〇日（平三〇・一一・一許可の裁判確定）	就籍	甲野太朗	菊川一丁目一七番	

【戸籍の記載】

就籍者の戸籍

〔図12-1〕

本籍	東京都墨田区菊川一丁目十七番
氏名	甲野太朗

平成参拾年拾壱月拾日編製㊞

（身分事項省略）

平成参拾年拾壱月壱日樺太（千島）に本籍を有していたため就籍許可の裁判確定同月八日届出同月拾日東京都台東区長から送付㊞

父	甲野深
母	きよ子
	長男
名	太朗
出生	昭和弐拾年七月七日

（注）　元樺太又は千島に在籍した場合は、右のように就籍者がかつて樺太又は千島に本籍を有していた者であることを明らかにする字句を記載して差し支えないとされている（昭和二九・一一・二六民事甲二四八四号回答）

〔**図12-２**〕

就籍者の戸籍（コンピュータシステムによる証明書記載例）

（1の1）　全部事項証明

本　　籍 氏　　名	東京都墨田区菊川一丁目１７番 甲野　太朗
戸籍事項 　戸籍編製	 【編製日】平成３０年１１月１０日
戸籍に記録されている者	【名】太朗 【生年月日】昭和２０年７月７日 【父】甲野深 【母】甲野きよ子 【続柄】長男
身分事項 　省略	 （身分事項省略）
就　　籍	【就籍許可の裁判確定日】平成３０年１１月１日 【届出日】平成３０年１１月８日 【送付を受けた日】平成３０年１１月１０日 【受理者】東京都台東区長 【特記事項】樺太（千島）に本籍を有していたため
	以下余白

発行番号

5　日本国籍存在確認（又は親子関係存在確認）の確定判決に基づく就籍の届出を所在地にした場合

【届書の記載】

〔図13〕

就　籍　届	受理　平成30年5月30日 第　195　号	発送　平成30年5月30日
平成30年5月30日　届出	送付　平成30年6月1日 第　202　号	東京都北区長 印
東京都北区長殿	書類調査　戸籍記載　記載調査　附　票　住民票　通　知	

（よみかた）	まつ　だ　／　まさ　あき	
就籍する人の氏名	氏　松　田　／　名　正　秋	昭和52年6月9日生
住所（住民登録をしているところ）	東京都北区王子2丁目　6 ~~番地~~ 番　15 号	
	世帯主の氏名　松　田　正　秋	
就籍するところ（本　籍）	東京都文京区白山3丁目　88 番地 ~~番~~	
	筆頭者の氏名　松　田　正　秋	
就籍許可の年月日	年　月　日	
父母の氏名 父母との続き柄	父	続き柄
	母　松　田　和　子	長　☑男　□女
その他	平成30年5月24日　日本国籍存在確認の裁判確定 添付書類　判決の謄本及び確定証明書	
届出人署名押印	松　田　正　秋　㊞	

届　出　人 （就籍する人が十五歳未満のときに書いてください）		
□未成年後見人　□親権代行者		
住　所		番地 番　号
本　籍	番地 番	筆頭者の氏名
署　名	印	年　月　日生

【戸籍受附帳の記載】

〔図14〕

届出地

受附番号	受理送付の別	受附月日（事件発生月日）	件名	届出事件本人の氏名（届出人の資格氏名）	本籍又は国籍	備考
一九五	受理	五月二〇日（平三〇・五・二四国籍存在確認の裁判確定）	就籍	松田正秋	文京区白山三丁目八八番地	父・（不明） 母・松田和子 昭和五二年六月九日 生 五月二〇日発送

就籍地

受附番号	受理送付の別	受附月日（事件発生月日）	件名	届出事件本人の氏名（届出人の資格氏名）	本籍又は国籍	備考
二〇二	送付	六月一日（平三〇・五・二四国籍存在確認の裁判確定）	就籍	松田正秋	白山三丁目八八番地	父・（不明） 母・松田和子 昭和五二年六月九日 生

【戸籍の記載】

就籍者の戸籍

〔図15-1〕

本籍	東京都文京区白山三丁目八十八番地
氏名	松田正秋

平成参拾年六月壱日編製㊞

（出生事項省略）

平成参拾年五月弐拾四日国籍存在確認の裁判確定同月参拾日就籍届出同年六月壱日東京都北区長から送付㊞

父	
母	松田和子
	長男
	正秋
出生	昭和五拾弐年六月九日

（注）親子関係存在確認の裁判確定に基づく就籍届の場合は、就籍者は、通常親の戸籍に入籍することになり、戸籍の記載は「年月日親子関係存在確認の裁判確定月日就籍届出…」の振合いとする。

〔**図15-2**〕

就籍者の戸籍（コンピュータシステムによる証明書記載例）

（1の1）　全部事項証明

本　　籍 氏　　名	東京都文京区白山三丁目８８番地 松田　正秋
戸籍事項 戸籍編製	【編製日】平成３０年６月１日
戸籍に記録されている者	【名】正秋 【生年月日】昭和５２年６月９日 【父】 【母】松田和子 【続柄】長男
身分事項 出　生	（出生事項省略）
就　籍	【国籍存在確認の裁判確定日】平成３０年５月２４日 【届出日】平成３０年５月３０日 【送付を受けた日】平成３０年６月１日 【受理者】東京都北区長
	以下余白 （注）　親子関係存在確認の裁判確定に基づく就籍届の場合は、【親子関係存在確認の裁判確定日】のインデックスを用いて記録する。

発行番号

改訂 設題解説 戸籍実務の処理
―Ⅸ 氏名の変更・転籍・就籍 編―

1997年8月1日　初版発行　　レジストラー・ブックス⑭
2015年8月7日　改訂版発行
2021年11月16日　改訂版第2刷発行

監　修　木　村　三　男
著　者　竹　澤　雅二郎
発行者　和　田　　　裕

発行所　日本加除出版株式会社
本　社　郵便番号 171-8516
東京都豊島区南長崎3丁目16番6号
TEL (03)3953-5757(代表)
(03)3952-5759(編集)
FAX (03)3953-5772
URL www.kajo.co.jp
営業部　郵便番号 171-8516
東京都豊島区南長崎3丁目16番6号
TEL (03)3953-5642
FAX (03)3953-2061

組版 ㈱郁文 ／ 印刷・製本(POD) 京葉流通倉庫㈱

落丁本・乱丁本は本社でお取替えいたします。
★定価はカバー等に表示してあります。

ISBN978-4-8178-4249-7